TPPと日本の決断

「決められない政治」からの脱却

石川幸一
馬田啓一
木村福成
渡邊頼純
［編著］

文眞堂

はしがき

　日本は政局に翻弄され，重要なTPP交渉への参加を決められないでいる。国内農業への影響や米国の対日圧力を恐れたTPP反対論はいまだ根強いが，アジア太平洋地域における新たな通商秩序の構築を目指すTPPの意義を軽視してはならない。

　TPPは21世紀型のFTAと呼ばれ，高度で包括的なFTAを目指す。TPP交渉では関税撤廃にとどまらず，投資や政府調達，知的財産権の保護，競争政策，環境と労働など，WTOプラスのルール策定が進んでいる。アジア太平洋地域における貿易や投資に関する重要なルールづくりが行われているとき，国益上，日本がこれに関与しないですむのだろうか。

　2期目のオバマ米政権は，2013年末の交渉妥結を目指し，TPP交渉の加速に取り組むつもりだ。もう日本に残された時間は多くない。日本が置き去りにされてよいのか。

　日本はTPP交渉に早く参加し，農業改革や規制緩和など必要な国内改革を実行しつつ，アジア太平洋地域における自由貿易圏の実現を先導する役割を米国とともに担うべきだ。

　日本にとって，TPP参加は経済上の利益だけでなく，安全保障の上からも重要である。日米同盟の深化にもつながり，尖閣諸島をめぐって対立する中国への牽制の効果も期待できる。

　安倍新政権の発足で，TPP交渉参加に向けた前向きの対応に期待は膨らむが，懸念もある。自民党は党内にTPP慎重派を多く抱え，交渉参加に踏み切りにくい事情がある。農業団体は2013年夏の参院選もにらみ，TPP反対運動を強めていく構えだ。交渉参加の期限が迫るなか，新政権は難しいかじ取りを迫られるだろう。

　国内の既得権益に縛られた古い自民党の体質から抜け出せるのか。TPP交

渉への早期参加はその試金石だ。国際的な競争が激しさを増すなか，FTA戦略の遅れはもはや許されない。TPP交渉参加は日本の成長戦略の方向性を明確にし，日本経済の活力を引き出す大きな起爆剤となる。

　自公とも総選挙ではTPP交渉参加に曖昧な姿勢を見せたが，安倍新政権は大所高所に立ってTPP交渉参加の問題に真正面から向き合うべきだ。「決められない政治」から脱却しなければならない。新政権には日本経済を再生させる成長戦略が問われている。アジア太平洋地域の成長力を取り込むため，いま日本に求められているのは，TPP交渉参加という決断である。

　正念場を迎えた日本のTPP交渉参加問題。国内調整の遅れからTPP交渉参加に向けた日米の事前協議も進まず，TPP交渉参加のメドは立っていない。憂慮すべき事態である。

　TPP交渉参加は，なぜ日本にとって戦略的に重要な選択であるのか。安倍新政権はいかにして国益を守りながら日本のTPP戦略を展開していくべきか。本書では，TPP推進論の立場から，TPPの意義，TPP交渉の現状と課題，TPP参加の必然性，日本の対応など様々な視点から考察する。3部13章から構成される本書の内容は，以下のとおりである。

　第Ⅰ部（第1章～第4章）は，アジア太平洋地域の新たな広域FTAとなるTPPの意義と背景について取り上げている。第1章は，アジア太平洋地域における新たな通商秩序の構築に向けた動きを取り上げ，TPPとRCEPをめぐる米中の角逐と日本の役割について論じている。第2章は，アジア太平洋地域におけるFTAのダイナミズムが「ASEAN+1」FTAなどの二国間FTAからTPPやRCEPなどの広域FTAにシフトしつつあるとして，その意義と課題を検討している。

　ASEANはTPP参加と不参加に分かれ，その求心力が低下するとの懸念も指摘されるが，果たしてどうなのか。第3章は，TPPがASEANの経済統合に与える影響を論じている。TPP交渉ではアジア太平洋地域における貿易円滑化について議論されているが，第4章は，貿易円滑化を推進させることの重要性を実証的に検証している。

　第Ⅱ部（第5章～第8章）は，「WTOプラス」のルール作りを目指すTPP

交渉の主な論点を取り上げている。TPP交渉は大枠では合意したものの，各論ではセンシティブな問題をめぐり参加国の意見が対立し難航している。第5章は，TPP交渉の現状と行方を展望している。TPPに日本が参加した場合，日本にはどのような影響が及ぶだろうか。第6章では，規制改革に関わるTPPの規定を中心に日本への影響を検討するとともに，そうしたルール策定の交渉に日本が参加することの重要性を論じている。

TPP反対派は，TPPの規定に「毒素条項」が盛り込まれるとTPP批判を強めている。この毒素条項をめぐる議論の誤りを明らかにするため，第7章では，米韓FTAの検証を行っている。TPPは全品目の関税撤廃を目指すとされているが，現在の交渉を見ると例外の余地は十分にあると思われる。第8章は，物品市場アクセスに関する交渉分野の主な論点を整理している。

第Ⅲ部（第9章～第13章）は，日本のTPP交渉参加の必要性を論じている。日本がアジア太平洋地域の自由貿易圏づくりに参加しないという選択肢は，日本の持続的成長を考えればあり得ない。第9章は，アジア太平洋地域における経済統合と日本の通商外交のこれまでの展開を振り返り，TPPの歴史的必然性を解明している。第10章は，TPP参加を通じて貿易や投資が拡大することによって，日本の経済成長が促進されることを実証研究の成果を基に述べている。

TPP反対論には間違った議論があまりにも多い。適切な反論を行わなければ，日本を誤った方向に誘導しかねない。第11章は，TPP亡国論を検証し，それらの誤りを明快に述べている。日本のTPP参加にとって農業問題は避けて通れない。日本農業はTPP参加の有無にかかわらず危機にあり，これを立て直すためにTPPを好機とすべきだ。第12章は，日本農業にとってのTPPの意義を明らかにし，農業とTPP参加を両立させるためにどのような農業改革が必要かを論じている。

日本は，矮小化された国内の政治問題に足を引っ張られて全体戦略を見失ってしまうのか。TPP交渉参加の遅れは日本にとって取り返しのつかない大きなコストをもたらす。第13章は岐路に立った日本の進むべき道を明らかにしている。

以上のように，本書は，第一線で活躍する気鋭の研究者たちが執筆陣に参加

し，TPP推進論の立場から，日本のTPP交渉参加問題について様々な視点から多角的に考察したものである。個々のテーマについて自己の主張を自由に論じてもらい，編著者が執筆者の意見を調整するようなことは一切していない。

　本書の刊行によって，日本のTPP交渉参加の意義を一人でも多くの日本国民が正しく理解し，安倍新政権の決断を促すための追い風となれば，本書の出版を企画した編著者（石川，馬田，木村，渡邊）4名にとって誠に幸甚である。

　最後に，本書の刊行を快諾され編集の労をとっていただいた文眞堂の前野弘氏と前野隆氏ほか編集部の方々に，執筆者一同心からお礼を申し上げる次第である。

2012年12月

編著者を代表して

馬田　啓一

目　　次

はしがき ………………………………………………………………… i
主要略語一覧 …………………………………………………………… ix

第Ⅰ部　TPP の意義と背景

第 1 章　TPP と新たな通商秩序：変わる力学 ……… （馬田　啓一）　3

はじめに ………………………………………………………………… 3
第 1 節　WTO 体制と FTA ……………………………………………… 4
第 2 節　アジア太平洋の新たな通商秩序 ……………………………… 7
第 3 節　FTAAP の実現と日本の役割 ………………………………… 18

第 2 章　TPP と東アジアの FTA のダイナミズム … （石川　幸一）　24

はじめに ………………………………………………………………… 24
第 1 節　ASEAN プラス 1FTA ネットワークの完成 ………………… 25
第 2 節　AFTA および ASEAN+1 の FTA の概要 …………………… 27
第 3 節　新たな段階に入った東アジアの FTA ………………………… 32
第 4 節　TPP とその意義 ……………………………………………… 34
第 5 節　TPP により喚起された FTA のダイナミズム ……………… 37
おわりに ………………………………………………………………… 41

第 3 章　TPP と ASEAN 経済統合
　　　　　―統合の加速と緊張― ………………………… （清水　一史）　45

はじめに ………………………………………………………………… 45

第1節　ASEANの経済統合：ASEAN域内経済協力の深化とAEC …… 46
　第2節　世界金融危機後のASEANとTPP ……………………………… 50
　第3節　ASEAN経済統合とTPP ………………………………………… 54
　おわりに ……………………………………………………………………… 57

第4章　アジア太平洋地域における
　　　　貿易円滑化とTPP……………………………（前野　高章）62

　はじめに ……………………………………………………………………… 62
　第1節　関税障壁の変遷……………………………………………………… 63
　第2節　税関手続きと貿易円滑化の関係 …………………………………… 69
　第3節　貿易インフラの確立のための制度づくり………………………… 76

第Ⅱ部　TPP交渉の論点

第5章　TPP交渉の現状と行方 ……………………（高橋　俊樹）83

　はじめに ……………………………………………………………………… 83
　第1節　TPP交渉の経緯と新たな交渉参加への動き …………………… 84
　第2節　日加墨の交渉参加表明と承認 …………………………………… 88
　第3節　TPPや日中韓FTA及びRCEPの今後の行方 ………………… 91

第6章　TPPの内容と特徴：日本への影響 ………（中川　淳司）100

　はじめに ……………………………………………………………………… 100
　第1節　TPPの内容 ………………………………………………………… 101
　第2節　TPPの日本への影響 ……………………………………………… 109
　おわりに ……………………………………………………………………… 112

第7章　TPPと米韓FTAの検証 …………………（高安　雄一）114

　はじめに ……………………………………………………………………… 114
　第1節　ISDS手続き ………………………………………………………… 116

第2節	ラチェット条項	118
第3節	非違反提訴と間接収用	121
第4節	著作権侵害の非親告罪化	123
第5節	毒素条項と政府の反論	126
おわりに		128

第8章 法的観点から見た TPP 物品市場アクセス　　　（梅島　修）130

はじめに		130
第1節	中間財貿易に対応した貿易ルールの必要性	131
第2節	FTA 物品市場アクセス規則の特徴	132
第3節	多国間 FTA 市場アクセスルールの影響	136
第4節	FTA における WTO プラス規定	139

第Ⅲ部　TPPと日本の選択

第9章 日本の通商政策の系譜と TPP　　　（渡邊　頼純）147

はじめに		147
第1節	日本の通商外交の転換点	148
第2節	「雁行形態発展論」から「環太平洋経済圏構想」へ	155
第3節	FTAAP（アジア太平洋自由貿易圏）へのロードマップ	158
第4節	TPP は成功するか？	162
結びにかえて		164

第10章 TPP は経済成長を促進する　　　（戸堂　康之）166

はじめに		166
第1節	経済成長の源泉	167
第2節	グローバル化は経済成長を促進する	168
第3節	日本のグローバル化は遅れている	171

第4節　TPPのGDPに対する効果の推計 ……………………………… 173
　おわりに …………………………………………………………………… 176

第11章　TPP亡国論の検証………………………………（山下　一仁）179
　はじめに …………………………………………………………………… 179
　第1節　通商交渉についての基礎知識の欠如 ………………………… 180
　第2節　国際法についての基礎知識の欠如 …………………………… 184
　第3節　経済学についての基礎知識の欠如 …………………………… 190

第12章　TPP参加と日本の農業再生 ……………………（本間　正義）194
　はじめに …………………………………………………………………… 194
　第1節　TPP参加の意義 ………………………………………………… 195
　第2節　TPP参加と農業への影響 ……………………………………… 197
　第3節　TPP対応を阻むもの …………………………………………… 199
　第4節　制度改革の方向 ………………………………………………… 202
　おわりに …………………………………………………………………… 207

第13章　TPPと日本の進むべき道 ………………………（木村　福成）211
　はじめに …………………………………………………………………… 211
　第1節　なぜ国境措置撤廃が必要なのか ……………………………… 212
　第2節　なぜ今が好機なのか …………………………………………… 214
　第3節　TPPにより何が実現できるのか ……………………………… 219
　むすび ……………………………………………………………………… 222

　索　引 ……………………………………………………………………… 224

主要略語一覧

略語	英語	日本語
AC	ASEAN Community	ASEAN 共同体
AEC	ASEAN Economic Community	ASEAN 経済共同体
AFTA	ASEAN Free Trade Area	ASEAN 自由貿易地域
AICO	ASEAN Industrial Cooperation	ASEAN 産業協力
AJCEP	ASEAN-Japan Comprehensive Economic Partnership	日本 ASEAN 経済連携協定
APEC	Asia-Pacific Economic Cooperation	アジア太平洋経済協力会議
ASC	ASEAN Security Community	ASEAN 安全保障共同体
ASCC	ASEAN Socio-Cultural Community	ASEAN 社会文化共同体
ASEAN	Association of South-East Asian Nations	東南アジア諸国連合
ASW	ASEAN Single Window	ASEAN シングル・ウィンドウ
ATIGA	ASEAN Trade in Goods Agreement	ASEAN 物品貿易協定
BBC	Brand to Brand Complementation	ブランド別自動車部品相互補完流通計画
BIT	bilateral investment treaty	二国間投資協定
BSE	Bovine Spongiform Encephalopathy	牛海綿状脳症
CEPEA	Comprehensive Economic Partnership in East Asia	東アジア包括的経済連携協定
CEPT	Common Effective Preferential Tariffs	共通効果特恵関税協定
CMI	Chiang Mai Initiative	チェンマイ・イニシアチブ
DDA	Doha Development Agenda	ドーハ開発アジェンダ
EAFTA	East Asia Free Trade Area	東アジア自由貿易地域
EAS	East Asia Summit	東アジア首脳会議
ECFA	Economic Cooperation Framework Agreement	経済協力枠組み協定
EH	early harvest	アーリーハーベスト
EPA	Economic Partnership Agreement	経済連携協定
EU	European Union	欧州連合
FOB	Free on Board	本船渡し
FTA	Free Trade Agreement	自由貿易協定

主要略語一覧

略語	英語	日本語
FTAAP	Free Trade Area of the Asia-Pacific	アジア太平洋自由貿易圏
GATS	General Agreement on Trade in Services	サービス貿易一般協定
GATT	General Agreement on Tariffs and Trade	関税と貿易に関する一般協定
GDP	gross domestic product	国内総生産
GPA	Agreement on Government Procurement	政府調達協定
IAP	Individual Action Plan	個別行動計画
ICSID	International Centre for Settlement of Investment Disputes	国際投資紛争解決センター
ILO	International Labor Organization	国際労働機関
ISDS	Investor-State Dispute Settlement	投資家対国の紛争解決
JA	Japan Agriculture Cooperatives	JA農業協同組合
MPAC	Master Plan on ASEAN Connectivity	ASEAN連結性マスタープラン
NAFTA	North American Free Trade Agreement	北米自由貿易協定
NAMA	Non-Agricultural Market Access	非農産品市場アクセス
NIES	Newly Industrializing Economies	新興工業経済地域
NTBs	non-tariff barriers	非関税障壁
OECD	Organization for Economic Cooperation and Development	経済協力開発機構
RCEP	Regional Comprehensive Economic Partnership in East Asia	東アジア地域包括的経済連携
SPS	Sanitary and Phytosanitary Measures	衛生植物検疫措置
SSM	Special Safeguard Mechanism	農産品特別セーフガード
TAC	Treaty of Amity and Cooperation in Southeast Asia	東南アジア友好協力条約
TBT	Technical Barriers to Trade	貿易の技術的障害
TPA	Trade Promotion Authority	貿易促進権限
TPP	Trans-Pacific Partnership Agreement	環太平洋経済連携協定
TRIM	Trade-related Investment measures	貿易関連投資措置
TRIPS	Trade-Related Aspects of Intellectual Property Rights	知的所有権の貿易関連の側面
UNCITRAL	United Nations Commission on International Trade Law	国連国際商取引法委員会
USTR	Office of the United States Trade Representative	米通商代表部
WCO	World Customs Organization	世界関税機構
WIPO	World Intellectual Property Organization	世界知的所有権機関
WTO	World Trade Organization	世界貿易機関

第Ⅰ部
TPP の意義と背景

第1章
TPPと新たな通商秩序：変わる力学

はじめに

　WTO（世界貿易機関）のドーハ・ラウンドが難航するなか，主要国はFTA（自由貿易協定）への傾斜を一段と強めつつある。米国のTPP（環太平洋経済連携協定）交渉への参加をきっかけにして，FTAAP（アジア太平洋自由貿易圏）の実現に向けた動きに注目が集まっている。2011年11月のAPEC（アジア太平洋経済協力会議）ハワイ会議でのTPPの大枠合意を踏まえ，目下，最終合意に向けてTPP交渉が進行中である。

　東アジアではASEAN（東南アジア諸国連合）を軸とした二国間FTAネットワークの構築が完成する一方で，TPP交渉に刺激されて，日中韓FTAや，ASEAN+3とASEAN+6の構想を収斂させたRCEP（地域包括的経済連携）など，広域FTAの実現に向けた動きが加速し始めている。

　日本の通商戦略は重大な岐路に立たされているといえる。アジア太平洋地域の力学が大きく変わろうとしているなか，日本はと言えば，政局に翻弄され，いまだTPP交渉に参加できない状態だ。日本を置き去りにしたまま，アジア太平洋地域の通商秩序を決める協定づくりが進んでしまうのか。さらに，TPP交渉参加をテコに，日中韓FTAとRCEPの交渉開始に向けてイニシアティブを発揮しようとしていた日本のシナリオにも，大きな狂いが生じている。

　本章は，目下焦眉の問題となっているTPPを中心に，アジア太平洋における新たな通商秩序の構築に向けた動きを取り上げる。具体的には，WTO体制とFTAのあり方，TPPやRCEPなどアジア太平洋の広域FTAの新たな動き，日本のFTA戦略のあり方などについて論じる。

第1節　WTO体制とFTA

1. なぜ重層的な通商政策をとるのか

　現在，主要な先進国や途上国が展開している通商政策は，WTOによる多国間の枠組みを基本としながらも，それを補完するものとして，FTAなど地域間の枠組みも状況に応じて戦略的に使い分けている。これを重層的通商政策と呼ぶ。

　重層的通商政策が主流となった背景の1つには，WTO中心主義の限界がある。WTO交渉での合意形成は極めて困難になっており，各国は多国間主義に固執したWTO一辺倒の通商政策からの転換を余儀なくされている。

　1999年11月の米シアトルでのWTO閣僚会議が決裂し，貿易自由化と新たなルールづくりを目指す新ラウンド（多角的通商交渉）の立ち上げに失敗したことの衝撃は大きい。2001年11月カタールのドーハにおける閣僚会議でようやく開始が宣言されたドーハ・ラウンド（正式名称は，ドーハ開発アジェンダ）であるが，加盟国間の利害調整が難航し，会議は決裂を繰り返している。すでに11年が経過しているが，いまだ妥結の見通しは立っていない。

　WTO交渉の合意を困難なものにしているのが，途上国の台頭である。WTOの加盟国の約8割が途上国であり，途上国の主張を無視した交渉は不可能となっている。ドーハ・ラウンドの度重なる挫折は，交渉における力学が変化した厳しい現実を示すものだ。途上国の中でも，とりわけ，インド，ブラジル，中国といった新興国がその存在感と発言力を強めている[1]。もはや欧米を中心とした先進国が合意すれば，それが全体の合意となる昔のような単純な交渉の図式ではない。

2. 失速したドーハ・ラウンド

　2011年12月，WTO閣僚会議は難航するドーハ・ラウンドについて，「近い将来の最終合意を断念する」ことを決定した。2012年は米仏の大統領選挙，中国の指導部交代といった政治日程の影響で，重要な政策決定は極めて困難と

判断したからだ。暗礁に乗り上げた交渉の事実上の「休止宣言」と言える。

ドーハ・ラウンドは，153カ国・地域が農業，非農産品市場アクセス（NAMA），サービス，貿易円滑化，ルール，知的財産権，開発，環境，紛争解決の9つの分野に及ぶ交渉だ。交渉開始以来，紆余曲折を経て，現在は農業とNAMAのモダリティ（関税や補助金の削減方法）合意を最優先課題とし，交渉が続けられている。

交渉では，日本とEU（欧州連合）が農産品関税引き下げ，米国が農業補助金の削減，途上国が鉱工業品の関税引き下げに強く抵抗し，3つの争点ごとに各国の攻守関係が異なるという，いわゆる「三すくみ」(the triangle of issues) の状態に陥った。2008年7月の7カ国・地域によるジュネーブでの非公式閣僚会合では，食糧価格の高騰を背景に米国が譲歩の姿勢を見せ，それをきっかけにモダリティ合意に向けた意見の収斂があり，一度は大筋合意に近づいた。しかし，最終局面で，途上国向けの農産品特別セーフガード（SSM）措置をめぐって，発動条件の緩和を求めるインドや中国と，反対する米国との対立が表面化し，結局，交渉は決裂した。

対立点は他にもある。NAMAの分野別関税撤廃をめぐる対立だ。米国はスイス・フォーミュラ方式[2]による関税削減だけでは途上国の市場開放が不十分だとして，自動車など14分野を特定した関税交渉に主要な途上国が参加するよう強く求めているが，途上国は猛反発している。

WTOは2009年11月，4年ぶりに公式閣僚会議をジュネーブで開いたが，ドーハ・ラウンドについてほとんど成果がないまま閉幕した。SSMやNAMAの分野別関税撤廃などの問題をめぐっては，依然として米国と主要な新興国の

第1-1表　交渉の主要な論点

農業	関税削減，国内補助金の削減，輸出補助金の撤廃，途上国への配慮等
NAMA	関税削減（スイス・フォーミュラ，分野別関税撤廃），非関税障壁撤廃
サービス	各国の外資規制，人の移動，国内規制の透明化
ルール	アンチ・ダンピングの規律強化，補助金の規律強化
貿易円滑化	貿易手続きの簡素化・迅速化，その実施に伴う途上国支援

（備考）　上記に加え，TPIPS（知的財産権），開発，貿易と環境についても交渉中。
（出所）　経済産業省。

間に深い溝がある。一度は解消しかけた三すくみの対立も再燃するなど，対立の構図は基本的に2008年7月の交渉決裂時のままで，ドーハ・ラウンドの先行きは不透明である。

　ドーハ・ラウンドは白紙撤回の恐れも出てきた。このため，9つの分野のうち貿易円滑化などすでに合意ができている事項だけの「部分合意」も選択肢の1つとして浮上している[3]。

　ドーハ・ラウンドの休止宣言を受けて，ラミー事務局長は，当面は自由化交渉よりも監視や紛争処理の業務拡充に重点を置くと述べた。WTOの地盤沈下は否めない。主要国の通商戦略は，先行きが見えないWTO交渉からFTA締結に軸足を大きくシフトさせている。

3. WTOとFTAの補完的関係

　WTOとFTAの関係は昔から論争の的である。貿易障壁を撤廃するため特定の国や地域が相互に結ぶFTAは，WTOにとってプラスなのか，それともマイナスなのか。FTAについては，排他的な経済ブロックになる可能性や，WTOで交渉するインセンティブを喪失させ，WTOの形骸化を招く恐れが指摘されてきた。

　しかし，最近では，WTOとFTAの補完的な関係が重要だとする意見が多くなっている。第1に，FTAで域内の貿易自由化を実現すれば，グローバルな自由化を補完できる。第2に，FTAはWTOプラスαを実現するための手段となりうる。WTOで十分にカバーされていない分野で，FTAで先行して新たなルールをつくっていくならば，グローバルなルールづくりを目指した将来のWTO交渉の出発点にもなる。

　先進国と途上国の利害対立でWTOでの合意形成が難しくなっているなかで，何もかもWTOに負わせるのは無理であろう。また，FTA締結をしていない諸国との貿易はWTOを活用するしかなく，FTAだけでは1国の通商政策は不十分である。FTAはWTOに完全に代替するものではない。したがって，WTOとFTAのすみ分けが重要であり，「WTOかFTAか」の二者択一の議論は不毛である。

　ところで，WTO加盟国がFTAを結ぶにあたっては，WTO協定との整合

性が問題となる。WTO協定では，GATT（関税貿易一般協定）第1条で「すべての国に対して無差別に自由化しなければならない」と規定されている。FTAは，域内国に対し自由化しても域外国に対しては貿易障壁を残し差別的であるため，このGATT第1条と相容れない。

このため，WTOはGATT第24条で，一定の要件を満たすならば例外的にFTAを認めるとしている[4]。その要件とは，(1) 域外に対する貿易障壁を締結前よりも高めない，(2) 実質上のすべての貿易について域内の貿易障壁を撤廃する，(3) 撤廃の実施にあたって移行期間を設ける場合は，妥当な期間内（原則として10年）にしなければならない，というものである。

しかし，この規定には曖昧な部分があり，例えば，「実質上のすべての貿易」(substantially all the trade) とは必ずしも100％を意味していない。このため，多くのFTAがセンシティブな分野をなし崩し的に自由化の対象外としている。FTAでは相手国が了承さえすれば除外品目を設けることができるからだ。GATT第24条と著しく不整合なFTAは，自由化の例外分野を既成事実として固定してしまうため，WTOに悪影響を及ぼすことになる[5]。

主要国が最近締結したFTAでは，貿易品目または貿易額全体のうちどの程度の関税を撤廃しているか。「FTAの自由化率」を見ると，95％以上の高い自由化を達成しているものが多くなってきている。このような質の高いFTAを締結しようとする動きは，今後一段と強まるであろう。

第2節　アジア太平洋の新たな通商秩序

1. 広がるFTAのネットワーク

2000年以降，東アジアでは二国間のFTA締結が急速に進み，すでに40件を超えている。ASEANが先行する形で，2010年にAFTA（ASEAN自由貿易地域）に加え，ASEANをハブ（軸）とする周辺6カ国（日本，中国，韓国，インド，豪州，NZ）とのFTA，いわゆる「ASEAN+1」のFTAネットワークが完成している。さらに，ASEANの周辺6カ国間のFTA交渉の動きも活発化している。

ただし、東アジアにおいてFTAのネットワークが広がる中で、いまだに大きな空白地帯となっているのが、日本、中国、韓国の間のFTAである。日中韓のどの二国間でもFTAは締結されていない[6]。

日中韓の域内貿易がASEANプラス6の域内貿易総額に占める割合は約3割と、東アジアにおける日中韓の存在感は大きい。今後、日中韓が軸となって東アジアを広範にカバーする広域FTAを構築していくためには、日中韓の間でFTAが締結されることが必要である。

東アジアにおけるFTA締結の増加に伴い、域内貿易の大半はFTAを締結した国同士の貿易になっている。ASEANに日中韓、さらに印豪NZの6カ国を加えた「ASEAN+6」の域内貿易総額のうち、域内のFTA締結国との貿易が占める割合は、2010年には55%と半分以上を占めるようになっている。

しかし、二国間FTAで関税撤廃が進めば相互の市場アクセスが容易になり、域内貿易の拡大が期待できるが、問題点もある。FTA締結国でつくられたかどうかを示す「原産地規則」など、FTAごとに異なるルールが設けられると、企業は実際の貿易実務が非常に煩雑となる[7]。このような弊害は、麺が絡まった状態に例えて「スパゲティ・ボウル現象」と呼ばれている。

二国間FTAの内容が一様でなく、FTAを利用しようとする場合の企業の煩雑さとコスト負担などFTAの使い勝手の悪さを考えると、二国間のFTAはゴールではない。点から線、さらに面へとより広範な地域をカバーする

第1-2表　東アジアの二国間FTAネットワーク

	日本	中国	韓国	ASEAN	豪州	NZ	インド
日本			△	●	△		●
中国			△	●	△	●	
韓国	△	△		●	△	△	●
ASEAN	●	●	●		●	●	●
豪州	△	△	△	●		●	
NZ		●	△	●	●		△
インド	●		●	●		△	

（注）　●は発効済み、△は交渉中。ただし、日韓は中断中。
（資料）　ジェトロ。

FTA の締結を目指すべきである。

　貿易自由化やルールの策定に関しては，広域 FTA の方が二国間 FTA よりもメリットが大きい。例えば，広域 FTA によって統一的な方法で関税を撤廃していくことができる。原産地規則についても累積方式の採用を可能にする[8]。グローバルなサプライチェーン（供給網）の効率化についても，投資や競争政策，知的財産権，貿易円滑化など WTO 協定を補完するルールの策定は，参加国が多いほど効果が大きい。アジア太平洋地域におけるグローバルなサプライチェーンの構築には広域の FTA の実現が不可欠である。

2. アジア太平洋の広域 FTA：変わる力学

　TPP（環太平洋経済連携協定）の浮上により，アジア太平洋地域における広域 FTA の実現が，俄かに現実味を帯びてきた。広域 FTA 構想としてはこれまで，ASEAN と日中韓で構成される「ASEAN+3」による東アジア FTA（EAFTA），これに印豪 NZ が加わった「ASEAN+6」による東アジア包括的経済連携協定（CEPEA），さらに，米国抜きの東アジア諸国だけによる広域 FTA を牽制するために米国が提案した，APEC に加盟する 21 カ国・地域によるアジア太平洋自由貿易圏（FTAAP）の 3 つが議論されてきた。

　EAFTA と CEPEA は，当初，将来の東アジア共同体実現を見据えた広域 FTA 構想として位置づけられた。EAFTA は関税撤廃など貿易自由化が中心のレベルの低い FTA である。これに対して，CEPEA は関税撤廃のみならず，ビジネス環境の改善を目指してサービスや投資の自由化，知的財産権の保護，政府調達，競争政策，環境や労働などルールに関する取り決めも含む，高レベルで包括的な EPA（経済連携協定）である。EAFTA を支持する中国に対し，日本は CEPEA を主張した。経済統合の効果が大きいほか，印豪などの参加で中国の影響力を弱めたいとの思惑からだ。

　EAFTA と CEPEA のどちらにするか，日中の確執が続くなかで「踏み絵」を踏まされることを嫌った ASEAN は，2015 年に ASEAN 経済共同体の創設を最優先課題とすることを口実に，政府間協議の開始を先延ばししてきた。周辺 6 カ国との間ですでに「ASEAN+1」の FTA ネットワークを完成させ，その経済利益を享受できる ASEAN にとって，東アジア広域 FTA の実現はとく

第 1-1 図　アジア太平洋地域における経済連携の重層関係（2012 年 10 月現在）

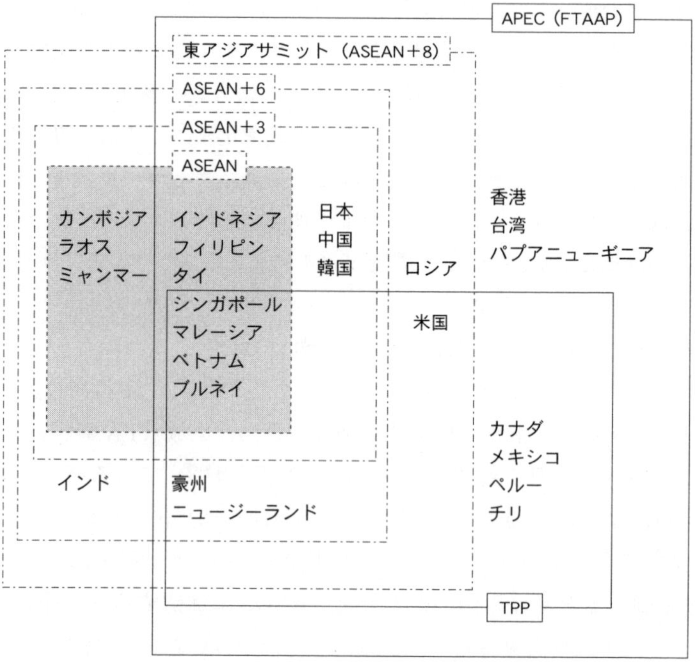

```
APEC (FTAAP)
  東アジアサミット（ASEAN＋8）
    ASEAN＋6
      ASEAN＋3
        ASEAN

カンボジア    インドネシア   日本        香港
ラオス        フィリピン     中国        台湾
ミャンマー    タイ           韓国        パプアニューギニア
                                        ロシア
              シンガポール
              マレーシア                  米国
              ベトナム
              ブルネイ
                                        カナダ
                                        メキシコ
  インド       豪州                       ペルー
              ニュージーランド              チリ

                                        TPP
```

（資料）経済産業省。

に急がねばならない話ではなかった[9]。

　そうした中で，2011 年 8 月，日本と中国が，膠着状態に陥った東アジア広域 FTA 構想について危機感を共有し，その打開策として，「EAFTA 及び CEPEA 構築を加速させるためのイニシアティブ」という日中共同提案を提出した。EAFTA と CEPEA を足して割るような，日中痛み分けの折衷案であったが，この共同提案を受けて，ASEAN は東アジア経済統合のイニシアティブを維持するため，2011 年 11 月の ASEAN 首脳会議で RCEP（東アジア地域包括的経済連携）を採択した。RCEP は，日中共同提案を踏まえつつ東アジア経済統合の一般原則を定めたものである。+3 か +6 かの枠組みは棚上げし，物品貿易，サービス，投資の 3 分野の自由化を優先した FTA である[10]。

　なお，日中共同提案に対して，ASEAN は当初，態度を明確にせず煮え切ら

なかったが，後述する TPP 交渉の進展によって状況が一変した。ASEAN は，東アジア経済統合化の「運転席」を日中韓に奪われはしないかとの懸念から，日中韓 FTA 締結に向けた動きを警戒した。さらに，TPP 交渉に参加する国としない国とに ASEAN が二分され，これが ASEAN の分裂につながりかねない恐れが出てきた。ASEAN の求心力を維持するために，ASEAN を中心とする広域 FTA の実現に向けた動きを加速する必要性が生じてきたわけである。

このように ASEAN+3 (EAFTA) と ASEAN+6 (CEPEA) の 2 構想は RCEP に収斂され，RCEP をベースに，東アジア経済統合の枠組みづくりを目指して政府交渉が開始される見通しとなった。

一方，米国にとっては，ASEAN+3 も ASEAN+6 も米国抜きの広域 FTA であることに変わりはない。米国を締め出す東アジア共同体構想に対する警戒心から，これを牽制するため，米国は「APEC の FTA 化」とも言える FTAAP 構想を打ち出した[11]。

米国は FTAAP 実現を推進することで，「アジア太平洋国家」として東アジアに積極的に関与していく考えである。しかし，APEC（アジア太平洋経済協力会議）は加盟国数も多く，FTAAP の実現に向けた合意を短期間で形成することは難しい。東アジアには中国や ASEAN の一部に，米国主導を嫌い，FTAAP よりも東アジア共同体の実現を優先したいという考えが根強くあるからだ。FTAAP の推進によって ASEAN+3 や ASEAN+6 による枠組みが崩壊しかねないとの懸念もある。

さらに，APEC はこれまで FTA を結ばず，「緩やかな協議体」として非拘束の原則を貫いてきたが，APEC から FTAAP への移行は拘束ベースの導入を意味する。東アジアには中国など拘束を嫌って FTAAP に慎重な国もある。したがって，全会一致が原則の APEC での協議は，下手をすると FTAAP を骨抜きにしてしまいかねない。

このため，2008 年 9 月，米国は TPP への交渉参加を決めた。APEC には，2001 年に採択された「パスファインダー・アプローチ (pathfinder approach)」という方式がある。加盟国の全部が参加しなくても一部だけでプロジェクトを先行実施し，他国は後から参加するというやり方だ。米国は，TPP にこの先遣隊のような役割を期待している。TPP の拡大を通じて

FTAAPの実現を図るというのが米国の戦略である。

2010年11月に横浜で開催されたAPECの会合では，ポスト・ボゴールの新たな目標が本格的に取り上げられた。APECの首脳宣言「横浜ビジョン」では，地域統合化の具体的目標であるFTAAP実現に向けた道筋として，TPP，ASEAN+3，ASEAN+6の3つの構想を発展させることで合意している。TPPはすでに存在し拡大交渉も行われており，現時点ではTPPが最も有力な道筋である。

TPPは，2006年5月にAPECに加盟するシンガポール，ニュージーランド，チリ，ブルネイの4カ国の間で発効されたP4（Pacific 4）と呼ばれるFTAを母体として，参加国を拡大し，投資，金融サービスなどの分野も追加する新たな貿易協定を目指すものである。他の広域FTA構想と比べて，目標とする自由化のレベルも非常に高く，対象分野も包括的で野心的なFTAだと言える。

2008年に米国がTPPへの参加を表明したのに続き，豪州，ペルー，ベトナムもTPP参加を表明した。2010年3月に8カ国により交渉が始まり，10月にマレーシアが参加し，これまで9カ国で21分野についてTPP交渉が進められてきたが，2012年10月からカナダ，メキシコも交渉に参加し，現在，交渉参加国は11カ国となっている。目下，日本がTPP交渉参加に向けて関係国との協議を行っているが（米豪NZが未承諾），タイなどASEANの一部も強い関心を示しており，今後，参加国が増える可能性は高い。

第1-3表　アジア太平洋地域の広域FTA構想の位置付け

(単位：％)

	FTAAP	ASEAN+3	ASEAN+6	TPP
世界人口に占める構成比	40.3	31.1	49.1	9.6
世界経済に占める構成比	56.0	23.6	28.4	29.8
域内貿易比率	65.7	38.7	44.2	39.0
日本の貿易額（往復）	70.3	41.7	47.5	26.4
日本の対外直接投資残高	61.0	22.0	29.0	41.0

(注)　2011年時点のデータ。TPPは9カ国＋加墨。
(資料)　ジェトロ（2012）。

3. 米国の TPP 戦略の狙い

　米国は，21 世紀における世界経済の重心はアジア太平洋地域だと考えている。2010 年の米輸出の約 6 割が APEC 向けであり，今後アジア太平洋地域にどれだけ輸出を増やすことができるかが，米成長と雇用を左右するといってよい。オバマ政権が TPP 交渉に積極的に取り組んでいるのも，TPP が米国の輸出と雇用の拡大をもたらすと考えているからだ。TPP は米国の国家輸出戦略の切り札となっている。

　TPP における交渉分野をみると，米国が TPP 交渉を主導していることは明らかだ。「WTO プラス」を目指し，政府調達，知的財産権，競争政策，さらに環境，労働など，米国が重視している FTA の構成要素をすべて TPP の協定に収め，米国の価値観を反映した協定内容にしようとしている。とくに，TPP 交渉で注目されるのは，新たなルール作りとして，米国がこれまでの FTA では検討しなかった分野横断的事項（cross-cutting issues）が追加されていることだ。具体的には，規制の統一，サプライチェーンの効率化，中小企業の輸出促進，開発などである。

　米通商代表部（USTR）のカーク代表が，2009 年 12 月に TPP 交渉への参加を議会に通告した際，その書簡の中で強調しているように，米国政府は TPP を「21 世紀の貿易協定」（21st century Trade Agreement）と位置付けて，極めて高度で包括的な FTA を目指している。

　注目すべき点は，米産業界が米国の TPP 交渉に大きな影響を与えていることだ。米国商業会議所，全米製造業協会等の主要産業団体からなる米国 TPP ビジネス連合（US Business Coalition for TPP）は，米政府に対して TPP に盛り込むべき具体的内容を要求するだけでなく，協定の素案づくりも行っている。TPP に盛り込まれるルールが米国産業の競争力にとって大きな意味を持つからである。

　米産業界が TPP 交渉に求めているものは何か。2010 年 9 月に同連合が発表した「TPP 協定の基本 15 原則」，および 2011 年 2 月に国家経済会議議長に対して送った書簡を見ると，その概要がわかる[12]。

　米産業界が 15 の事項の中でとくに重視しているものは，次の 6 項目である。第 1 に，貿易ルールの簡素化である。各種の許認可手続きが複雑で透明性に

第 1-4 表　TPP 交渉の 21 分野

⑴ 物品市場アクセス（工業，繊維・衣料品，農業）	⑪ サービス（商用関係者の移動）
⑵ 原産地規則	⑫ サービス（金融）
⑶ 貿易円滑化	⑬ サービス（電気通信）
⑷ SPS（衛生植物検疫）	⑭ 電子商取引
⑸ TBT（貿易の技術的障害）	⑮ 投資
⑹ 貿易救済（セーフガード等）	⑯ 環境
⑺ 政府調達	⑰ 労働
⑻ 知的財産権	⑱ 制度的事項
⑼ 競争政策	⑲ 紛争解決
⑽ サービス（越境）	⑳ 協力
	㉑ 分野横断的事項

（出所）　経済産業省，外務省資料。

欠けている場合，外国企業にとっては貿易障壁になる。米産業界では，TPP においてよりシンプルでわかりやすいルールが採用されるよう求めている。

　第 2 に，サプライチェーンの効率化である。米企業がグローバルなビジネスをアジア太平洋地域で展開するなか，生産及び物流におけるサプライチェーンを非効率なものにしている様々な障壁を分野横断的に一気に撤廃できれば，そのメリットは計り知れない。

　第 3 に，規制の統一である。各国が環境保全や安全のために設けている規制は，国内事情などから異なっている。各国バラバラの規制に対応した物品やサービスを供給するのは，余計なコストがかかる。このため，各国で異なる規制を統一もしくは収斂させたいとしている。

　第 4 に，知的財産権の保護である。米産業界は，米国法と同レベルの最新の知財保護を組み込むべきだとして，TPP 参加国との FTA や米韓 FTA に導入された知財保護を超えるものにするよう要求している。

　第 5 に，投資の自由化と保護である。安定的で無差別な投資環境をつくるよう求めている。米産業界は，外国企業が不利益を被った場合に国際機関に申し立てができるように「国家対投資家の紛争処理手続き」（ISDS 条項）を優先事項としている。

　第 6 に，公正な競争である。米産業界は，多くの途上国で国有企業が政府と密接な関係を持っており，競争で有利な立場にあると見ている。このため，国有企業と民間企業，外国企業が同じ土俵で競争することを保証すべく，各国の

第 1-5 表　TPP に関する 15 の具体的要望事項

1. 包括協定
2. ビジネス上有意義な協定
3. 2011 年に最終合意
4. <u>貿易を簡素化し競争力を強化する協定</u>
5. <u>貿易を促進し生産とサプライ・チェーンを強化する協定</u>
6. <u>規制の整合性を促進する協定</u>
7. <u>最高水準の知的財産保護を備えた協定</u>
8. <u>投資の出入両面を促進し保護する協定</u>
9. 透明性を向上させ腐敗を減らす協定
10. オープンで均等な調達機会を促進する協定
11. <u>公正な競争と公平な条件を促進する協定</u>
12. 価格を下げ，消費者の選択肢を広げ，競争を促進する協定
13. 市場アクセスの後退を禁ずる協定
14. 追加参加国を歓迎し，それらの国が提起する新たな貿易・投資問題に対処できる生きた協定
15. 法の支配，環境及び労働者の保護を促進する協定

（注）下線は筆者による。米産業界がとくに重視する項目。
（出所）U.S. Business Coalition for TPP (2010).

産業政策の透明性と公正さを高めるべきだとしている。

　さらに，米国が期待する TPP の利益は，現在交渉に参加している 9 カ国のみを前提にした静態的なものだけではない。今後 TPP の拡大によってもたらされる動態的なものも重視されている。米国の狙いは，TPP を通じて高度で包括的な FTA を APEC 全体に広げ，アジア太平洋地域の新たな通商秩序を構築することだ。当然，中国の参加も視野に入れているが，最後に参加してくれた方がむしろ都合がよいというのが本音だろう。米国としては，与しやすい国を相手に米国主導で，米国の価値観を反映させたハードルの高いルールを作ってしまいたいのである。

　米国は中国の「国家資本主義」（state capitalism）に頭を悩ませている。中国政府が国有企業に民間企業よりも有利な競争条件を与え，公正な競争を阻害しているからだ。市場原理を導入しつつも，政府が国有企業を通じて積極的に市場に介入するのが国家資本主義。米国は TPP を通じてこの国家資本主義と闘うつもりである。

　国家資本主義のもとで国有企業が多く貿易障壁の撤廃も難しい中国が，すぐにハードルの高い TPP に参加する可能性は，現時点でほとんどない。しか

し，今後，APEC 加盟国が次々と TPP に参加し，事実上 FTAAP と呼ぶにふさわしい規模に近づけば，中国の選択は変わるかもしれない。

当面は中国抜きで TPP 交渉を締結させ，その後，APEC 加盟国からの TPP 参加を通じてアジア太平洋地域における中国包囲網の形成を目指す。最終的には投資や競争政策，知的財産権，政府調達などで問題の多い中国に，TPP への参加条件として国家資本主義からの転換とルール遵守を迫るというのが，米国の描くシナリオであろう。「TPP に参加したいのであれば，自らを変革する必要がある」というのが中国へのメッセージだ。

4. 中国は TPP に参加するか

TPP による中国包囲網の形成に警戒を強める中国。TPP に対する中国の今後の対応については，① TPP 交渉への早期参加を表明する，② TPP とは距離を置き，これまで議論してきた日中韓 FTA や RCEP（ASEAN プラスの FTA）をベースにした東アジア経済統合を実質的に中国主導で加速させる，の 2 つの選択が想定される。

中国国内には，中国が参加しない TPP は実質的な意義はないとする見方がある一方，中国への影響を深刻に捉える見方もある。2011 年 11 月 7 日付の「環球時報」（中国人民日報発行）は，中国自ら主体的・積極的に TPP 交渉に参加していくべきであり，そうしなければ TPP が実現した時に中国は新たな域外差別に直面することになると警告している。アジア太平洋地域での中国の経済発展と影響力の拡大を阻止しようとする米国の意図は明らかだが，TPP が将来的に同地域における新たな通商秩序の基礎となる可能性があり，中国抜きで TPP 交渉が進むのは中国にとって得策でないとしている。

だが，現段階では，①を選択する可能性は極めて低い。TPP のルールと中国の国家資本主義とは大きくかけ離れており，その溝を埋めることは非常に困難とみられるからだ。溝を埋めるためには，TPP のルールを骨抜きにするか，中国が国家資本主義の路線を放棄するか大幅に修正するしか方法がない。しかし，そのどちらも難しい。

万が一に中国が交渉に参加することになった場合には，米国の主張との対立点を浮き彫りにすることにより，性急な自由化に慎重な新興国・途上国を取り

込むといった戦略をとるだろう。こうした展開は米国が最も避けたいところである。中国をTPPに参加させたいが，TPPの枠組みが固まっていない段階でかき回してもらいたくない，というのが米国の本音だろう。

　最近の中国の動きは，明らかに②の方に向かっている。中国はTPP交渉が本格的に始まっても当初は平静を装い，これと距離を置いてきた。しかし，2011年11月に日本が「TPP交渉参加に向けて関係国との協議に入る」と声明したのをきっかけに，TPPが一気に拡大する可能性も出てきた。このため，中国は米国主導のTPP交渉の行方に警戒を強めている。

　こうした背景から，中国はTPPへの対抗策として，東アジア経済統合の実現に向けた動きを加速させようと，日韓やASEANへの働きかけを強めている。注目すべきは，中国が日中韓FTA交渉の前倒しを提案した点だ。中国は，日本や韓国が目指すような高度で包括的なEPAについては実施の準備が十分ではない。投資・サービスの自由化，競争政策，知的財産権，政府調達などを含むことは難しく，貿易自由化も例外や期限猶予付きの関税引き下げとしたいと考えているはずである。

　それにもかかわらず，中国が関税面で有利といえない日韓との三国間FTAを急ぐ背景には，TPPへの対抗策として，日中韓FTAをテコにASEANプラスのFTA（RCEPに収斂）の実現を加速させたいとの思惑があるからだ。日中韓ともにASEANとはFTAをすでに締結済みであるから，日中韓FTAが締結されれば，RCEPの実現に弾みがつく。日中韓3カ国の政府は，2012年11月開催の日中韓経済相会合でFTAの交渉入りで正式に合意した[13]。

　一方，膠着していたASEANプラスのFTAにも新たな動きが出てきた。ASEAN+3のFTAに固執してきた中国が，当初は否定的だったASEAN+6の構想にも柔軟になったからである。2011年8月に提出された日中共同提案にもとづき，ASEANがまとめたRCEPは，これまで揉めていた構成メンバーの問題を「ASEANプラス」という形で棚上げし，TPPのような高いレベルの包括的なFTAではなく，3分野（物品貿易，サービス貿易，投資）の自由化を優先した低レベルのFTAである。

　米国主導でTPPが進むのを警戒する中国の本音としては，ASEAN+3を軸に米国を外した「非TPP」の枠組みづくりを急ぎたいところだ。中国が貿易

面で競合するインドも入る ASEAN+6 の枠組みには消極的である。それでも，中国は ASEAN の中心性を十分に尊重し，ASEAN が目指す ASEAN+6 に柔軟な姿勢をみせた。米国が安全保障と経済の両面でアジア太平洋地域への関与を強めるなか，米国に対抗するには ASEAN を自陣営につなぎ留めておくことが欠かせないと考えたからである。

RCEP は，2012 年 11 月の ASEAN+3 首脳会議および東アジアサミットで合意を得て，2015 年末までの交渉妥結を目指している。しかし，RCEP について各国は同床異夢の感が拭えず，RCEP の交渉は紆余曲折がありそうだ。

アジア太平洋地域における経済連携の動きは，米中による「陣取り合戦」の様相を呈し始めた。今後，米中の角逐が強まる中で，TPP，日中韓 FTA，RCEP といった動きが，同時並行的に進行していくことになるが，注意しなければならない点は，その背景に，国家資本主義対市場経済という対立の構図が顕在化しつつあることだ。中国は，TPP を横目で見ながら，国家資本主義の体制を維持しながら東アジアの経済統合を進めようとしている。

第3節　FTAAP の実現と日本の役割

1. TPP 交渉参加の重要性

日本の TPP 参加問題は，2010 年 10 月に菅首相（当時）が TPP 参加の検討を表明して以来，国論を二分する激しい論争を巻き起こした。2011 年 11 月の APEC ハワイ会合で，野田首相が TPP 交渉参加に向けて関係国との協議に入ることを表明したが，いまだ TPP 反対論の勢いは収まっていない。

FTAAP の実現を睨みつつ，アジア太平洋地域における新たな通商秩序とルールが TPP 交渉によって作られようとしているときに，国益上，日本がこれに全く関与しないで済まされるはずがない。もちろん，TPP 参加にはメリットとデメリットがある。日本が TPP に参加すれば，アジア太平洋地域の成長を取り込むことができる。TPP 参加国が日本に対する貿易障壁を撤廃するので，国内の輸出産業には大きなビジネスチャンスとなる。グローバルなサプライチェーンの構築に向けて，域内における規格や基準が統一されるなど非関税

障壁分野でのメリットは計り知れない[14]。

一方,輸入品と競合する国産品を生産している産業は一段と厳しい競争に直面する。とくに農業への影響が懸念されている。日本がこれまで締結したFTAに比べ,TPPは関税の撤廃で例外分野が原則として認められないなど,極めて高いレベルの自由化を参加国に求めている。日本が参加するためには,国内の農業改革や非関税障壁などの規制改革を進める必要がある。

日本はTPP交渉への入り口の段階で躓いている。誠に憂慮すべき事態である。国内調整が難航し,日本のTPP交渉への参加が遅れれば遅れるほど,TPPのルール作りに,日本の関与する余地が少なくなる。

2. 日本のアジア太平洋戦略

最後に,TPPと東アジア経済統合(日中韓FTAやRCEP)をめぐる米中の角逐が激しくなる中で,日本はどのように対応すべきかを考えてみたい。日本のとるべき新たなアジア太平洋戦略の基本は,次の4つである。

(1) 横浜ビジョンの原点に立ち戻れ

日本は,議長国としてまとめたAPEC「横浜ビジョン」を日本の新たな戦略の原点とすべきだ。TPPのみがFTAAPへの道筋ではない。RCEPもFTAAPを実現する手段の1つである。TPPとRCEPの動きが,最終的にはFTAAPに向かって1つの大きな流れに合流するというシナリオの実現を目指すべきである。横浜ビジョンの産みっ放しは許されない。

TPPに参加し対米重視路線を維持するか,それともRCEPの実現を優先し中国との戦略的互恵関係を発展させるか,の二者択一は間違いだ。日本は,アジア太平洋地域において重層的な経済連携を展開すべきだ。TPPに参加する一方で,日中韓FTAやRCEPにおいても主導的な役割を担っていく。国家資本主義に固執する中国がRCEPで実質的に主導権を握れば,低いレベルのFTAにとどまる恐れがある。TPPをテコに,RCEPを徐々に高いレベルに引き上げていくためには,日本のイニシアティブが必要だ。

(2) TPPとRCEPの融合

TPP交渉の進展に伴い,アジア太平洋地域における米中の覇権争いが激しさを増すだろう。米中の角逐によるアジア太平洋の分断を回避しなければなら

ない[15]。アジア太平洋地域に米中がそれぞれ主導する形で2つの経済圏ができるとしても，最終的には米中両国を含む1つの経済圏に収斂させなければならない。APEC「横浜ビジョン」に沿って，TPPの拡大と並行して，RCEPも最終的にFTAAPにつなげていくように，米中の間で日本が調整役を果たすべきだ。

日本は地政学的に米中の間に位置している。日本が結節点になり，TPPとRCEPを融合させることが，日本の役割である。TPPとRCEPが融合すれば，アジア太平洋地域に新たな成長力が生まれる。日本に求められているのは，米中の覇権争いを防ぎ，アジア太平洋地域における新たな通商秩序の構築に向けてイニシアティブを発揮することである。米中の狭間で埋没しかねない日本の存在感をアジア太平洋地域で高める又とない好機である。

(3) APECをつなぎ役に活用

TPPとRCEPのつなぎ役として，米中がともに参加するAPECを活用するのが最も現実的であろう。具体的には，非拘束原則を残したAPECにおける新自由化プロセスとルールづくりを媒介にして，それを実現していく。東アジアのAPEC加盟国におけるFTAのレベルを向上させ，TPPのレベルに近づけることによって，FTAAPへの収斂を容易にすることを目指すべきだ。

TPP，RCEPと並んで，APEC自体もFTAAPを推進しなければならない。APECにはFTAAPの実現に向けてインキュベーター（孵卵器）として意義ある貢献が期待されている。「TPPとRCEPはアジア太平洋を上から引っ張るが，APECはそれを下から押し上げる」（山澤，2012）。そうした方向に今後APECが向かうよう，APECの場においても日本の強いイニシアティブが求められる。

(4) FTA戦略の足かせを外せ

これまで日本のFTA交渉では，できるだけ多くの農産物を自由化の例外品目にすることを，交渉の最重要課題としてきた。その結果，日本のFTAの自由化率（10年以内に関税撤廃を行う品目が全品目に占める割合）は，品目ベースで大半が90％以下にとどまっており，他の主要国と比べて著しく見劣りがする。

しかし，自由化率が低いままでのFTA交渉はもはや限界に達している。農

産物の例外を認めない国・地域とのFTA交渉に踏み込まねばならないからだ。日本は高いレベルの包括的なFTAを締結するために，農産物の自由化を避けるわけにはいかなくなっている。

今後，日本が新たなアジア太平洋戦略を積極果敢に展開しようとするならば，日本のFTA戦略の大きな足かせになってきた農業問題に終止符を打つことが，喫緊の課題だ。TPPはもちろんのこと，日中韓FTA，RCEP，APECなどの場でも，日本が強い交渉力でもって主導性を十分発揮していくためには，農産物について大胆な対応を示すことが大前提となろう。

農業保護のあり方が問われねばならない。農産物を高い関税で守り続けても，日本農業は「ジリ貧」である。関税から所得補償への切り替えは，農産物の自由化と農業保護を両立させるための有効な手段である。農産物の自由化に向けて，思い切った農政の転換と農業再生に向けた構造改革が必要である。

(馬田　啓一)

注

1) BRICsの一員であるロシアのWTO加盟（2011年12月のWTO閣僚会議で正式承認）で，この傾向は一層強まろう。
2) スイス・フォーミュラとは，$X = (A \times T) / (A + T)$という式で表わされる方式である。Xは削減後の関税率，Tは現行関税率，Aは係数。この方式によれば，現行の関税率が高水準であるほど削減幅が大きくなる。
3) 白紙撤回を回避する狙いから，米国などが部分合意を主張した。しかし，WTO交渉は全分野の一括受諾方式（single undertaking）が大原則であり，部分合意は交渉方式を大きく変えることになるため，反対する国も多い。
4) 途上国間のFTAについては「授権条項」が適用され，GATT第24条を遵守しなくてもよいが，先進国と途上国の間では授権条項の適用は認められず，途上国もGATT第24条の義務を果たさなければならない。
5) バグワッティは，WTOの貿易自由化を促進するFTAをビルディング・ブロック（building blocs，積み石），逆に阻害するFTAをスタンブリング・ブロック（stumbling blocs，躓き石）と呼んだ。Bhagwati (1993)．
6) 2012年5月，中韓はFTA交渉を開始した。
7) FTAの原産地規則には，関税番号変更基準と付加価値基準の2つの基準があり，企業がどちらかを選択できる選択型と両方ともみたさねばならない併用型の4種類がある。
8) 「累積」とは，ある産品がA国で生産される場合，その生産に用いられたB国の原産材料をA国の原産材料と見なすこと。広域FTAの下では，二国間FTAに比べて原産品として認定されることが容易となる。
9) ASEAN経済共同体をベースに，6カ国との「ASEAN＋1」のFTAを統合させるような形で，東アジアの広域FTAが実現に向かうとすれば，「運転席に座る」のはASEANということに

なる。
10) 日中共同提案の骨子は以下のとおり。① メンバーシップ（+3 か +6 か）にこだわらず，「ASEAN プラス」という形で項目ごとに議論，② 物品貿易，サービス，投資の 3 分野での自由化のあり方を検討するための作業部会を創設，③ ASEAN から議長を選出するなど，ASEAN 中心性を最大限に尊重。
11) ブッシュ政権が，2006 年 11 月の APEC ハノイ会合で FTAAP 構想を提案。
12) U.S. Business Coalition for TPP（2010, 2011）．
13) 日中，日韓で生じている領有権問題の影響で，交渉は難航が予想される。
14) 日本経団連も提言（2011 年 4 月）の中で，公平な競争条件の確保（関税撤廃など），貿易手続きの簡素化，模造品・海賊版対策の強化，電子商取引の自由化，インフラ輸出関連の政府調達の開放，制度・規格の調和，外国投資に対する差別撤廃と投資仲介制度の導入などが，TPP を通じて実現すべき重点項目だと主張している。
15) 米中の覇権争いによって「太平洋が二分される」リスクと APEC の存在意義について，F. バーグステンが早くから指摘している。Bargsten（2005）．

参考文献

馬田啓一（2011a）「通商戦略の潮流と日本の選択」国際貿易投資研究所『フラッシュ』No. 141．[http//www.iti.or.jp/flash141.htm]
馬田啓一（2011b）「米国の TPP 戦略：背景と課題」拓殖大学海外事情研究所『海外事情』第 59 巻 9 号．
馬田啓一（2012a）「TPP と東アジア経済統合：米中の角逐と日本の役割」国際貿易投資研究所『季刊国際貿易と投資』No. 87．[http//www.iti.or.jp/kikan87/87umada.pdf]
馬田啓一（2012b）「WTO・FTA 交渉と日本の農業問題」山澤逸平・馬田啓一・国際貿易投資研究会編『通商政策の潮流と日本』勁草書房．
馬田啓一（2012c）「米国の TPP 戦略と日本」馬田啓一・浦田秀次郎・木村福成編著『日本の TPP 戦略：課題と展望』文眞堂．
馬田啓一（2012d）「TPP と国家資本主義：米中の攻防」国際貿易投資研究所『季刊国際貿易と投資』No. 89．[http//www.iti.or.jp/kikan89/89umada.pdf]
経済産業省（2012）『通商白書 2012』．
椎野幸平・水野亮著（2010）『FTA 新時代―アジアを核に広がるネットワーク』ジェトロ．
日本経団連（2011）「我が国の通商戦略に関する提言」（2011 年 4 月）．
日本貿易振興機構（2012a）『2012 年版ジェトロ世界貿易投資報告』．
日本貿易振興機構（2012b）「環太平洋パートナーシップ（TPP）協定の概要・データ集」（2012 年 7 月）．
山澤逸平（2012）「APEC の新自由化プロセスと FTAAP」山澤逸平・馬田啓一・国際貿易投資研究会編『通商政策の潮流と日本』勁草書房．
Bargsten, C. F. (2005), "A New Foreign Economic Policy for the United States," in C. F. Bargsten, ed., *The United States and the World Economy: Foreign Economic Policy for the Next Decade*, Institute for International Economics, 2005.
Bhagwati, J. (1993), "Regionalism and Multilateralism: An Overview," in J. de Melo and a Panagariya, eds, *New Dimensions in regional Integration*, Cambridge: Cambridge University Press.
Petri, A. Peter and Michael Plummer (2012), "The Trans-Pacific Partnership and Asia-pacific Integration: Policy Implications," *Peterson Institute for International Economics*, Policy Brief,

No. PB12-16, June 2012.
U.S. Business Coalition for TPP (2010), Trans-Pacific Partnership (TPP) Agreement Principles, September 30, 2010.
U.S. Business Coalition for TPP (2011), Letter to Mr. Gene Sperling, Director of the National Economic Council, February 3, 2011.
United States Trade Representative (2011b), Outline of the Trans-Pacific Partnership Agreement, Fact Sheets, Nov. 2011.
United States Trade Representative (2012), 2012 Trade Policy Agenda and 2011 Annual Report.

第2章
TPPと東アジアのFTAのダイナミズム

はじめに

2010年1月1日にASEAN（東南アジア諸国連合）と中国，韓国，豪州・ニュージーランドおよびインドとのFTA（自由貿易協定）がほぼ実現あるいは発効した。すでに発効していた日本とのEPA（経済連携協定）を加えると，5つのASEANプラス1FTAが締結され，同じく2010年1月1日にほぼ完成したAFTA（ASEAN自由貿易地域）を加え，ASEANをハブとするFTAネットワークが完成段階に入ったことになる。これはアジアのFTA締結における21世紀の最初の10年間の大きな成果である。しかし，5つのASEANプラス1FTAは内容が一様ではなく，FTA利用企業の手間とコスト増を招くなど利便性が悪いため，東アジアの広域FTAの創設が課題となっている。

2010年に入ると，アジア太平洋で新しい動きが始まった。その典型がTPP（環太平洋経済連携協定）交渉の開始である。最初の10年間は，東アジアの広域FTAは検討のレベルであり，米国は構想から排除されていた。ASEANプラス1FTAは，総じて自由化レベルが低く，対象分野は限定されていた。TPPは自由化レベルが高く，対象分野は包括的で米国が参加するなどASEANプラス1FTAと対照的である。

TPPの交渉開始と日本のTPP参加のための協議表明は，カナダ，メキシコのTPP参加表明，日中韓FTAの交渉開始合意，日EU FTAへのEUの姿勢積極化，ASEANのRCEP（地域包括的経済連携）提案など地域統合の新たなダイナミズムを生み出している。ASEANプラスFTAは，RCEPに収斂される可能性が強く，アジア太平洋地域ではTPPとRCEPが並立する見通しである。TPPとRCEPの統合が将来の課題となろう。

本章は，21世紀のはじめの10年間をアジア太平洋地域の地域統合の第1期と位置づけ，その経緯と現状および意義を検討し，転機となった2010年から2011年にかけての動きを新たな動向として分析するともに，2012年以降の展望と課題に言及している。

第1節　ASEANプラス1FTAネットワークの完成

1. ASEANとのFTA締結競争

東アジアでの本格的なFTAの締結は21世紀に入ってからである。世紀の転換点で東アジアに存在したFTAは，1992年に締結されたASEAN自由貿易地域（AFTA）だけだった[1]。しかし，現在は東アジアで40を超えるFTAが締結されている。東アジアのFTAがこのように増加したのは，19（2012年8月現在）のFTAを締結するなど世界でも最も活発にFTA戦略を展開している国の一つであるシンガポールに加え，それまでFTAに取組みを行って来なかった日本，韓国，中国などがFTAに積極的になったためである。

日本は1998年から1999年にかけて，多国間貿易自由化に加え二国間でも貿易自由化を行う重層的通商政策に転換した。韓国はアジア通貨危機後の経済構造改革の一環としてFTAを含む貿易自由化を進めた。日本はシンガポールを最初の交渉相手国として選び，韓国はチリを選んだ。日本とシンガポールのFTA（日本シンガポール経済連携協定：JSEPA）は2001年1月に交渉が始まり2002年1月に締結された。中国がASEANとのFTA交渉に取組む契機となったのは，JSEPAに示された日本の地域主義へのイニシアチブだった[2]。

中国とASEANは2001年11月のASEAN中国首脳会議でFTA（ACFTA）に合意した。ACFTAは，2002年11月の枠組み協定の締結を経て2004年11月に物品貿易協定（狭義のFTA）が締結され，その後サービス貿易協定，投資協定が締結されている。

ASEANと中国のFTA合意は日本政府に衝撃を与えた。日本は2カ月後の2002年1月にASEANとの経済連携協定構想を発表し，2003年12月以降，ASEAN主要国との二国間FTA交渉を開始した。中国，日本のASEANと

のFTA交渉開始後,韓国,インド,豪州・ニュージーランドがASEANとのFTA交渉を開始し,アジア太平洋地域でASEANとのFTA競争というべき状況が起きた。

　ASEANとのFTA競争が起きたのは,貿易転換効果によるネガティブな影響の回避という理由で説明できる[3]。FTAの経済効果には,貿易創出効果(貿易障壁の撤廃によりFTA締結国間で貿易が創出される)と貿易転換効果(FTAにより効率的なFTA非締結国からの輸入が非効率的な締結国からの輸入に転換する)が知られている[4]。ASEANとFTAを締結していないことによりFTAを締結した競合国の製品に市場が奪われる事態を避けるために,アジア太平洋地域の主要国はASEANとのFTAに取組まざるを得なくなった。

　ASEANがFTAの交渉相手となった理由は,まず,AFTA(ASEAN自由貿易地域)による域内貿易自由化を進めてきたASEANが東アジアではFTAの先進地域であり,交渉が比較的容易だったことである。とくに,ASEAN中国,ASEAN韓国のFTAは,物品貿易協定の先行,関税削減方式,原産地規則などAFTA型協定となっている。次に,ASEANの新興市場としての重要性と発展可能性である。中国のほうが市場として大きいが,中国とのFTAは各国で経済的な脅威論や反発があり,現実的な選択ではなかったことも指摘できる。中国自身は西部大開発や中国企業の進出,資源確保など経済的な利益に加え,安全保障の観点からASEANとの関係の強化を進めており,経済的な発展レベルでも近いASEANはFTAの最初の交渉先として格好の相手だった。中国のFTA締結の目的に示されているように,FTAは貿易の拡大だけでなく,資源の確保,外国投資の獲得などに加え,外交や安全保障など政治的な目的から取組まれるようになっている[5]。

　ASEANは,アジア太平洋地域の主要国からのアプローチによりASEANを中核にするFTAネットワークを構築することが出来た。ASEANはハブアンドスポークシステムのハブとして貿易転換の負のインパクトを減少させる[6]とともに,ASEANが東アジアの地域統合の動きの中核に位置する形で東アジアの広域FTA構想も検討されるようになり,「運転席に座る」ことができた。

　このように東アジアの地域統合は,主要国とASEANとのFTAの締結が推進力となって展開した。ASEAN+1というFTAのネットワークがほぼ完成段

階に入ったのが 2010 年 1 月であり，21 世紀の最初の 10 年間を東アジアの地域統合の第 1 期と呼ぶことが出来る。

第 2 節　AFTA および ASEAN+1 の FTA の概要

　2010 年 1 月から AFTA の関税撤廃が ASEAN6 で実現し，ASEAN と中国，ASEAN と韓国の FTA では ASEAN6 と相手国が関税を撤廃した。また，ASEAN とインド，ASEAN と豪州・ニュージーランドの FTA が発効した。ASEAN と日本の EPA（AJCEP）は 2008 年 12 月に発効しており，ASEAN をハブとする FTA ネットワークが完成段階を迎えつつある。本節では，AFTA および ASEAN+1FTA の概要と特徴をみておく[7]。

1. AFTA の完成と経済共同体の創設

　1993 年に関税削減が開始された AFTA は，2010 年 1 月 1 日付けで ASEAN6（ブルネイ，インドネシア，マレーシア，フィリピン，シンガポール，タイ）で関税が撤廃された。ASEAN6 は，7881 品目（タリフライン）がゼロ関税となり，99.11％の品目が AFTA の対象となった。ASEAN6 の AFTA 平均関税率は 2009 年の 0.75％から 0.05％に低下し，CLMV（カンボジア，ラオス，ミャンマー，ベトナム）の AFTA 平均関税率も 2009 年の 3％から 2.61％に低下した。CLMV の関税撤廃は 2015 年である。

　AFTA がほぼ完成したことから ASEAN の統合の目標は経済共同体の創設に移っている。「物品，サービス，投資の自由な移動，資本のより自由な移動，熟練労働者の自由な移動」と「ASEAN 域内格差の是正」を目指す ASEAN 経済共同体（AEC）は 2015 年に実現を目指している。関税撤廃に続いて，非関税障壁の撤廃，サービス貿易自由化，規格の相互承認，通関手続の窓口一本化と電子化を目指すシングル・ウィンドウの創設と税関統合など貿易円滑化が課題となっている。

　経済共同体実現のための行動計画とスケジュールが AEC ブループリントである。ブループリントの実行状況をチェックするためにスコア・カードが導入

されており，2008年初めから2011年12月までのブループリントの実行率は67.5%だった[8]。関税撤廃は計画通り進んでいるが，非関税障壁撤廃，サービス貿易自由化，シングル・ウィンドウなど多くの分野は予定より遅れている。AECは，EU型の統合ではなく，統合のレベルは日本のEPAに近い。国家主権のASEANへの委譲は行わず，共通関税は採用していない。人の移動の自由化は専門家や貿易投資関係者に限られ，製品規格の相互認証や資格の相互承認は極めて限定され，共通通貨は目標になっていない。しかし，物品の貿易や投資の自由化はレベルの高いものであるし，サービス貿易の自由化，輸送分野の自由化と協力，物流の円滑化なども目標にしている。市場統合はASEAN流に「ゆっくりであるが着実に」進んでいると評価すべきである。

2. 「ASEAN+1」FTAの進展

(1) ASEANと中国（ACFTA）

ASEANと中国の物品貿易協定は，2005年7月から関税削減を開始し，ノーマル・トラック品目については2010年1月1日にASEAN6と中国が関税を撤廃した。CLMVのノーマル・トラック品目の関税撤廃は2015年1月である。ただし，例外品目の関税は撤廃されていない。例外品目は，センシティブ・トラック品目と高度センシティブ・リスト品目に分けられる。

カラーテレビ，冷蔵庫，洗濯機など家電製品，乗用車（完成車），トラック，バス，2輪車，自動車部品など輸送機械は，中国およびASEAN各国でセンシティブ・トラック品目あるいは高度センシティブ品目に指定されている。FTAは完成したが，自動車，2輪車，家電製品，農産品・食品などについては，関税障壁が維持されている。2010年の関税撤廃によりACFTAの利用は増加しており，インドネシアでは繊維製品などの中国からの輸入の増加により国内産業が衰退するとの製造業者の危惧が高まりACFTA見直し論が出ている[9]。

2007年1月調印されたサービス貿易協定は，市場アクセスにおける自由化および内国民待遇を約束する分野を約束表に記載するポジティブ・リスト方式となっており，GATS（サービス貿易一般協定）タイプの協定である。漸進的な自由化方式を採用しており，パッケージ方式で自由化を進める。

2009年8月に調印されたASEAN中国投資協定の自由化の規定はレベルが高くない。投資前の内国民待遇は認められていないし，パフォーマンス要求の禁止は全く規定されていない。

(2) ASEANと韓国のFTA (AKFTA)

物品貿易協定は，2005年2月に交渉が開始され，2006年8月に合意，2007年6月に発効した。協定は全体で31条あり，構成と内容はACFTAに類似しており，ノーマル・トラックとセンシティブ・トラックに分けて段階的に関税削減を行うものである。

韓国とASEAN6は，輸入額の90%に相当するノーマル・トラック品目の関税を2010年1月に撤廃した。センシティブ・トラック品目は輸入額の10%以下で総品目数の10%以内で指定できる。輸入額の3%かつ総品目の3%以内あるいは200品目以内で指定できる高度センシティブ品目は，農産品，食品・飲料が多いが，ベトナムはスクーターと平板圧延品，フィリピンは始動電動機，ブルネイはタイヤを除外品目に指定している[10]。

ASEANと韓国のサービス貿易協定は，2007年11月に調印された。タイは調印せず，2009年に議定書に調印して参加している。協定の構成と内容はASEAN中国のサービス貿易協定とほぼ同じである。投資協定は2009年6月に調印されており，自由化・円滑化，投資保護，紛争解決手続きに関する規定を含む包括的な投資協定である。ASEAN中国の投資協定に比べると，投資自由化の規定がより明確になっている。

(3) ASEANとインドのFTA (AIFTA)

物品貿易協定は2004年に交渉が開始されたものの，合意は2008年8月，調印は2009年8月と遅れた。サービス協定と投資協定は交渉中である。AIFTAの特徴は，低い自由化率と厳格な原産地規則である。ノーマル・トラックは品目数で80%，輸入額で75%を占めており，ノーマル・トラックは1と2に分けられている。関税撤廃品目の比率を示す自由化率はACFTA，AKFTAとも90%程度であり，75%は非常に低いレベルである。AIFTAに先行したタイとインドのアーリーハーベスト (early harvest, EH) により，タイからのEH対象品目の輸入が急増しインドのタイ貿易は黒字から赤字に転換し，FTAへの警戒論が強まったことが理由である。

AIFTA の原産地規則は，35％付加価値基準と関税番号変更基準（HS6 桁）の 2 つを満たさねばならないというものである。付加価値比率は最も低く，関税番号変更も 6 桁と緩やかだが，双方を同時に満たさねばならず，ASEAN＋1 の FTA では最も厳しい規則になっている。

(4) ASEAN と豪州・ニュージーランドの FTA（AANZFTA）

ASEAN と豪州，ニュージーランド（NZ）との FTA（AANZFTA）は，2005 年 2 月に交渉が始まり 2008 年 8 月の経済大臣会合で合意，2009 年 2 月に調印され，2010 年 1 月 1 日に発効した。AANZFTA は，全 18 章の極めて包括的な協定であり，自然人の移動，電子商取引，協力などを含むが，政府調達の規定はない。締約国の中で WTO の政府調達協定に調印している国がシンガポールだけであるためである。

AANZFTA は自由化率の高い FTA である。品目数（タリフライン）ベースで，豪州，NZ，シンガポールは 100％自由化（関税撤廃）を実現し，ASEAN6 は 90％以上の自由化率を達成する。中でもブルネイ，タイは 100％近い自由化率である。新規加盟国は 85％から 89％となっている。原産地規則は，40％付加価値基準あるいは関税番号変更基準の選択方式である。

(5) ASEAN と日本

ASEAN と日本との間には，二国間協定と ASEAN 全体との協定（AJCEP）の 2 種類の協定が締結されている。二国間協定は，ラオス，カンボジア，ミャンマーを除く 7 カ国と締結されている。ASEAN 全体とは日本 ASEAN 包括的経済連携協定（AJCEP）が 2008 年 4 月に調印され 8 月に発効している。AJCEP は初の複数国間の EPA であり，二国間 EPA が締結されていなかったカンボジア，ラオス，ミャンマーの 3 カ国とも EPA が締結されることになった。また，二国間 EPA では，日本から ASEAN に輸出し加工後に他の ASEAN に輸出する場合，AFTA の 40％付加価値基準という原産地規則を満たさないケースがあったが，累積原産地規則を導入したことにより解決した。FTA を利用したい企業は，二国間 EPA と AJCEP の有利なほうを選択することになる。AJCEP は物品の貿易協定のみで，サービスと投資は交渉中である。

ASEAN と日本の二国間 EPA は，物品の貿易，サービス貿易，投資，税関手続き，貿易円滑化，衛生植物検疫，強制規格・任意規格・適合性評価手続

き，貿易取引文書の電子化，政府調達，知的財産権の保護，競争，自然人の移動（人的交流の拡大），エネルギー，ビジネス環境整備，多様な協力，紛争解決まで極めて広範な分野を対象とする包括的な協定である。ベトナムとは投資協定が締結されており，投資の規定は含まれていない。

ASEANと日本のEPAは，特定分野での人の移動と日本からの産業分野への協力，エネルギー資源の安定供給，ビジネス環境整備など他の「ASEAN+1FTA」にない分野を含んでいる。原産地規則はJSEPA以降変更があり，現在は，40%付加価値基準と関税番号変更基準（HS4桁）の選択制となっている。二国間FTAの自由化率（輸入額ベース）は，ブルネイ，インドネシア，ベトナムとのEPAを除き，日本のほうが低い。

3. 課題となる広域FTAの創設

AFTAおよび「ASEAN+1」FTAはほぼ完成したが，対象範囲，自由化レベルや関税削減スケジュール，ルールは一様ではない。ASEAN中国FTA（ACFTA），ASEAN韓国FTA（AKFTA），ASEANインドFTA（AIFTA）はAFTA型であり，物品貿易協定をまず締結し，その後サービス貿易協定，投資協定を締結している。関税削減方式もAFTAのようにノーマル・トラックとセンシティブ・トラックに分けて段階的に行っている。日本とASEANの二国間協定とASEANと豪州・ニュージーランドとのFTA（AANZFTA）は包括的な協定である。自由化レベルは，AANZFTAが最も高く，AIFTAが最も低い。その他の協定はその間に位置している。原産地規則は付加価値基準40%，関税番号変更基準が標準的だが，AIFTAは付加価値基準と関税番号変更基準の双方を満たさねばならず，最も厳しい規則となっている。

ASEANから見れば，アジア太平洋の全ての主要国とFTAが締結されたことになり，そのハブにASEANが位置することになる。一方，アジア太平洋地域に生産拠点を展開する多国籍企業が効率的な域内の分業体制を構築するには，ASEAN+1FTAだけでは不十分である。たとえば，日本から基幹部品を輸出し，ASEANで完成品に組立て豪州あるいはインドに輸出する場合，原産地規則を満たすことが出来ず，AANZFTAあるいはAIFTAが使用できない可能性がある。

原産地証明書が異なり，関税削減スケジュールなどが FTA により異なることは，事務手続き面でもコスト，時間と労力で大きな負担となる。アジア太平洋地域でのサプライチェーンの構築には統合された広域の FTA の創設が課題となる。しかし，自由化レベル，スケジュール，ルールなどが異なるため，5つの ASEAN プラス 1FTA をそのまま合体させて広域 FTA を作ることは出来ないし，日中韓の間には FTA が締結されてないという問題がある。

第3節　新たな段階に入った東アジアの FTA

1. 2010年以降の新たな動き

東アジアの広域 FTA では，ASEAN+3（日中韓）で構成する東アジア FTA（EAFTA），ASEAN+6 で参加する東アジア包括的経済連携（CEPEA），アジア太平洋自由貿易圏（FTAAP）の3つの構想が検討されてきた。また，ASEAN とアジア太平洋の主要国との FTA の進展と対照的に日本，中国，韓国の間では FTA は出来ていない。東アジア域外との FTA では，韓国が米国，EU（欧州連合）などと積極的な FTA 交渉を進めている一方で 21 世紀初頭では FTA 交渉で一歩先を進んでいた日本の遅れが顕著である。また，米国は二国間 FTA に取組んできたが，アジア地域の広域 FTA への関与は行っていなかった。

2010年以降，FTA 交渉に新たな動きが起きている。まず，2010年3月に TPP（環太平洋経済連携協定）の交渉が開始された。TPP は米国の加わったアジア太平洋の初めての広域 FTA 交渉であり，11 カ国により交渉が続いている[11]。TPP の対象分野は極めて広範であり 24 の作業部会で交渉が行われている。次に，中国と台湾間で経済協力枠組み協定（ECFA）が 2010 年6月に締結された。ECFA では，中国が 539 品目，台湾が 267 品目の関税をアーリーハーベストとして3年で撤廃する。ECFA の締結を受けて台湾と中国市場で競合する韓国は，政府間研究を行ってきた中国との FTA 締結に対する慎重な姿勢を変えた。台湾は中国により阻まれてきた東アジア域内各国との二国間 FTA の交渉の可能性が開け，2011年5月に独立関税地域としてシンガポール

とのFTA交渉を開始した[12]。

3番目に韓国が米国，EUという巨大な経済規模を持つ先進国・地域とFTAを締結したことがあげられる。米国とは2006年に締結していたが，2010年12月に最終交渉が合意に至った。韓国はFTA交渉では日本に出遅れていたが，FTAのハブを目指して「同時多発」FTA戦略を大統領のイニシアチブの下で進め，FTA率（総輸出額に占めるFTA締結国向け輸出額の比率）では，日本の17％に対し37％と倍以上の高さとなっている。

地域統合そのものの動きではないが，地域統合に大きな影響を与えているのが海洋権益を巡る中国の強硬な姿勢である。中国は2009年から領域問題で自国の権益をむき出しにする行動を取り始め，ASEAN，日本など周辺国で懸念と反発が強まっている。ASEANとの関係では，1991年以降，ASEANとの関係改善を積極的に進め，2002年には，FTAを中核とする包括的経済協力枠組み協定を締結し，2003年には戦略的パートナーシップ共同宣言に調印し，ASEANの基本条約である東南アジア友好協力条約（TAC）の域外大国として初の署名国となるなど，ASEAN中国関係は過去50年でベストと言われていた。しかし，2009年以降，南シナ海での外国漁船の監視活動などの海洋行動を強化し始め，マレーシア，フィリピン，ベトナムなどと軋轢を起こし，ベトナムの石油ガス探査船のケーブルを中国の監視船が切断した翌月の2011年6月にはベトナムで反中デモが起きている。2012年4月にはスカボロー礁でフィリピンと中国の艦船がにらみ合いを続ける事態が発生し2カ月続いた。

2. 新しい動きの含意

このように，2010年のTPP交渉開始とともにアジア太平洋地域の地域統合に新しい動きが起きている。そうした動きとその含意は次のように整理できよう。

① 米国のアジア太平洋地域の地域統合への参加。世界の成長地域であるアジア太平洋地域で中国の経済的台頭と積極的なFTAや援助外交など影響力の強化が顕著となっていたが，米国は広域統合構想から排除されていた。TPPへの参加にはアジア太平洋地域の米国企業の権益の確保と米国の許容できる自由化レベルが高く，サービスや知的財産権を重視し，環境と労働を含む

NAFTA型のFTAによる統合を進めたいという意思が働いている。

②二国間・地域のFTAからアジア太平洋地域の広域FTAの現実化。ASEANを中核とするEAFTA, CEPEAの交渉が始まらないうちにTPPの交渉が開始され，今後，参加国が増加する可能性が大きい。TPPにより，EAFTA, CEPEA, 日中韓FTAも動きが活発化している。

③国境措置から国内措置へのシフト。関税交渉は依然として重要であるが，関税率は全般に低下しており，サービス貿易，投資，知的財産権，政府調達，競争政策など国内措置が交渉の対象となっている。自由化だけでなくルール作りの重要性が増しており，特にTPPではルール作りが主要な課題となっている。

④アジア域内だけでなく，域外および先進国・地域が対象国・地域となっている。韓国の米国，EUとのFTA締結により，日本はTPP参加，EUとのFTAに取組まざるを得なくなっている。

⑤台湾が東アジアFTAネットワークに加わる可能性が出てきた。

⑥新たなFTAの交渉・締結の動きがさらに新しいFTA交渉・締結を促しておりFTAのダイナミズムがさらに活発化している。とくに，TPP効果は大きい。

⑦中国が海洋権益を巡る活動を活発化させ協調から強硬姿勢に転じたことが経済だけでなく軍事面での台頭を周辺国に強く実感させたことが地域統合の動きに影響を与えている。豪州への海兵隊配備約束，南シナ海領有権問題での航海の自由や国際法遵守など2011年11月のオバマ大統領のアジア太平洋の安全保障への関与の表明に示された中国への牽制は，TPPに示される経済面でのアジア太平洋地域への関与と表裏一体のものと考えるべきである。

第4節　TPPとその意義

1. TPPの特徴

TPPは高いレベルの自由化と広範な対象分野でのルールの形成を目指すFTAである[13]。高い水準の自由化を目指しているが，例外を全く認めないと

いう決定はなされていない。物品の貿易では，米国は TPP 諸国間で締結されている既存の FTA を残すことを主張しており，一方で豪州などは既存の FTA を含め統一交渉を行うべきとしている。米国の主張が通れば，たとえば米豪 FTA での砂糖などの除外が TPP でも残ることになる。大枠合意では，サービス貿易と投資では，自由化を保留する分野を示すネガティブリスト方式が採用されることが決まっており，例外が認められている。政府調達でもセンシティブな分野に配慮することが合意されている。

TPP は新たなルールの形成を目標にしている。投資，貿易円滑化，衛生植物検疫 (Sanitary and Phytosanitary Measures: SPS)，貿易の技術的障害 (Technical Barriers to Trade: TBT)，政府調達，知的財産権，競争政策などの分野でルールが作られつつある。たとえば，投資では投資家対国の紛争解決規定 (ISDS) が論点となっており，知的財産権では WTO の TRIPS 協定（知的所有権の貿易関連の側面に関する協定）を上回る知的財産権の保護の導入などが議論されている。

環境と労働を対象としていることも TPP の特徴である。環境と労働は P4 に含まれていた分野であり，貿易や投資の促進のために環境基準や労働基準を緩和・低下させないことなどを規定している。米国では，労働組合や環境保護団体が FTA にこうした基準を含めることを主張しており，2007 年の超党派合意により米国の締結する FTA には環境と労働の規定が含まれている。

TPP は 21 世紀の FTA を目指しており，新たな分野が対象となっている。イノベーションの促進，デジタル経済，グリーン・テクノロジーを含む革新的な製品およびサービス貿易，投資を促進すること，サプライチェーンの発展が随所で強調されている。環境では，海洋漁業，気候変動，生物多様性，環境物品・サービスなどが新たな課題として議論されている。また，分野横断的事項として，規制の調和，中小企業（の FTA 利用促進）などが取り上げられている。

2. TPP の意義

TPP の重要な意義は中国の経済的および軍事的台頭，ASEAN の市場拡大，日本のプレゼンスの低下，米国のアジア回帰などの新たな国際環境下でのアジア太平洋地域の経済秩序の形成である。東アジアの広域 FTA 構想に参加して

いなかった米国を含むアジア太平洋地域の多数の国が参加し，高いレベルの貿易自由化を目指すとともに，新しいルールを含めた広範な分野のルールを交渉しており，TPP のルールがアジア太平洋の事実上（デファクト）のルールになる可能性が高い。これらの特徴は，米国の参加によるものであり，東アジアで検討されてきた広域 FTA 構想である EAFTA，CEPEA と対照的である。米国の参加は，ブッシュ政権時代の中東偏重からアジア太平洋を重視する米国の戦略の変更によるものであり，経済面でこの 10 年間に台頭しアジア太平洋で FTA 締結を進めてきた中国への牽制が意図されていることは間違いないだろう。知的財産権の保護強化，政府調達の透明性，国営企業と民間企業の対等な競争など巨大な市場を武器に独自のルールを作る傾向にある中国を想定したと思われるルール策定も TPP で議論されている[14]。ただし，TPP は APEC メンバーである中国に門戸は開かれている[15]。

　TPP は東アジア諸国の既存の FTA および FTA 政策に大きな変化をもたらし自由化を前進させる可能性が大きい。日本は関税撤廃を全く行ってこなかった品目が約 940（タリフライン）あり，うち約 850 品目が農林水産品である。これが，日本の EPA のタリフラインでの自由化率が低い理由であり，日本側が農林水産品を例外としていることに対応して相手国側は製造業品を例外としてきた。TPP により農林水産品の自由化に踏み込めば相手国側に製造業品の一層の自由化を要求でき，FTA 交渉における日本の交渉力は格段に強化される。また，ASEAN 経済共同体では政府調達は全く対象となっていないが，TPP は政府調達が対象となっている。TPP に参加しているマレーシアなど ASEAN 加盟国が政府調達を開放した場合，ASEAN 域内での政府調達の開放の可能性が出てくるだろう。

　TPP は APEC（アジア太平洋経済協力会議）の FTA（FTAAP）を目指しており，生きた協定（living agreement）として交渉途中での参加を認めている。参加国が増加するのは確実であり，FTAAP 実現への最も確実かつ早い道筋である[16]。2011 年 11 月には日本と同時にメキシコ，カナダが参加を表明した。後述のように，ASEAN 各国や韓国などが参加する可能性は高く，アジア太平洋の広域 FTA になるであろう。カナダ，メキシコは，2012 年 6 月に TPP 交渉参加が認められ，11 月の実務レベル会合から正式参加した。

そして，次節で論じるように TPP はアジア太平洋の FTA の動きに新たなダイナミズムを生み出している。メキシコ，カナダ，中国，ASEAN，EU などが TPP 交渉開始と参加国の拡大に対応してアジア太平洋地域で新たな FTA の検討，交渉を始めた。

第5節　TPP により喚起された FTA のダイナミズム

1. 広域 FTA に向けての動き

　2010 年以降の新たな地域統合の動きは，新たな FTA 形成のダイナミックな動きを引き起こしている。ECFA により台湾との競争の不利化に直面する韓国は，中国との FTA に積極的な姿勢に転じており，2012 年 1 月の首脳会議で交渉入りに向けた準備作業の加速で合意し，5 月に第 1 回交渉を開始した。韓国の米国，EU との FTA 締結は日本の TPP 交渉参加への促進要因となっている。日本の TPP 交渉参加は検討の段階から様々な影響を及ぼしている。まず，日本との EPA に消極的だった EU は，2011 年の定期首脳会議でスコーピング作業（予備交渉）を早期に開始することで合意するなど EPA（経済連携協定）交渉に向けて動き始めた。EAFTA を主導していた中国は CEPEA を受け入れる姿勢を示すようになるとともに，日中韓 FTA の政府間研究を加速され，予定を早めて 2011 年中に終了し，2012 年 5 月の日中韓首脳会議で年内の交渉開始に合意した。北東アジアでの FTA の動意を受けて，東アジアの地域統合での主導権を維持したい ASEAN は RCEP（地域包括的経済連携）を提唱した。

　このような多くの FTA への動きの中で，最大の課題はアジア太平洋地域の広域の FTA の実現である。広域の地域統合構想には，EAFTA，CEPEA，TPP の 3 つの構想があった。FTAAP は長期的な目標であり，2010 年の APEC 横浜会議の首脳宣言では，「FTAAP は，ASEAN プラス 3，ASEAN プラス 6 および TPP といった現在進行している地域的な取組みを基礎としてさらに発展させることにより，包括的な自由貿易協定として追及されるべきであると信じる」と述べられている[17]。とくに，TPP は FTAAP の実現を明確

な目標にしている。これらの構想の中で交渉が始まっているのは TPP のみである。

EAFTA は 2005 年から 2009 年まで，そして CEPEA は 2007 年から 2009 年まで民間研究が行われ，2009 年の経済大臣会合で 4 分野（原産地規則，関税品目表，税関手続き，経済協力）について政府間検討に合意し，ワーキンググループ（APWG）により 5 つの ASEAN プラス FTA についての比較検討などが行われてきた。2011 年 8 月には日本と中国が「EAFTA および CEPEA 構築を加速させるためのイニシアチブ」により，物品貿易，サービス貿易，投資の自由化についての作業部会設置を共同提案し，11 月の東アジアサミット時の立ち上げに合意した[18]。

2. ASEAN が RCEP を提唱

今まで対立していた日中の共同提案に対し，ASEAN は RCEP を提案，東アジアの地域統合における ASEAN の中心的な役割（Centrality）を強調した。2011 年 11 月の東アジアサミットでは，ASEAN 首脳会議で EAFTA と CEPEA の取組みを踏まえて地域経済統合の一般原則を定めるとともに ASEAN の中心性を強調する地域包括的経済連携の枠組み（RCEP）が採択されたことに留意し，8 月の日中共同提案を踏まえ，ASEAN プラスの 3 つの作業部会を立ち上げることに合意した。物品貿易の作業部会は 2012 年の早い時期に立ち上げることになり，すでに一度開催されている[19]。2012 年 4 月の ASEAN 首脳会議では年末までの交渉開始を目指すという議長声明を出し，日 ASEAN の経済大臣会合では年末までの交渉開始に向けて取り組んで行くこととしている。2012 年 8 月に初めて開かれた「ASEAN 経済大臣会合（AEM）プラス ASEAN FTA パートナー国の経済大臣協議」では，① RCEP を質の高い FTA にすること，② 貿易の作業部会と併行してサービス貿易と投資の作業部会を開始すること，③ 2012 年 11 月の RCEP 交渉開始を自国政府に勧告すること，④ 2012 年 11 月の首脳会議で RCEP 交渉の指導原則と目的を承認するために勧告をすること，などで合意した[20]。2012 年 11 月の首脳会議で RCEP 2015 年末妥結を目指し 2013 年の早い時期の交渉開始に合意した。

こうした動きから，TPP 交渉の進展と日本の参加検討の影響を受けて，

ASEANの中心性を維持できる構想として，5つのASEANプラス1を踏まえ，EAFTAとCEPEAおよびAPWGの成果を総合するRCEP構想が出てきたと考えられる。RCEPは，ASEANのFTAパートナーおよびその他の経済的パートナーと包括的な経済連携協定を作ることを目的としており，① 包括的な経済連携協定，② 一括受諾，③ ASEANのFTAパートナーが参加，④ 透明性，⑤ 経済技術協力，⑥ 円滑化，⑦ ASEANの経済統合に資する，⑧ CLMVへの特別待遇，⑨ WTO整合性，などを原則としている[21]。

2012年8月に合意されたRCEPの指針と目標では，① 物品：高いレベルの関税撤廃（既存のASEANプラス1の自由化レベルを超える），② サービス：GATSと既存FTAをベースに全分野を対象，③ 投資：促進，保護，円滑化，自由化が4つの柱，④ その他：経済技術協力，知的財産権，競争，紛争解決，⑤ 2013年の早い時期に交渉開始し2015年末までに終了，が打ち出された。インドの参加により自由化レベルの低いFTAになる可能性があるが，高いレベルの自由化を目指して交渉は開始されることになった。

3. 課題となるTPPとRCEPの統合

EAFTAとCEPEAはRCEPとして総合される方向にあり，今後，RCEPとTPPという2つのFTAが並行して交渉されることになる。自由化レベルが高く包括的で米国が主導するTPPと例外分野を設け，米国を含まないRCEPは相違が大きく，そのままではFTAAPに向けて統合していくことは難しい。

2つのFTAの参加国および候補国の多くがメンバーであるAPECがFTAAPのインキュベーター（孵化器）としての役割を果たすことを期待する議論が出ている。APEC事務局の政策支援室（PSU）のペーパーは，① APECはFTAを交渉する場よりも非拘束ベースでの議論を通じて質の高いFTAのガイドライン，原則，イニシアチブを創出するインキュベーターとして適している，② APECとTPPは取引コスト削減という同一の目的を有しており相互に有用である，として，その例として，③ APECのRTA/FTAベストプラクティス，越境サービス貿易原則，非拘束的投資原則がTPP交渉に資するとともにTPP交渉により貿易投資円滑化プラン，サプライチェーン連結性イニシ

アチブなどのイニシアチブの実施を促進し，9カ国が同一ルールを採用することにより原産地規則などのルールの収斂を促すことなどをあげている[22]。

山澤逸平教授は，APECがTPPとASEANプラスを収斂させるために役割を果たすことができると主張している[23]。それによると，APEC事務局，特に政策支援室による2020年に向けて残存障壁を撤廃する新IAP（個別行動計画）プロセスをTPPとASEANプラスの交渉に関連付ける不断の努力によりAPECがTPPとASEANプラスFTAを収斂させる仲介役を果たせるとしている。

一方で，TPPに参加する国が増加しTPPが拡大して行くことでRCEPがTPPに包摂されるシナリオも考えられる。その場合，焦点になるのは中国の動向であろう。中国は，商務部の兪建華部長補佐が「TPP交渉に招待を受けていないが，招待を受ければ真剣に検討したい」と発言し，外交部の姜瑜新聞局副局長は，「域内の経済統合と共通の繁栄に役立つ協力的な提案であり，開放的な立場で望んでいる。今ある制度や枠組みを十分に利用し，アジア太平洋地域の一体化の過程は秩序だって漸進的に推進すべき」と述べている[24]。知的財産権の保護強化，競争政策における国有企業と民間企業の競争条件の対等化，政府調達での企業秘密開示などを禁じるオフセット条項，国際労働基準の遵守など中国のTPP参加のハードルは高いが，投資環境の透明化，中国企業の海外事業展開の保護などの点からTPPはグローバル化を進める中国および中国企業にもメリットが大きいと考えられる。

韓国は現在積極的に巨大市場，新興市場との二国間FTA締結を進めているが，政府はTPP参加については慎重な姿勢であり公式な見解を表明していない。韓国は米国を含めTPP交渉参加国の大半とFTAを締結している。TPPの自由化レベルや対象分野，規定の内容は米韓FTAと似ており，韓国がTPPに入るための障壁は低いと考えられる。

ASEANでは，シンガポールとブルネイがP4の創設国であり，マレーシアとベトナムを加えた4カ国がTPP交渉に参加している。タイのインラック首相は2012年11月にTPP交渉参加のため必要な国内手続を開始すると述べた。ASEANでTPP交渉参加を明確に否定しているのはインドネシアのみである。TPPはASEANを2分するという見方があるが，インドネシアを除くASEAN加盟国の大半はTPP交渉参加の可能性がある。このようにTPPはア

ジア太平洋地域の大半の国が加わる可能性が高い。TPP は APEC 参加国以外の国の参加が可能であり，インドの TPP 参加も可能である。

　中国，インドネシアなどが TPP に参加せず，APEC での収斂が進展しなければ，2 つの広域 FTA が並立することになる。その場合，たとえば，日本とマレーシアの間には，日本マレーシア EPA，日本 ASEAN 包括的経済連携協定，RCEP，TPP の 4 つの協定が並存することになる。関税引下げスケジュール，原産地規則や証明書などが異なるため，事務手続きが煩雑になり企業にコストと時間の面で大きな負担を強いる可能性が高く望ましくない。これらの FTA の全てに参加している国の企業は，自由化レベルが高く，参加国が多く，利便性が高く，対象範囲の広い FTA を利用することになり，TPP を利用する企業が多くなると考えられる。TPP に参加していない国との間では，二国間 FTA あるいは RCEP を利用することになる。TPP に参加していない国は貿易転換効果による不利益および TPP のルールの浸透などから長期的には TPP 参加への圧力が強まると考えられる。

おわりに

　2012 年以降，ASEAN 経済共同体構築が進展するとともに，TPP 交渉が参加表明国との協議を行いながら継続されている。TPP は 2012 年末までの妥結を目標としているが，交渉の対立点が多いことと 2012 年秋の米国の大統領選挙により妥結は 2013 年以降に持ち越しになった。日中韓 FTA は 2012 年 11 月の経済大臣会合で 2013 年の交渉開始に合意した。。重要な二国間 FTA では，中韓 FTA 交渉が開始され，日 EUFTA は EU のスコーピング作業が 5 月末に終了し，政府は早期の交渉開始をめざしている。また，RCEP は 2013 年に交渉開始されることが合意されている。こうした新たな動きが起こす予測を超えた FTA のダイナミズムによりさらに新しい展開が始まる可能性もあろう[25]。

　この中で焦点となるのは，TPP 交渉と参加国の拡大である。自由化レベルの高い FTA を目指しているが，余りに高いハードルは交渉を難航させるとと

もに特に開発途上国メンバーの参加を難しくする。2011年11月の大枠合意では，途上国への配慮と各国がセンシティブな分野を有することを認識するなど柔軟な姿勢を示し始めている[26]。

　日本からみると，TPP は従来締結してきた EPA よりも自由化レベルの高い国際水準の FTA であり，TPP に参加するためには従来に比べ大幅な農業の自由化を行う必要がある。従来の FTA よりも高いレベルの自由化が課題になるのは他の TPP 交渉参加国も同様である。たとえば，ASEAN 経済共同体では政府調達の自由化が対象となっていない。マレーシアやベトナムは TPP で政府調達の自由化を求められており，TPP の自由化が ASEAN での政府調達の自由化を促進する可能性が大きい。TPP 交渉の既存 FTA への波及効果にも注目すべきである。

　付記：本論は，アジア政経学会「アジア研究」第57巻第3号（2011年7月）に掲載した弊論文「新段階に進むアジア太平洋の地域統合」に加筆・修正したものである。

（石川　幸一）

注

1)　バンコク協定，タイとラオスの協定などが締結されているが，それらは限定された物品を対象とする特恵貿易協定だった。
2)　寺田貴（2011）213-214ページおよび寺田貴（2012）54ページ。
3)　ミレヤ・ソーレス，片田さおり（2011）では，FTA の拡散の要因として模倣と競争という2つのメカニズムを重視しているが，東アジアでは貿易転換効果による影響を回避するという動機で多くの FTA への取組みを説明できる。寺田貴（2012）は，国際関係論の枠組みで東アジアの FTA の伝播（FTA の社会化）を分析しており，日本は二国間，中国は ASEAN プラス1FTA の推進に中心的役割を果たしたと論じている。
4)　貿易創出効果，貿易転換効果および交易条件効果が静態的効果であり，動態的効果として市場拡大効果，競争促進効果などがあげられる。
5)　中国と共に米国も政治的な目的で FTA を締結する傾向がある。最初の二国間 FTA であるイスラエルとの FTA は政治的な意味の大きい FTA であるし，ブッシュ政権時代は，対テロ戦争に批判的なニュージーランドとの FTA 交渉を進めず，対テロ戦争の有志国であるシンガポールとの FTA を優先している。
6)　浦田秀次郎（2011）38-39ページ。
7)　ASEAN 経済共同体については，石川幸一・清水一史・助川成也（2009），ASEAN+1FTA については，石川幸一（2008）を参照。
8)　ASEAN Secretariat（2012）．
9)　水野広祐（2010）10-11ページ。2010年4月に対中自由貿易協定見直し交渉が行われ，

ACFTA は予定通り実施することが合意された。
10) 深川由紀子（2008）143-144 ページ。
11) 2012 年 10 月からカナダ，メキシコが参加し，11 カ国になった。
12) 台湾，澎湖，金門および馬祖独立関税地域として，シンガポールとは経済連携協定を交渉している。[http://www.jetro.go.jp/world/asia/tw/trade_01/]
13) TPP は 24 の作業部会で交渉が行われている。24 の作業部会は，首席交渉官協議，市場アクセス（工業），市場アクセス（繊維・衣料品），市場アクセス（農業），原産地規則，貿易円滑化，衛生植物検疫（SPS），強制規格・任意規格・適合性評価手続き（TBT），貿易救済，政府調達，知的財産，競争政策，サービス（越境サービス），サービス（金融），サービス（電気通信），サービス（商用関係者の移動），電子商取引，投資，環境，労働，制度的条項，紛争解決，協力，分野横断的な事項である。TPP の概要と論点については，馬田啓一・浦田秀次郎・木村福成編（2012）が詳しく，多角的な分析を行っている。
14) TPP を巡る米中の角逐については，馬田啓一（2012）11-12 ページ。
15) 中国は参加の意思は一切表明していないが，国内では若手学者を中心に参加論があると言われる。
16) P4 協定の 20 章 6 条では，APEC 加盟国とその他の国が参加可能と規定されており，APEC 加盟国以外の国の参加も可能である。
17) 外務省（2010）。
18) 日中共同提案の意義については，馬田啓一（2012）16-17 ページ。
19) MOFA（2011）.
20) First ASEAN Economic Ministers Plus ASEAN FTA Partners Consultations (30 August 2012, Siem Reap, Cambodia), Joint Statement. およびジェトロ通商弘報 2012 年 9 月 7 日付け。
21) ASEAN Secretariat（2011）.
22) APEC Policy Unit（2011）.
23) 山澤逸平（2012）188-189 ページ。
24) 濱本良一（2011）40 ページ。
25) 2012 年 7 月 11 日付けの日経新聞は，米国と EU が包括的経済連携協定の締結を検討していると報じている（「米・EU，包括協定を検討，FTA 締結も視野」）。
26) 外務省（2011）。

参考文献

石川幸一・清水一史・助川成也編（2009）『ASEAN 経済共同体』ジェトロ。
石川幸一（2008）「ASEAN のアジア・太平洋 FTA 戦略」日本機械輸出組合（2008）『我が国の東アジア FTA/EPA 形成の在り方』。
馬田啓一「TPP と東アジア経済統合」『季刊国際貿易と投資』No. 87，国際貿易投資研究所。
馬田啓一・浦田秀次郎・木村福成編（2012）『日本の TPP 戦略』文眞堂。
浦田秀次郎（2011）「東アジアにおける排除の恐怖と競争的地域主義」ミレヤ・ソーレス，バーバラ・スターリングス，片田さおり編『アジア太平洋の FTA 競争』勁草書房。
外務省（2010）「アジア太平洋自由貿易圏（FTAAP）への道（外務省仮訳）」。
外務省（2011）「環太平洋パートナーシップ（TPP）の輪郭（外務省仮訳）」。
寺田貴（2012）「東アジア FTA のドミノ論とドミノ停止論」吉野孝監修，蟻川靖浩・浦田秀次郎・谷内正太郎・柳内俊二編著『変容するアジアと日米関係』東洋経済新報社。
寺田貴（2011）「東南アジア域内外の競争的地域主義：シンガポールと ASEAN の役割」ミレヤ・ソーレス，バーバラ・スターリンクス，片田さおり編前掲書。

水野広祐「ACFTAとインドネシア「非工業化」のジレンマ」『東亜』2010年11月号.
濱本良一 (2011)「対中牽制策へと転換した米国」『東亜』2011年12月号.
深川由紀子 (2008)「韓国の東アジア地域主義回帰:ポストASEAN,米国交渉の展望」日本機械輸出組合『我が国の東アジアFTA/EPA形成の在り方』.
山澤逸平・馬田啓一 (2012)『通商政策の潮流と日本』勁草書房.
ASEAN Secretariat (2011), "ASEAN Framework for Regional Comprehensive Economic Partnership."
ASEAN Secretariat (2012), ASEAN Economic Community Scorecard, March 2012.
APEC Policy Unit (2011), "The Mutual Usefulness between APEC and TPP."
MOFA (2011), "Chairman's Statement of the 6th East Asia Summit Bali Indonesia, 19 November 2011."

第3章
TPP と ASEAN 経済統合
―統合の加速と緊張―

はじめに

　現在，環太平洋経済連携協定（TPP）が確立へ向けて動きだしたことが，東南アジア諸国連合（ASEAN）と東アジアの経済統合の実現に大きな影響を与え始めている。東アジアでは ASEAN が域内経済協力・経済統合の嚆矢であり，東アジアの経済統合をリードしてきた。1967年に設立された ASEAN は，1976年から域内経済協力を開始し，1992年からは ASEAN 自由貿易地域（AFTA）を推進し，現在，2015年の ASEAN 経済共同体（AEC）の確立を目指している。また東アジアにおいては，ASEAN を中心として重層的な協力が展開してきている。アジア経済危機を契機にチェンマイ・イニシアチブを始めとして ASEAN+3 の枠組みが確立し，2005年からは東アジア首脳会議（EAS）を中心に ASEAN+6 の枠組みも進められてきた。そして ASEAN を軸とした ASEAN+1 の自由貿易協定（FTA）が急速に進められてきた。しかしながら，2008年からの世界金融危機後の構造変化の中で，TPP が大きな意味を持ち始め，ASEAN と東アジアの経済統合の実現に大きな影響を与えてきているのである。

　本章では，TPP と ASEAN の経済統合について考察する。すなわち TPP が ASEAN 経済統合にどのような影響を与えるか，ASEAN を中心とする東アジア経済統合にどのような影響を与えるか，また ASEAN 各国経済にもどのような影響を与えるか，を考察したい。おわりにでは，日本と ASEAN や TPP に関しても若干述べることとしたい。筆者は世界経済の構造変化の下での ASEAN 域内経済協力・経済統合を長期的に研究してきている。本章ではそれ

らの研究の延長に，TPPとASEAN経済統合に関して考察してみることとする。

第1節 ASEANの経済統合：ASEAN域内経済協力の深化とAEC

1. ASEAN域内経済協力の過程

東アジアでは，ASEANが域内経済協力・経済統合の嚆矢であった。1967年に設立されたASEANは，当初の政治協力に加え，1976年の第1回首脳会議と「ASEAN協和宣言」より域内経済協力を開始した。1976年からの域内経済協力は，外資に対する制限の上に企図された「集団的輸入代替重化学工業化戦略」によるものであったが挫折に終わり，1987年の第3回首脳会議を転換点として，プラザ合意を契機とする世界経済の構造変化を基に，「集団的外資依存輸出指向型工業化戦略」へと転換した。1985年9月のプラザ合意以降，円高・ドル安を背景に新興工業経済地域（NIES）そしてASEANへの日本からの直接投資の急増と言った形で多国籍企業の国際分業が急速に進行し，ASEAN各国も発展成長戦略を転換したからであった[1]。

1991年から生じたASEANを取り巻く政治経済構造の歴史的諸変化，すなわちアジア冷戦構造の変化，中国の改革・開放に基づく急速な成長と対内直接投資の急増，アジア太平洋経済協力会議（APEC）の制度化等から，更に域内経済協力の深化と拡大が進められ，1992年の第4回首脳会議からはASEAN自由貿易地域（AFTA）が推進されてきた。AFTAは，共通効果特恵関税協定（CEPT）により，適用品目の関税を2008年までに5％以下にする事を目標とした。また1996年からは，1988年からのブランド別自動車部品相互補完流通計画（BBCスキーム）の発展形態であるASEAN産業協力（AICO）スキームが推進された。そして冷戦構造の変化を契機に，1995年にはASEAN諸国と長年敵対関係にあったベトナムがASEANに加盟した。1997年にはラオス，ミャンマーが加盟，1999年にはカンボジアも加盟し，ASEANは東南アジア全域を領域とすることとなった。

2. ASEAN 経済共同体（AEC）へ向けての協力の深化

1997年のアジア経済危機を契機として，ASEAN 域内経済協力は，更に新たな段階に入った。ASEAN を取り巻く世界経済・東アジア経済の構造が，大きく変化してきたからであった。すなわち第1に，中国の急成長と影響力の拡大である。中国は1997年以降も一貫して7％以上の高成長を維持し，この成長の要因である貿易と対内投資が急拡大した。特に直接投資の受け入れ先としての中国の台頭は，ASEAN 並びに ASEAN 各国にとって大きな圧力となった。第2に，世界貿易機関（WTO）による世界大での貿易自由化の停滞と FTA の興隆，第3に，中国を含めた形での東アジアの相互依存性の増大と東アジア大の経済協力基盤・地域協力の形成である。

アジア経済危機以降の構造変化のもとで，ASEAN にとっては，更に協力・統合の深化が目標とされた。2003年1月には AFTA が先行加盟6カ国によって関税5％以下の自由貿易地域として確立された。そして2003年10月の第9回首脳会議における「第2 ASEAN 協和宣言」は，ASEAN 安全保障共同体（ASC），ASEAN 経済共同体（AEC），ASEAN 社会文化共同体（ASCC）から成る ASEAN 共同体（AC）の実現を打ち出した。AEC は ASEAN 共同体を構成する3つの共同体の中心であり，2020年までに財・サービス・投資・熟練労働力の自由な移動に特徴付けられる単一市場・生産基地を構築する構想であった[2]。AEC においても依然直接投資の呼び込みは非常に重要な要因であった。2002年11月の ASEAN 首脳会議において，シンガポールのゴー・チョクトン首相は AEC を提案したが，それは中国やインドなど競争者が台頭する中での，ASEAN 首脳達の ASEAN による直接投資を呼び込む能力への危惧によるものであった[3]。

2007年1月の第12回 ASEAN 首脳会議では，ASEAN 共同体創設を5年前倒しして2015年とすることを宣言し，2007年11月の第13回首脳会議では，第1に，全加盟国によって「ASEAN 憲章」が署名され，第2に，AEC の2015年までのロードマップである「AEC ブループリント」が発出された。ASEAN 憲章は翌年12月に発効し，その制定は AEC と AC 実現のための重要な制度整備であった。ASEAN 憲章は，東アジアの地域協力における初の憲章でもあった。AEC の実現に直接関わる「AEC ブループリント」は，3つ

の共同体の中で最初のブループリントであり，AECに関するそれぞれの分野の目標とスケジュールを定めた。2008年からは，ブループリントを確実に実施させるために，スコアカードと事務局によるモニタリングを実施してきている。スコアカードは各国ごとのブループリントの実施状況の点検評価リストである。またAFTA-CEPT協定を大きく改定したASEAN物品貿易協定（ATIGA）も2010年5月に発効した。

2010年1月には先行加盟6カ国で関税が撤廃されAFTAが完成した。先行6カ国では品目ベースで99.65%の関税が撤廃された。新規加盟4カ国においても，全品目の98.96%で関税が0～5%となった[4]。各国のAFTAの利用も大きく増加し，たとえばタイのASEAN向け輸出（一部を除きほぼすべてで関税が無税のシンガポール向けを除く）に占めるAFTAの利用率は，2000年の約10%，2003年の約20%から，2010年には38.4%へと大きく拡大した[5]。AFTAとAICOによって，輸入代替産業として各国が保護してきた自動車産業においても，日系を中心に外資による国際分業の確立が支援されてきた[6]。

2010年10月の第17回ASEAN首脳会議では，AECの確立と域内格差の是正を後押しするために「ASEAN連結性マスタープラン」（"Master Plan on ASEAN Connectivity"）[7]が出された。「ASEAN連結性マスタープラン」は，2015年のAEC確立を確実にする意図を有する。ASEAN域内で貿易手続きを一つの窓口に集約化するASEANシングル・ウィンドウ（ASW）の遅れや，非関税措置（NTBs）除去の遅れなど，AECの実現へ向けての実行の遅れも，プラン策定の要因であった。ASEANの連結性については，①物的連結性，②制度的連結性，③人的連結性の3つの面で連結性を高めることが述べられた。こうしてASEANでは，AECの実現に向けて，着実に行動が取られてきている。

3. ASEANを中心とする東アジアの地域協力とFTA

ASEANは，東アジアの地域経済協力においても，中心となってきている（第3-1図，参照）。東アジアにおいては，アジア経済危機とその対策を契機に，ASEAN+3の枠組みをはじめとして地域経済協力が重層的・多層的に展開してきた。それが東アジアの地域経済協力の特徴であるが，その中心は

ASEANである。ASEAN+3協力枠組みは，アジア経済危機直後の1997年12月の第1回ASEAN+3首脳会議が基点であり，2000年5月にはASEAN+3財務相会議においてチェンマイ・イニシアチブ（CMI）が合意された。ASEAN+3は，通貨金融を含め19分野での協力を進めており，広域のFTAに関しても13カ国による東アジア自由貿易地域（EAFTA）の確立へ向けて作業が進められた。

2005年からは，ASEAN+6の東アジア首脳会議（EAS）も開催されてきた。参加国はASEAN10カ国，日本，中国，韓国に加えて，インド，オーストラリア，ニュージーランドの計16カ国であった。EASはその後も毎年開催され，広域FTAに関しても，2006年の第2回EASで16カ国による東アジア

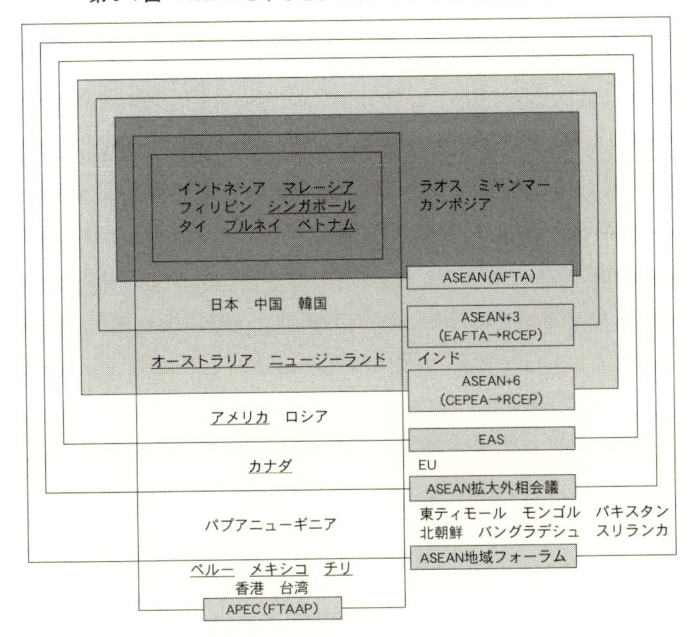

第3-1図　ASEANを中心とする東アジアの地域協力枠組み

（注）（　）は自由貿易地域（構想を含む）である。
　　　ASEAN：東南アジア諸国連合，AFTA：ASEAN自由貿易地域，EAFTA：東アジア自由貿易地域，EAS：東アジア首脳会議，CEPEA：地域包括的経済連携，RCEP：東アジア地域包括的経済連携，APEC：アジア太平洋経済協力，FTAAP：アジア太平洋自由貿易地域。
　　　下線は，環太平洋経済連携協定（TPP）交渉参加国。
（出所）　筆者作成。

包括的経済連携（CEPEA）構想が合意された。

東アジアにおいては，FTA も急速に展開してきた。その中でも ASEAN 中国自由貿易地域（ACFTA），ASEAN 日本包括的経済連携協定（AJCEP），ASEAN 韓国 FTA（AKFTA），ASEAN インド FTA（AIFTA）など，ASEAN を中心とする ASEAN+1 の FTA が中心である。2010 年には ASEAN とインドの FTA（AIFTA），ASEAN とオーストラリア・ニュージーランドの FTA（AANZFTA）も発効し，ASEAN を中心とする FTA 網が，東アジアを覆ってきている。

第 2 節　世界金融危機後の ASEAN と TPP

1. 世界金融危機後の ASEAN と TPP

2008 年の世界金融危機後の構造変化は，ASEAN と東アジアに大きな転換を迫っている。ASEAN にとっては，AEC の実現がより求められてきた。TPP も，世界金融危機後の構造変化の中で大きな意味を持ち始めてきた。TPP は，2006 年に P4 として発効した当初はシンガポール，ブルネイ，チリ，ニュージーランドの 4 カ国による FTA にすぎなかったが，2009 年にアメリカが参加表明し，また日本も参加を検討し始め，ASEAN と東アジアに大きな影響を与えている。以下，世界金融危機後の構造変化と ASEAN，東アジア，そして TPP について述べる。

世界金融危機は，アジア経済危機から回復しその後発展を続けてきた ASEAN と東アジアの各国にとっても打撃となった。危機の影響の中でも，最終需要を提供するアメリカ市場の停滞と世界需要の停滞は，輸出指向の工業化を展開し最終財のアメリカへの輸出を発展の重要な基礎としてきた東アジア諸国の発展・成長にとって，大きな制約要因となった。

世界経済は新たな段階に入り，これまでのアメリカの過剰消費と金融的蓄積に基づいた東アジアと世界経済の成長の構造は転換を迫られてきた。すなわち 1982 年以来のネオ・リベラリズムの四半世紀の世界経済構造が転換を迫られているとも言える。そのような構造変化の中で，新たな世界大の経済管理と地

域的な経済管理が求められている。現在，WTOによる貿易自由化と経済管理の進展は困難であり，地域による貿易自由化と経済管理がより不可避となってきている。

ASEANにおいては，アメリカやヨーロッパのような域外需要の確保とともに，ASEANや東アジアの需要に基づく発展を支援することが，これまで以上に強く要請されている。東アジアは，他の地域に比較して世界金融危機からいち早く回復し，現在の世界経済における主要な生産基地並びに中間財の市場であるとともに，成長による所得上昇と巨大な人口により，主要な最終消費財市場になってきている。それゆえ，域外との地域経済協力・FTAの構築とともに，ASEANや東アジアにおける貿易自由化や円滑化が一層必要なのである[8]。

一方，世界金融危機後のアメリカにおいては，過剰消費と金融的蓄積に基づく内需型成長の転換が迫られ，輸出を重要な成長の手段とすることとなった。主要な輸出目標は，世界金融危機からいち早く回復し成長を続ける東アジアである。オバマ大統領は2010年1月に輸出倍増計画を打ち出し，アジア太平洋にまたがるTPPへの参加を表明した。この計画の主要な輸出先は成長を続ける東アジアであり，そのためにもTPPへの参加が求められた。

TPPは，原則関税撤廃という高い水準の自由化を目標とし，また物品貿易やサービス貿易だけではなく，投資，競争，知的財産権，政府調達等の非関税分野を含み，更に新たな分野である環境，労働，分野横断的事項等を含む包括的協定となる。2006年にP4として発効した当初は4カ国によるFTAにすぎなかったが，アメリカが参加を表明し，急速に大きな意味を持つようになった。以上のような状況は，ASEANと東アジアにも影響を与え始めた。東アジアの需要とFTAを巡って競争が激しくなってきたのである。

2. 2010年からのFTA交渉の加速

2010年はASEANと東アジアの地域経済協力にとって画期となった。1月にAFTAが先行6カ国で完成し，対象品目の関税が撤廃された。同時に，ASEANと中国，韓国，日本と間のASEAN+1のFTA網もほぼ完成し，ASEANとインドのFTA，ASEANとオーストラリア・ニュージーランドのFTAも発効した。6月には中国と台湾の間で，経済協力枠組み協定（ECFA）

が締結された。

　TPPにはアメリカ，オーストラリア，ペルー，ベトナムも加わり，2010年3月に8カ国で交渉が開始された。更に10月にはマレーシアも交渉に加わり，交渉参加国は9カ国となった。2010年11月の横浜で開催されたAPECでは，首脳宣言でアジア太平洋全体の経済統合の目標であるアジア太平洋自由貿易圏（FTAAP）の実現に向けた道筋として，TPP，ASEAN+3（EAFTA），ASEAN+6（CEPEA）の3つがあることに合意した。唯一交渉が進められているTPPの重要性が大きくなってきた。

　TPPがアメリカをも加えて確立しつつある中で，また日本の参加が検討される中で，中国の東アジア地域経済協力に対する政策も変化してきた。2011年8月には，ASEAN+6経済閣僚会議において日本と中国は共同提案を行い，日本が推していたCEPEAと中国が推していたEAFTAを区別なく進めることに合意し，貿易・投資の自由化を議論する作業部会の設置を提案した。また従来進展の遅かった日中韓の北東アジアのFTAも，3カ国による産官学の交渉が予定よりも早く2011年に終了され，進められることとなった。これらはASEANが地域包括的経済連携（RCEP）を提案する契機となった。

　2011年11月には今後のASEANと東アジアの地域協力を左右する重要な2つの会議が開催された。11月12-13日のハワイでのAPEC首脳会議の際に，TPPに既に参加している9カ国はTPPの大枠合意を結んだ。APECに合わせて，日本は遂にTPP交渉参加へ向けて関係国と協議に入ることを表明した。カナダとメキシコも参加を表明し，TPPは東アジアとアジア太平洋の地域協力に大きな影響を与え始めた。TPPへのアメリカの参加とともに，日本のTPPへの接近が，ASEANと東アジアの地域経済協力の推進に向けて大きな加速圧力をかけた。

　2011年11月17-19日には，バリでASEAN首脳会議，ASEAN+3首脳会議，EAS等が開催された。ASEAN首脳会議は，ASEAN共同体構築に向けて努力することを確認し，ミャンマーの2014年のASEAN議長国を承認した。またASEANは，これまでのEAFTAとCEPEA，ASEAN+1のFTAの延長に，ASEANを中心とする東アジアのFTAであるRCEPを提案した。貿易投資自由化に関する3つの作業部会も合意された。RCEPはその後，東アジ

アの広域 FTA として確立に向けて急速に動き出すこととなった。

　一連の会議では，ASEAN 域外からの ASEAN 連結性の強化への一層の協力も表明された。日本も，ASEAN の連結性強化等に 2 兆円規模の協力をすることを表明した。EAS では，「ASEAN 連結性に関する首脳宣言」も発せられ，ASEAN の連結性の実現と AEC の構築を，EAS 参加国全体で支援することが確認された。また一連の会議では，ASEAN 提案の東アジア FTA（RCEP）を推進することが表明された。EAS はこの会議からアメリカとロシアが加わり 18 カ国体制となり，東アジアの FTA を一層推進することとともに，海洋安保についても話し合われた。

　オバマ大統領は，APEC 首脳会議に続いてアジア重視を強調した。中国は，日本の TPP への接近の影響により，一連の会議で東アジアの地域協力を強く支持するようになり，同時に北東アジアの日中韓の FTA 構築の加速を表明した。日本は，ASEAN を中心とする東アジアの地域経済協力の推進を支持するとともに，TPP をも同時に推進する立場となってきた。

　RCEP に関しては，2012 年 4 月の ASEAN 首脳会議で，11 月までに RCEP の交渉開始を目指すことに合意し，2012 年 8 月には第 1 回の ASEAN+FTA パートナーズ大臣会合が開催され，更に推進されることとなった。第 1 回の ASEAN+FTA パートナーズ大臣会合では，ASEAN10 カ国並びに ASEAN の FTA パートナーである 6 カ国が集まり，16 カ国が RCEP を推進すること，2012 年 11 月に交渉を開始することに合意した[9]。同時に RCEP 交渉の目的と原則を示した「交渉の基本指針」をまとめた。「交渉の基本指針」では，既存の ASEAN+1 を上回る FTA を目指すことを述べ，Ⅰ 物品の貿易，Ⅱ サービスの貿易，Ⅲ 投資とともに，Ⅳ 経済技術協力，Ⅴ 知的財産権，Ⅵ 競争，Ⅶ 問題解決に関しても進めることを述べている[10]。

　こうして世界金融危機後の変化は，ASEAN と東アジアの経済統合の実現を追い立てることとなった。世界金融危機後のアメリカの状況の変化は，対東アジア輸出の促進とともに，東アジア各国の TPP への参加を促した。更にアメリカを含めた TPP 構築の動きは，日本の交渉参加表明にもつながり，ASEAN と東アジアの経済統合の実現を大きく加速させることとなったのである。

第3節　ASEAN経済統合とTPP

1. TPPのASEAN経済統合への影響―AECの確立とRCEPの推進―

　TPPのASEAN経済統合への影響をより詳しく考えてみよう。第1に，TPPはASEAN経済統合を加速し，追い立てるであろう。TPP確立の動きとともに，2010年11月には「ASEAN連結性マスタープラン」も出された。ASEANの経済統合は，2015年のAEC実現へ向けて着実に進められてきているが，実施が予定よりも遅れている部分も多く，2015年のAECの完成に向けて未達成部分の実施が加速されるであろう。ASEANにとっては，自身の統合の深化が不可欠であり，先ずは2015年のAECの確立が必須の要件となる。

　第2に，TPPが東アジアの広域の経済統合の実現を追い立てることが，更にASEANの統合を追い立てるであろう。ASEANにとっては，常に広域枠組みに埋没してしまう危険がある。それゆえに，自らの経済統合を他に先駆けて進めなければならない。そして同時に東アジアの地域協力枠組みにおいてイニシアチブを確保しなければならない。

　ASEANにおいては，域内経済協力が，その政策的特徴ゆえに東アジアを含めより広域の経済協力を求めてきた[11]。ASEAN域内経済協力においては，発展のための資本の確保・市場の確保が常に不可欠であり，同時に，自らの協力・統合のための域外からの資金確保も肝要である。すなわち1987年からの集団的外資依存輸出指向工業化の側面を有している。そしてこれらの要因から，東アジア地域協力を含めた広域な制度の整備やFTAの整備は不可避である。しかし同時に，協力枠組みのより広域な制度化は，常に自らの存在を脅かす。それゆえに，東アジア地域協力の構築におけるイニシアチブの確保と自らの協力・統合の深化が求められるのである。

　現在までは，ASEANは，AFTAを達成しAECを打ち出して自らの経済統合を他に先駆けて進めることと，東アジアの地域協力枠組みにおいてイニシアチブを確保することで，東アジアの広域枠組みへの埋没を免れ，東アジアの経済統合をリードしてきた。1989年からのAPECの制度化の際にも，埋没の危

惧はあった。しかしその後のAPECの貿易自由化の停滞により，またAFTAをはじめとする自らの協力の深化によって，それを払拭してきた。

1990年代後半からのASEAN+3やASEAN+6の制度化という東アジアの地域協力の構築の際には，それらの地域協力においてASEANが中心であること，ASEANが運転席に座ることを認めさせてきた。たとえば2005年からのEASにおいては，ASEANが中心であるための3つの参加条件を付けることができた。すなわち，ASEAN対話国，東南アジア友好協力条約（TAC）加盟，ASEANとの実質的な関係の3つの条件であった。

TPP確立への動きは，EAFTA，CEPEA，ASEAN+1のFTA網の延長に，ASEANによるRCEPの提案をもたらし，これまで進展のなかった東アジアの広域のFTAの実現にも，大きく影響を与えることとなった。ASEANにとっては，東アジアのFTAの枠組みは，従来のようにASEANプラス1のFTAが主要国との間に複数存在し，他の主要国は相互のFTAを結んでいない状態が理想であった。しかし，TPP確立の動きとともに，日本と中国により東アジアの広域FTAが進められる状況の中で，ASEANの中心性（セントラリティー）を確保しながら東アジアFTAを推進するというセカンドベストを追及することとなったと言えよう。そしてこの東アジア広域のFTA構築の動きも，ASEAN経済統合の深化を加速させるのである。

2. TPPが与えるASEAN経済統合への緊張

TPPにおいては，ASEANの中に参加国と非参加国が存在し，今後の展開によってはASEAN統合に緊張を与える可能性がある。シンガポール，ブルネイ，マレーシア，ベトナムは交渉参加国であり，タイ，フィリピンなどは参加を検討している。他方，インドネシアは，不参加を表明している。ASEAN加盟国のTPP参加は，対アメリカへの輸出など貿易自由化の利益などが背景にある。またアメリカとの関係強化など政治的理由も考えられる。他方，インドネシアの不参加表明は，2010年1月のACFTA発効により，インドネシアにおいて中国からの輸入が急増し，国内産業が深刻な打撃を受けたことが大きな要因になったと考えられる。

このようにASEAN加盟国の中でTPP参加国とTPP不参加国が存在す

ることは，今後の展開によっては，いくつかの緊張を与えるかもしれない。ASEANにおいては，各国の状況の違いがあり，そもそもいくつかの統合への遠心力を抱えてきている。長年ASEAN統合の遠心力になっていたミャンマーの民主化は進展してきた。しかし各国の政治の不安定，発展格差，各国の自由貿易へのスタンスの違い，南沙諸島を巡る各国の立場の違い，それにも関連する中国との関係の違いがあり，これらは依然統合の遠心力となっている。2012年7月の外相会議の際には，南シナ海の領有をめぐるASEAN各国の対立によって，外相会議での共同声明を出すことができなかった。中国への対応でフィリピン・ベトナムとカンボジアが対立したからであった。ASEANにおいては，そもそも利害対立が起こりやすい構造を有しており，これらのいくつかの遠心力がTPPとの関係で更に顕在化してくる可能性もある。

　しかしそれらの緊張も，ASEANを自身の統合に追い立てるであろう。同時にインドネシアがRCEPを推したように，ASEANを中心とする東アジア広域FTAの推進に追い立てるであろう。ASEANは多くの遠心力を抱えながらも，域内経済協力・経済統合を深化させ，これまでAFTAを確立し，2015年のAECの確立へ向かってきたのである。

3. TPPのASEAN各国への影響

　TPPはASEANの参加各国に対しても大きな影響を与える。自由貿易の利益や対アメリカ輸出が促進される利益とともに，他方では自国経済へ緊張を与えることが考えられる。当初からの加盟国であり自由貿易を強く推進してきているシンガポールにとっては，利益は大きいと言えるが，マレーシアやベトナムにとっては，自由貿易による利益とともに，いくつかの緊張を呼ぶ可能性がある。

　マレーシアにとっては，アメリカの交渉参加がTPPへの交渉参加を後押ししたと考えられる[12]。マレーシアは，アメリカと二国間FTAの交渉を進めていたが，政府調達の点において合意できず交渉が中断してしまったため，アメリカとのFTA交渉を，TPPという多国間のFTA交渉によって進めることとした。TPPへの参加は，アメリカ向け輸出やTPP参加国向け輸出を増やす可能性があろう。ただし，アメリカとの二国間FTAの場合と同様に政府調達の問

題が，今後浮上してくる可能性が高い。また輸入許可証などによる自動車産業の保護などを持続できるかも問題となるであろう。これらはマレーシア独自のブミプトラ政策とも絡み，今後交渉が進むにつれ，問題となる可能性が高い。

　ベトナムにおいては，貿易自由化によるアメリカ向け輸出の拡大，とりわけ縫製品のアメリカ向け輸出拡大が，TPP 交渉加盟の理由と考えられる[13]。実際，アメリカ向け輸出は主要各国向け輸出の中で最大で，その中で縫製品の比率は大きいからである。ただし TPP においては，「ヤーン・フォワード」ルールが適用され，自国の糸から加工して製品を作らなければならない可能性があり，TPP 加盟によりアメリカ向け輸出が増えるかどうかは微妙である。

　しかしながら，マレーシアやベトナムのこれらの交渉に関しても，二国間交渉よりも多国間交渉による方がベターである可能性がある。そのような判断が各国に働いているとも考えられるだろう。

　ASEAN 各国が TPP 交渉に参加することにより，TPP 交渉が ASEAN の統合を深化させる可能性もある。たとえばマレーシアやベトナムの政府調達の例である。2015 年に確立を目指している AEC においては，政府調達の自由化は対象となっていないが，マレーシアやベトナムは TPP で政府調達の自由化を求められており，TPP の自由化が ASEAN での政府調達の自由化を促進する可能性が大きいのである[14]。

　以上をまとめると，TPP は ASEAN の経済統合を加速させ，同時に東アジアの経済統合の実現を加速させるであろう。そして，東アジアの経済統合の加速が，ASEAN の経済統合を更に追い立てるであろう。また TPP は ASEAN の参加国に対しても影響を与えるであろう。その影響が ASEAN の統合を深化させる可能性もあるだろう。

おわりに

　世界経済の構造変化の中で ASEAN は域内経済協力を進め，現在は 2015 年の AEC の完成を目指している。同時に，東アジアの地域協力と FTA においても ASEAN が中心となってきた。世界金融危機後の変化は，ASEAN と東

アジアの経済統合を更に追い立てることとなった。世界金融危機後のアメリカの状況の変化は，対アジア輸出の促進とともにTPPへの参加を促した。そしてアメリカを含めたTPPの構築への動きは，日本の交渉参加表明にもつながり，ASEANと東アジアの経済統合に大きな影響を与えた。

TPPはASEANの経済統合を加速させ，同時に東アジアの経済統合を加速させるであろう。そして，東アジアの経済統合の加速が，ASEANの経済統合を更に追い立てるであろう。またTPPはASEANの参加各国に対しても影響を与えるであろう。その影響がASEANの統合を深化させる可能性もあるだろう。

今後のASEANにとっては，TPPが確立していく中で，2015年にAECを確立し経済統合を深化させること，同時にRCEPを推進し東アジアの地域協力においても核となり続けることが課題である。更にはTPPあるいはその延長のFTAAPを含めたアジア太平洋の地域協力枠組みにおいてもイニシアチブを発揮することが，長期的に課題となるであろう。

2012年9月にはAPECが開催され，それに合わせてTPP交渉参加9カ国はTPPに関する首脳宣言と閣僚報告書をまとめた。今後の交渉に関しては，2012年内にできる限り多くの交渉項目をまとめるとだけ述べた。

11月6日にはオバマ大統領が再選され，アメリカのアジア重視とTPP推進の政策が続けられることとなった。オバマ大統領は再選後初の外遊先として18日にタイ，19日にミャンマー，20日にはEASが開催されるカンボジアを訪問した。タイではインラック首相がオバマ大統領に，タイがTPP交渉に参加する意向があることを表明した。

11月18日からはプノンペンで第21回ASEAN首脳会議と関連首脳会議が開催された。一連の首脳会議では，ASEANの一部加盟国と中国が領有権を争う南シナ海問題で，それを国際問題化すべきかどうかを巡ってASEAN加盟国間で意見が対立した。FTAに関しては，11月20日の第7回EASで，2013年の早期にRCEPの交渉を開始することが合意された。東アジア広域のFTAが遂に実際に交渉されることとなった。また同日には，日中韓の経済貿易相が2013年に日中韓のFTAの交渉を開始することを合意した。領土問題を抱えながらも，日中韓はFTAに関しては交渉を開始することとなった。

12月3日からはオークランドで第15回TPP交渉会議が開催され，初めてカナダとメキシコが参加した。TPPの交渉参加国は，カナダとメキシコの参加により11カ国に拡大した。こうしてTPP交渉が更に進められるとともに，RCEPと日中韓FTAの交渉も開始されることとなった。

最後に日本とASEAN，TPPの関係についても述べておきたい。ASEANは，日本にとっても最重要なパートナーのひとつである。また日系企業にとっても最重要な生産拠点である。日本にとってもASEAN域内経済協力の深化とAECへ向けての展開はきわめて重要である。そしてこれまでの良好な関係の蓄積の上に，ASEANとの関係強化が不可欠である。

TPPに関しては，日本は2012年春の交渉参加を見送り，9月にも11月にも交渉参加を表明できなかった。与党内の合意が形成できず，農業など国内利害関係者との調整も進まなかったからであった。

TPPにおいては，日本が交渉参加の意向を表明したことが，メキシコ，カナダの交渉参加につながり，RCEPという東アジア地域経済統合に向けての動き，北東アジアのFTAに向けての動きにつながった。日本が玉を突いたことが大きな影響を与えたと言える。しかし，玉を突いた日本が躊躇している間に，各国が経済統合とFTAへ向けて進みつつある。日本にとってTPPに参加することは，通商国家として不可欠である。貿易投資の促進などとともに，今後の貿易や投資，知的財産権など幅広いルール作りに参画する上でも避けることができない。WTOが停滞を続ける中で，貿易投資の自由化を進め，通商ルールを確立していくことは，世界第2位ではなくとも世界第3位の経済大国としての，世界経済に対する責任でもあろう。

（清水　一史）

注

1) 以下，本節の内容に関して詳細は，清水（1998, 2008, 2012b）を参照。
2) "Declaration of ASEAN Concord." AECに関しては石川・清水・助川（2009），Severino（2006），Hew（2007）等を参照。
3) Severino (2006), pp. 342-343.
4) "Joint Media Statement of the 42nd ASEAN Economic Ministers' (AEM) Meeting." [http://www.aseansec.org/25051.htm]
5) また2010年のタイの各国向けの輸出に占めるAFTA利用率は，インドネシア向け輸出で

61.3%，フィリピン向け輸出で55.9%に達した（『通商弘報』2011年4月30日号）。
6) たとえばトヨタ自動車は，1990年代からBBCスキームとAICO，更にAFTAに支援されながら，ASEAN域内で主要部品の集中・分業生産と部品の相互補完流通により生産を効率的に行ってきている。2004年8月からタイで生産を開始したトヨタ自動車の革新的国際多目的車（IMV）プロジェクトも，これまでの域内経済協力の支援の延長に考えられる。IMVは，2004年8月にタイではじめて生産開始された，1トンピックアップトラックベース車を部品調達から生産と輸出まで各地域内で対応するプロジェクトである（清水：2010, 2011a）。
7) "Master Plan on ASEAN Connectivity."〔http://www.aseansec.org/documents/MPAC.pdf〕
8) 清水（2012b），参照。
9) "First ASEAN Economic Ministers Plus ASEAN FTA Partners Consultations, 30 August 2012, Siem Reap, Cambodia."〔http://www.aseansec.org/documents/AEM-AFP%20JMS%20(FINAL).pdf〕
10) "Guiding Principles and Objectives for Negotiating the Regional Comprehensive Economic Partnership."〔http://www.asean.org/images/2012/documents/Guiding%20Principles%20and%20Objectives%20for%20Negotiating%20the%20Regional%20Comprehensive%20Economic%20Partanership.pdf〕
11) 清水（2008），参照。
12) 各種報道による。
13) 各種報道による。
14) 石川（2012b）。

参考文献

石川幸一（2010）「環太平洋戦略的経済連携協定（TPP）の概要と意義」『国際貿易と投資』（国際貿易投資研究所：ITI）81号。
石川幸一（2012a）「TPP交渉の争点：高いレベルの自由化は可能か」山澤・馬田・国際貿易投資研究会（2012）。
石川幸一（2012b）「TPPと東アジアの地域統合のダイナミズム」『国際貿易と投資』（国際貿易投資研究所：ITI）89号。
石川幸一・清水一史・助川成也編（2009）『ASEAN経済共同体―東アジア統合の核となりうるか』日本貿易振興機構（JETRO）。
馬田啓一・浦田秀次郎・木村福成編（2012）『日本のTPP戦略　課題と展望』文眞堂。
馬田啓一・木村福成・田中素香編（2010）『検証・金融危機と世界経済 危機後の課題と展望』勁草書房。
佐々木高成（2012）「米国とTPP：米産業界の狙い」山澤・馬田・国際貿易投資研究会（2012）。
高原明生・田村慶子・佐藤幸人編・アジア政経学会監修（2008）『現代アジア研究1：越境』慶応義塾大学出版会。
山影進（1991）『ASEAN：シンボルからシステムへ』東京大学出版会。
山影進（1997）『ASEANパワー』東京大学出版会。
山影進（2011）『新しいASEAN―地域共同体とアジアの中心性を目指して―』（アジアを見る眼シリーズ114）アジア経済研究所。
山澤逸平・馬田啓一・国際貿易投資研究会編（2012）『通商政策の潮流と日本―FTA戦略とTPP―』勁草書房。
清水一史（1998）『ASEAN域内経済協力の政治経済学』ミネルヴァ書房。
清水一史（2008）「東アジアの地域経済協力とFTA」高原・田村・佐藤（2008）。

清水一史（2009）「世界経済の構造変化と ASEAN 経済統合」石川・清水・助川（2009）。
清水一史（2010）「ASEAN 域内経済協力と生産ネットワーク」日本貿易振興機構（JETRO）『世界経済危機後のアジア生産ネットワーク―東アジア新興市場開拓に向けて―』。
清水一史（2011a）「ASEAN 域内経済協力と自動車部品補完―BBC・AICO・AFTA と IMV プロジェクトを中心に―」『産業学会研究年報』26 号。
清水一史（2011b）「アジア経済危機とその後の ASEAN・東アジア―地域経済協力の展開を中心に―」『岩波講座 東アジア近現代通史』第 10 巻，岩波書店。
清水一史（2012a）「東アジアの経済統合―世界金融危機後の課題―」『アジア研究』（アジア政経学会）57 巻 3 号。
清水一史（2012b）「ASEAN の経済統合と経済共同体（AEC）―域内経済協力の深化と世界金融危機後の課題―」山澤・馬田・国際貿易投資研究会（2012）。
APEC Policy Support Unit (2011), *The Mutual Usefulness between APEC and TPP*, APEC Policy Support Unit, Singapore.
ASEAN Secretariat, *ASEAN Documents Series*, annually, Jakarta.
ASEAN Secretariat, *ASEAN Annual Report*, annually, Jakarta.
ASEAN Secretariat (2008a), *ASEAN Charter*, Jakarta.
ASEAN Secretariat (2008b), *ASEAN Economic Community Blueprint*, Jakarta.
ASEAN Secretariat (2010), *Master Plan on ASEAN Connectivity*, Jakarta.
ASEAN Secretariat (2012), *ASEAN Economic Community Scorecard*, Jakarta.
Hew, D. (ed.) (2007), *Brick by Brick: the Building of an ASEAN Economic Community*, ISEAS, Singapore.
ISEAS (2010), *The Global Economic Crisis: Implications for ASEAN*, ISEAS, Singapore.
Nakamura, T. (ed.) (2009), *East Asian Regionalism from a Legal Perspective*, Routledge, London.
Severino, R. C. (2006), *Southeast Asia in Search of an ASEAN Community*, ISEAS, Singapore.
Shimizu, K. (2009), "East Asian Regional Economic Cooperation and FTA," in Nakamura (2009).

第4章
アジア太平洋地域における貿易円滑化とTPP

はじめに

　WTOを主導とした多国間貿易自由化交渉が暗礁に乗り上げてから，貿易自由化への政策的手段は二国間FTA交渉へシフトしてきた。WTOでの交渉を貿易自由化の軸として考えてきた日本はそのFTA締結による貿易自由化というグローバル経済の流れに乗り遅れたと言われてはいるものの，現在では積極的に自由化交渉に乗り出している。日本はEPAという幅広い経済連携の強化を目指す貿易自由化の姿勢をとっており，2012年7月時点における日本の発効済みEPAは13の国と地域にまで増えている[1]。FTA/EPAの締結により，グローバルな経済活動を行う際に生じる貿易コストは以前に比べ相対的に低下してきている。貿易コストの低下による経済的恩恵は世界貿易の拡大を導いたことである。特に，東アジア地域における貿易のボリュームは拡大しており，2010年におけるASEAN+3の輸出の世界シェアは約30％を占め，輸入の世界シェアも約27％にまで上昇している[2]。そして今，アジア太平洋地域ではTPPという新たな国際的制度の枠組みの構築が試みられ，フラットな国際的制度に沿った多国間経済連携協力が開始されている。

　多国間交渉（WTO），地域間交渉（APEC，TPP），二国間交渉（FTA/EPA）のいずれの通商交渉おいても，根幹にある目的は，貿易を促進させ，貿易に参加する全ての経済主体を *better off* の状態へ導くことである。経済主体が求める貿易の利益を阻害する要因としてこれまでに様々な障壁が国際舞台で議論の的となってきた。代表的なものとして関税障壁があるが，現在の関税率は昔に比べると低いものとなっている。関税障壁が低下するにつれ，その他の貿易障壁の相対的な重要性が増してきており，貿易の円滑化を達成するため

に様々な取り組みが国家間で行われている。TPP 交渉も貿易の円滑化による貿易の利益を得るための手段の1つと考えることができる。

　貿易の円滑化を促進させるためには，貿易を行う際の障壁を撤廃する，あるいは，より効率的なルール作りを行うことが必要である。第1節では，伝統的な貿易障壁である関税障壁の変遷について取り上げ，TPP 関連諸国の現状の関税率について産業別に考察していく。第2節では，制度的な貿易障壁について取り上げる。TPP 交渉では関税障壁は24の交渉部会のうちの1つの項目でしかなく，貿易障壁に関連するその他の国際的な課題が議論されることとなる。制度的な貿易障壁の撤廃は多分野にまたがる課題であるが，本章では税関手続きの際に生じる諸費用を国境でのコストと捉え，貿易コストとの関係性について分析する。そして，第3節では，貿易インフラ確立のための国際的な制度の必要性について言及し結びとする。

第1節　関税障壁の変遷

　国際貿易を妨げる経済的諸要因については長年にわたり多くの分野で議論されてきた。そのような貿易障壁と言われるものは多々あるが，その中でも関税障壁は代表的な貿易障壁の1つである。関税障壁は経済厚生を歪め，市場取引による富の分配機能に負の効果を与えることは理論的に説明できる。経済に負の影響を与えるとされている関税障壁は，国内問題や外交問題など複数の分野においても解決すべき課題とされてきている。本節では，はじめに世界の平均関税率の推移を確認し，世界的に関税率が低下してきていることを確認する。そして，TPP 関連諸国における産業別の関税率についても確認し，それら諸国の関税障壁がどの程度の水準にあるのかをみていく。

　第4-1図は1997年から2010年における平均関税率の推移を表したものであり，世界の平均関税率と各国を所得別に分類し総括した平均関税率を表したものである[3]。世界の平均関税率の推移をみると，1997年では約11%であったのが2010年では約6%にまで低下している。国の所得別にこの平均関税率の変化をみると，高所得国あるいは OECD 諸国では1990年代後半にはすで

第4-1図　世界の平均関税率

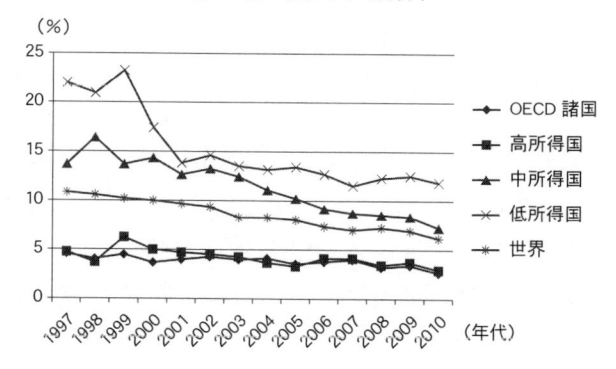

に5％を下回っており，2010年では3％をきっている。中所得国や低所得国においては1990年代後半では約15％と約20％を示しているが，2010年では低所得国は約11％とその割合は半分まで減少し，中所得国においても約7％と10％を下回っている。約15年の間に高所得国は一貫して低い関税率を保っているようにみられるが，関税の低下率は中所得国や低所得国の方が顕著である。

　各国政府の関税政策は自国の比較劣位産業を保護するために行うとされてきている。1990年代より活発にみられる企業の海外進出は，国際分業パターンを大きく変化させた。特に顕著な経済現象として，先進国と新興国による工程間分業が促進したことがあげられる。工程間分業とは，各国の比較優位に沿って生産工程を越境して立地分散させ，貿易により各工程を連結させるという国際分業である。従来の伝統的な国際分業と異なり，工程間分業は1つの財を生産するにあたり，部品やコンポーネントといった中間財が複数回国境をまたぎ，生産工程レベルにおいて各国間で分業を行うというのが特徴である。工程間分業を可能とさせる諸要因の1つとしてあげられるのは，貿易コストが十分に低下している，ということである。貿易コストとは貿易を行う際に生じる費用全般を指し，それらは情報通信技術の発展，輸送技術の改善，インフラ整備の度合いなど様々な経済的諸要因に依存して決まる。本節で取り上げている関税も多々ある貿易コストの1つであり，長年にわたり国際的に議論されている貿易障壁の1つである。第4-1図でも示したような関税率の低下は，各国間で

の国際取引をより活発にさせる効果をもつ。現代の国際分業は先進国と新興国間での工程間分業であるため，最終財を生産するまでにその最終財に関連する中間財が複数回国境をまたぐこととなる。国境での貿易コストが低下すれば，より効率的な貿易が可能となり，貿易促進につながることとなる[4]。中・低所得国または新興国における貿易コストの低下は，潜在的市場や豊富な生産要素を求めてグローバルな経済活動を行う企業にとって魅力的なものである。また，新興国にとっても国際分業に組み込まれることにより，産業の高度化や貿易の拡大が達成され，それらに伴う経済成長を期待することができる。1990年代以降における東アジア諸国の経済成長の背景には，上述したような貿易コスト全般が低下したためである。

次に，TPP関連諸国の関税率について概観していく[5]。第4-1表は2006年と2011年の2時点間におけるTPP関連諸国の平均関税率，非課税品目シェア，関税率5％以下の品目シェアを農産品と非農産品についてまとめたものである。この税率はHSコードの6桁の税率を使用しており，MFN税率（MFN: Most Favored Nations）を用いている[6]。また，非課税品目シェアとは，HS分類における関税率が0％である貿易品目数の比率を産業ごとに表したものである。つまり，この比率が高ければ高いほど，該当国は関税率0％水準を達成

第4-1表　TPP関連諸国の平均関税率

国名	農産品 単純平均（MFN税率） 2006	2011	非課税品目シェア（品目数ベース） 2006	2011	関税5％以下の品目シェア 2006	2011	非農産品 単純平均（MFN税率） 2006	2011	非課税品目シェア（品目数ベース） 2006	2011	関税5％以下の品目シェア 2006	2011
ブルネイ	5.2	0.1	94.9	98.3	1.6	1.4	3	2.9	77.6	78.7	8.7	8.2
チリ	6	6	0.6	0	0	0	6	6	0.3	0.3	0	0
ニュージーランド	1.7	1.4	71.9	72.6	11.5	27.4	3.2	2.1	62.1	63.5	4.8	30.2
シンガポール	0.2	0.2	99.8	99.8	0	0	0	0	100	100	0	0
オーストラリア	1.2	1.4	77.6	74.9	21.6	24.5	3.9	3.1	45.6	44.9	39.2	50.4
マレーシア	12.3	10.8	70	74.7	13.4	10.4	7.9	5.8	55.4	63.2	8.6	9
ペルー	13.6	4.1	5	37.7	10.8	0	9.7	3.6	0.8	55.6	42	0
アメリカ	5.3	5	32.9	30.3	42.2	44.5	3.3	3.3	47.5	47.6	26.8	26.8
ヴェトナム	24.2	17	13	16	15.8	16.9	15.7	8.7	35.6	40.2	17.8	18.6
日本	24.3	23.3	35.9	34.9	16.9	17.3	2.8	2.6	55.1	57.1	26.7	25.2
カナダ	17.3	18	57.8	57.9	8.7	8.4	3.7	2.5	56.5	73.4	9.8	6.1
メキシコ	18.2	21.4	9	17.7	0.3	2.3	13.3	6.3	15.2	52.4	1.2	9.7

（注）　単位は％表示。
　　　2011年のマレーシアとヴェトナムのデータは，2010年のデータに基づいている。
（出所）　WTO, *World Tariff Profiles 2006, 2012.*

しているということである。関税率の単純平均は，各貿易品目分類に課せられている関税から平均を集計したものであり，その平均関税率自体の大きさは対象国の市場への参入障壁の程度を表している。しかし，平均関税率は産業レベルあるいは国レベルでの平均を集計してしまっているため，どの程度の貿易品目が関税率0％水準を達成しているかは曖昧である。FTA/EPAの質的側面の1つである貿易の自由化度をより直感的に概観するには，関税率0％の貿易品目が全体の貿易品目のうちどの程度を占めているのかを観察する必要がある。ここでは，1国の農産品と非農産品の平均関税率と非課税品目シェアを概観することにより，TPP諸国の関税障壁の大きさと貿易の自由化がどの程度であるのかについてみていく。

　はじめに，農産品における平均関税率についてみてみると，全体の傾向としては2006年から2011年にかけて平均関税率を低下させている。2011年では12カ国中半分の6カ国において，その比率を5％以下の水準を達成している。日本，カナダ，メキシコといったいわる先進諸国においては，この平均関税率の数値は他の関連諸国よりも高く，農産品の市場が相対的に閉鎖的であることがみてとれる。同じOECD加盟国であるオーストラリアは1.2％から1.4％へと若干の上昇がみられるが，その比率自体は2％を下回っており，農産品貿易の自由化が進んでいるように思われる[7]。次に，非課税品目シェアおよび関税率5％以下の品目シェアについてであるが，この2つのシェアの合計は1国の5％以下の貿易品目シェアを表している。2011年におけるこの数値を見ていくと，ブルネイ，ニュージーランド，シンガポール，オーストラリアは95％以上という高い比率で農産品の自由化が進んでいることがみてとれる。アメリカと日本は約30％程度しか農産品の完全自由化を行っていないが，5％以下の貿易品目シェアを考慮に入れると，アメリカは約75％，日本は約50％という数値を示している。関税率5％以下の水準を考慮に入れると，アメリカの農産品は自由化度が日本よりも高く，平均関税率からも分かるように，日本の農業市場の相対的な閉鎖性がみてとれる。次に，非農産品についてであるが，2006年と2011年の平均関税率を比較するといずれの国においてもその比率を低下させている。また，平均関税率の大きさも非常に低い数値となっており，農業品に比べ貿易の自由化が進んでいることがわかる。非課税品目シェアと関税

率5％以下の品目シェアの比率を見ても，チリ，ペルー，ヴェトナムで60％を下回っているものの，他の国に関しては関税率が非常に低い貿易品目シェアをもっていることがみてとれる。これは長年にわたり指摘されている農産品と非農産品の間の関税率の差を顕著に表しているものの，第4-1図からも分かるように世界平均では関税率自体は低下してきている。

　第4-1表では，産業全体の平均関税率が両産業共に低下している傾向があることを確認した。次に，その低下してきている各国の関税率はどの水準にあるのか，つまり，課税されている貿易品目はどの関税率水準に多く存在するのかを確認していく。第4-2表はTPP関連諸国における関税水準別にみた課税品目の分布である。これは課税品目シェアを5％水準以下から100％水準以上の7項目に分け，それらを産業別にまとめたものである[8]。農産品の関税率の構成をみると，第4-1表同様，関税率は低下傾向にあることが確認できる。しかし，センシティブ品目が多く存在する農産品では，貿易の完全自由化の道には踏み切れていないというのが現状であろう。日本やカナダでは，2011年時点においても依然として関税率が100％を超える貿易品目のシェアが全体の5％を超えている。2011年のデータでは，日本は農産品の非課税品目シェアが約35％，そして，関税率5％以下のシェアが約17％であり，50％以上の品目については関税率が5％以内という数値であるが，関税率10％や15％，あるいは100％以上という貿易品目が依然として目立つ。日本のこの数値はTPP諸国の中でも同程度の経済規模をもつアメリカと比較すると，全体の関税率は低下傾向であっても課税しているある一定範囲の品目には依然として高い税率をかけていることが明らかである。

　次に，非農産品における関税率の構成を同様にみていく。貿易立国を標榜し，積極的に二国間FTAを締結しているシンガポールは，完全な貿易自由化を達成している。他の多くの国も段階的に関税率を低下させていることがみてとれ，2011年時点では関税率5％以下，または，10％以下の品目シェアが高くなっている。日本も非課税品目シェアは57％を超え，さらに関税率10％以下の品目シェアが約40％であり，関税率10％以下の品目シェアは全体の95％以上を示している。アメリカ，カナダ，メキシコといったOECD諸国も非農産品の関税率は低く，農産品の関税率とは対照的である。工業品では関税率は十

第4-2表　TPP関連諸国の関税率の構成

農産品	ブルネイ 2006	ブルネイ 2011	チリ 2006	チリ 2011	ニュージーランド 2006	ニュージーランド 2011	シンガポール 2006	シンガポール 2011	オーストラリア 2006	オーストラリア 2011	マレーシア 2006	マレーシア 2011
5%以下	1.6	1.4	0	0	11.5	27.4	0	0	21.6	24.5	13.4	10.4
5%-10%	0	0.2	99.4	99.1	16.5	0	0	0.0	0	0	6.2	4.6
10%-15%	0	0	0	0	0	0	0	0	0.1	0.1	1.8	1.9
15%-25%	1.1	0	0	0	0	0	0	0	0.4	0.2	3.2	2.6
25%-50%	0.0	0.0	0	0	0	0	0	0.1	0.1	0.3	2.2	2.8
50%-100%	0.2	0	0	0	0	0	0.1	0.1	0	0	0.8	0.7
100%以上	1.1	0	0	0	0	0	0.1	0.1	0	0	2.2	2.1

農産品	ペルー 2006	ペルー 2011	アメリカ 2006	アメリカ 2011	ベトナム 2006	ベトナム 2011	日本 2006	日本 2011	カナダ 2006	カナダ 2011	メキシコ 2006	メキシコ 2011
5%以下	10.8	0	42.2	44.5	15.8	16.9	16.9	17.3	8.7	8.4	0.3	2.3
5%-10%	0	57.7	13.0	13.5	11.0	13.4	16.1	15.7	17.5	17	35.3	26.2
10%-15%	46.2	4.5	5.6	5.1	1.3	9.2	7.9	8.3	6.2	6.4	12.1	10.3
15%-25%	37.9	0	2.9	2.9	16.9	18.8	10.5	10.4	1.4	1.3	33.4	33.1
25%-50%	0.1	0	1.7	1.9	39.4	23.2	6.3	6.8	2.0	2.1	5.7	4.0
50%-100%	0	0	0.7	0.4	2.6	2.1	1.0	0.8	0.9	0.9	3.5	1.5
100%以上	0	0	0.6	0.5	0	0.5	5.4	5.1	5.5	5.8	0.7	4.0

非農産品	ブルネイ 2006	ブルネイ 2011	チリ 2006	チリ 2011	ニュージーランド 2006	ニュージーランド 2011	シンガポール 2006	シンガポール 2011	オーストラリア 2006	オーストラリア 2011	マレーシア 2006	マレーシア 2011
5%以下	8.7	8.2	0	0	4.8	30.2	0	0	39.2	50.4	8.6	9.0
5%-10%	1.5	1.5	99.7	99.7	26.4	5.8	0	0	10.3	4.6	8.6	7.9
10%-15%	0.7	0.7	0	0	0.0	0	0	0	0	0	3.6	2.7
15%-25%	11.3	10.9	0	0	6.0	0	0	0	4.8	0	16.2	12.9
25%-50%	0.1	0.1	0	0	0.0	0.0	0	0	0	0	7.4	4.2
50%-100%	0	0	0	0	0	0.0	0	0	0.0	0	0.1	0.0
100%以上	0.0	0.0	0	0	0	0	0	0	0.0	0	0	0

非農産品	ペルー 2006	ペルー 2011	アメリカ 2006	アメリカ 2011	ベトナム 2006	ベトナム 2011	日本 2006	日本 2011	カナダ 2006	カナダ 2011	メキシコ 2006	メキシコ 2011
5%以下	42.0	0	26.8	26.8	17.8	18.6	26.7	25.2	9.8	6.1	1.2	9.7
5%-10%	0	30.8	16.7	17.0	7.5	7.2	15.3	14.9	21.6	12.5	33.2	15.4
10%-15%	42.9	13.6	5.0	4.9	1.1	9.9	2.1	1.9	5.0	1.4	26.1	13.2
15%-25%	14.2	0	1.9	1.9	6.4	16.6	0.3	0.4	7.0	6.7	16.6	6.9
25%-50%	0	0	0.5	0.5	31.0	7.1	0.3	0.3	0	0	7.7	2.4
50%-100%	0	0	0.0	0.0	0.6	0.3	0.0	0.0	0	0	0.0	0
100%以上	0	0	0	0	0.0	0	0.1	0.1	0	0	0	0

(注)　単位は%表示。
　　　2011年のマレーシアとベトナムのデータは，2010年のデータに基づいている。
(出所)　WTO, *World Tariff Profiles 2006, 2012.*

分に低い水準であり,一部の農産品は依然として高い関税が課せられている,ということが一般的な議論として言われているが,関税率はその国の比較優位に沿って決定される。日本は農産品には比較劣位を,そして,非農産品には比較優位をもつため,関税率の構造も非農産品には低く,農産品には高く設定されている。これまでの日本のFTA/EPA交渉は一部の例外品目を認めさせる交渉であった。それらセンシティブ品目を例外的に認めてもらう代わりに,他の分野での経済協力等でその分を補う形をとってきたが,質の高い貿易自由化の市場を目指すTPP交渉ではそのような交渉が認められるかは難しいであろう。しかし,本節でみたように,現実的に日本だけでなくアメリカやオーストラリアなど他の国も2011年時点で依然として関税の完全な撤廃はできていない。この点を考慮に入れるならば,交渉段階で各国が例外品目をどのように扱うかがTPPにおける自由貿易化の質を左右することとなろう。

第2節　税関手続きと貿易円滑化の関係

1. 貿易コストの計測

　前節で確認したように,産業別の差異はあるものの,関税率は世界的に低い数値となってきている。関税障壁は貿易を阻害する要因の1つとして扱われてきたが,それは依然より相対的に非常に小さくなってきており,グローバル化を促進させている1つの経済的要因となっている。グローバル化の進展に伴う国際分業パターンの革新的な変化は関税障壁だけでなく,非関税障壁や輸送技術の進歩などによりもたらされた。つまり,全般的な貿易コストの低下が貿易の促進を導き,多くの国へ貿易の利益をもたらした。国際取引の際に直面する貿易障壁の低下は,近年の国際貿易を加速させてきている大きな要因となっており,近年では関税だけでなくそれ以外の諸要素も貿易コストとして注目されている。TPPの交渉分野にもあるような,原産地規則,貿易円滑化,SPS（衛生植物検疫）,TBT（貿易の技術的障壁）といった制度的な貿易障壁などはそれにあたる。本節ではその中の貿易円滑化に焦点をあて,貿易財が国境をまたぐ際に生じる税関手続きと貿易コストの関係について分析していく。

貿易コストに関する研究は近年活発に行われており，どのような要因を貿易コストとして扱うかは各研究により異なる。Anderson & van Wincoop (2003) は，貿易コストと貿易の関係について包括的なサーベイ論文を提供している。そこでは，関税障壁や非関税障壁といった政策的に課される貿易障壁と，輸送技術やハードインフラおよびソフトインフラなどといった輸送費用に関連する貿易障壁について議論されており，伝統的貿易理論ではそれほど詳細に扱われてこなかった貿易を阻害する要因となる貿易コストの影響について言及している。さらに近年では，グラビティーモデルを用いて二国間の距離を貿易コストとして扱い貿易との関係を分析する研究や，CGE (Computable General Equilibrium) モデルを用いて FTA/EPA といった二国間自由貿易協定が当該国の経済に与える効果を分析する研究などが行われてきている[9]。また，貿易円滑化を促す税関手続きと貿易のボリュームの関係を実証的に明らかにする研究も増えてきている。代表的な研究の1つとして Persson (2008) があるが，その研究では税関手続きの簡素化が貿易財の新規取引に与える影響について実証的に明らかにしている。いずれの研究も代替的な貿易コストを用いて貿易のボリュームあるいは経済効果との関連性を明らかにしている。

本節の分析に用いる貿易コストは，貿易品目別（HS6桁）の FOB (Free On Board) 価格と CIF (Cost, Insurance and Freight) 価格の比率を貿易コストして用いることとする。理論上では，i国からj国へのk財の輸出とj国のi国からのk財の輸入は等しくなる。一般的に，輸出データは FOB 価格が使用され，輸入データは CIF 価格が使用され，それぞれ貿易データとして計上される。そのため FOB 価格と CIF 価格の数値は等しくはならず，運賃や保険料，その他の貿易コストの分だけ CIF 価格が大きくなるため，両価格の間には差が生じることとなる。本章ではこの CIF と FOB の差を貿易コストと捉えて分析に用いる。CIF/FOB 比率は以下のように表すことができる。

$$((CIF - FOB)/FOB)_i^k = f(FREIGHT_{i,JP}, CUSTOMS_i, CPI_i)$$

ここで，$i, k, JP,$ は貿易相手国，産業別貿易品目，日本をそれぞれ表し，$FREIGHT$ は貿易を行う日本と貿易相手国間の輸送費，$CUSTOMS$ は貿易相手国における税関手続きのコスト，CPI は貿易相手国における腐敗認識指

数（Transparency International Corruption Perceptions Index）である。上述したように，CIF と FOB の差は，貿易の際の輸送費やその他の貿易コストで決定されるが，どのような要因によりこの比率が決定されるかは研究者に依存する。この CIF/FOB 比率を貿易コストとして用いた代表的な先行研究として Limao & Venables (1999) がある。彼らは，貿易データから測定できる FOB/CIF 比率を輸送コストと扱い，地理的要因とインフラの質が輸送コストと重要な関連をもつことを実証的に明らかにした。具体的には，海上輸送の港をもたない内陸国は沿岸国よりも相対的により高い貿易コストに直面し，内陸国によっては沿岸国に比べ約 50％も高い輸送コストがかかり，貿易のボリュームにおいても約 60％近く小さいものとなることを明らかにしている。Pomfret & Sourdin (2010b) もまた CIF/FOB 比率を用いて，オーストラリアの HS6 桁レベルの詳細な輸入データを使用し，貿易コストの要因を輸送モード別に分析している。彼らの研究では，航空輸送と海上輸送という 2 つの輸送モードで貿易財が取引をされる際に，財の特性および貿易相手国の特性が輸送費用に与える影響は輸送モードにより異なることを実証的に明らかにしている。

　これら先行研究は，貿易コストと貿易フローの関係を詳細に明らかにする先駆的な研究であり，本章での貿易コストの分析においても貿易品目別の CIF/FOB 比率を用いる。多くの研究では，総括された CIF/FOB 比率を貿易コストの分析に用いており，1 国全体の特性としてこの比率を扱っている。貿易コストの高い貿易品目と低い貿易品目がある場合，国レベルで総括したこの比率を用いると，貿易コストの大きさを過大評価または過小評価してしまい，貿易コストを正確に測ることができない。この問題を避けるために本研究では HS 分類の 6 桁という詳細な貿易品目レベルのデータを分析に用いることとする。ただし，貿易品目データを用いて CIF/FOB 比率を計測するといくつかの問題点が生じてしまう。

　1 つ目は，CIF と FOB の大きさが逆転してしまう点である。上述したが，CIF 価格は FOB 価格に貿易コストを上乗せした価格となっている。そのため，CIF 価格は FOB 価格よりも高い数値となって計上されるべきである。しかし，実際の貿易品目データを用いて輸出と輸入のマッチングを行うと，CIF/FOB 比率が 1 以下，つまり，FOB 価格の方が高く計上されているケース

がある。Hummels & Lugovskyy (2006) はこの原因の説明の1つとして，あるひとつの貿易品目に対して輸出国と輸入国において異なる分類コードが用いられるケースをあげている。HS 分類のように国際的に定められた貿易品目コードが存在する中，貿易される財に対してどのコードを適用するかは各国の貿易手続きに依存する。その際に，輸出国が申請した貿易品目コードが輸入国税関において異なる貿易品目コードがより合致するのであれば，輸出側と輸入側でことなる貿易品目コードが用いられる可能性がある。このような場合，CIF と FOB が逆転してしまうことが生じると考えられる。

2つ目は，貿易データの欠如という点である。これは本来存在すべき貿易データが存在しないという問題であり，i 国と j 国という二国間の輸出データと輸入データのマッチングを行うと，i 国から j 国への k 財の輸出（輸入）データは計上されているが，j 国の i 国からの輸入（輸出）データは計上されていないということである。この統計上の問題の理由としては，上で上げたような貿易に携わる諸国間が用いる貿易品目コードの違いがあげられる。加えて，分析対象国が国連の UN Comtrade では集計されていない一部の国または地域と貿易を行っている場合このような問題が生じる。本章では Limao & Venables (1999) の手法に従い，上述したデータのバイアスを極力避けるために，それらに該当するデータはすべて除外して分析を行う。

2. 貿易コストと税関手続きの関係

次に，TPP 交渉の中の1つの交渉項目となっている貿易円滑化に焦点をあて，貿易円滑化を達成するために必要な税関手続きの簡素化と貿易コストの関係について分析を行う。既述した貿易コストのデータに関する点を考慮に入れ，以下では，2010 年の日本と世界 141 カ国との間の財別の貿易データを使用し，クロスセクション分析を行う。はじめに，分析を対象とする産業および貿易財，そして分析に用いる変数について言及していく。TPP 協定交渉の 24 の作業部会のうち，物品市場アクセス（工業品，繊維・衣料品，農業品）を考慮に入れ，分析対象産業を全産業，農産品・食品，繊維製品，機械製品に特定する[10]。産業分類は HS コードの二桁分類をもとに行っており，対象とする分類は，全産業は第 01 類から第 99 類，農産品・食料品は第 01 類から第 24 類，

繊維製品は第50類から第63類，機械製品は第84類から第92類とする。分析に用いる説明変数は，二国間の地理的距離，税関での時間的・書類的コスト，そして，貿易相手国の腐敗認識率を用いる[11]。

　貿易を行う2国が離れていれば，それだけ高い輸送費がかかることを仮定し，貿易を行う二国間の地理的距離を輸送費の代理変数として用いる。次に，税関手続きで生じる費用についてであるが，これは貿易相手国の税関で必要とされる書類の数，貿易相手国の税関で必要とされる時間を用いる。貿易円滑化とは，税関での手続き書類の簡素化を行い，税関で必要とされる一連の手続きに対して国際標準への調和を図ることにより，国際取引をより迅速に行うことを可能とすることである。前節で言及した関税障壁以外にも，このような税関での手続きの不透明性や煩雑さは，実際に貿易を行う企業にとって時間的・書類的コストが非常にかかることである。ここでの分析には税関での費用に関する変数を導入し，CIF/FOB比率との関係を推計する。そして，貿易相手国の市場の透明性を表す代理変数として，腐敗認識指数を代理変数に用いる。この指数は世界約180の国と地域を対象に，各国の公共部門の汚職の度合いをランキングで表したものである。二国間の地理的距離および税関でのコストは，CIF/FOBと正の関係が期待できる。貿易相手国が遠ければ遠いほど，輸送費は高くなり，そして，税関で必要とされる手続きが増えれば増えるほど，より貿易に関するコストが課せられることになるため，CIFとFOBはより乖離することとなるからである。腐敗認識指数は市場の透明性の高さを表す指標であるため，この数値が低いほどより市場の不透明性に欠けることを意味する。つまり，CIF/FOB比率とは負の関係が期待できる。

　第4-3表はCIF/FOB比率と各貿易コストとの関係を2010年のデータをもとに全産業，農産品・食品，繊維製品，機械製品別にOLSで推計した結果である。推計結果として，(1)全産業，(3)繊維製品，(4)機械製品の推計モデルにおいて，輸送費の代理変数である二国間の距離，税関での手続き書類の数および税関で必要とされる時間はCIF/FOB比率と正で有意の結果を得た。貿易相手国が地理的に離れていれば，貿易を行う企業はそれだけ多くの輸送費用を賄わなければならず，FOB価格とCIF価格の差は大きくなる。つまり，CIF/FOB比率はより大きい数値を取ることとなり，地理的距離が離れている

第4-3表　推計結果

推計式：$\ln((CIF-FOB)/FOB)^k_i = \beta_0 + \beta_1 \ln DISTANCE_{i,JP} + \beta_2 \ln DOC_i + \beta_3 \ln TIME_i + \beta_4 \ln CPI_i + u_i$

	(1) 全産業		(2) 農産品・食品		(3) 繊維製品		(4) 機械製品	
Distance	0.157 [9.42]***	0.198 [10.92]***	-0.028 [-0.60]	0.012 [0.24]	0.332 [7.72]***	0.366 [7.97]***	0.226 [6.83]***	0.31 [8.65]***
Documents	0.151 [4.48]***	0.115 [3.28]***	-0.083 [-0.92]	-0.148 [-1.57]	0.244 [2.90]***	0.174 [1.93]*	0.223 [3.43]***	0.178 [2.68]***
Time	0.223 [9.84]***		0.157 [2.70]***		0.156 [2.36]**		0.423 [9.77]***	
Corruption		-0.061 [-10.36]***		-0.051 [-3.42]***		-0.055 [-3.16]***		-0.112 [-10.41]***
Constant	-0.789 [-4.92]***	-0.188 [-1.30]	1.073 [2.41]**	1.505 [3.59]***	-2.226 [-5.19]***	-1.734 [-4.68]***	-1.832 [-5.74]***	-0.797 [-2.75]***
R-squared	0.011	0.011	0.003	0.004	0.023	0.024	0.027	0.029
N	26062	26040	3091	3079	3785	3784	7516	7513

*$p < 0.1$, **$p < 0.05$, ***$p < 0.01$
(注)　* は10％有意水準で有意，** は5％有意水準で有意，*** は1％有意水準で有意をそれぞれ意味する。

国との貿易には輸送費が相対的に大きくなることをこの結果は示している。近年の輸送技術の進歩により，輸送費は飛躍的に低下したが，二国間の距離は依然として貿易コストを説明する重要な要素であることがわかる。

次に，税関での手続きに関する2つの変数についてみていく。税関での書類数と時間についてであるが，二国間距離同様，(2) 農産品・食品以外の推計モデルにおいて期待通りの結果を得た[12]。税関で必要とする書類が増えれば増えるほど，貿易を行う企業はその工程により多くの費用を投じることとなる。そのため，必要書類の増加はより高い貿易コストの支払いを招くこととなる。続いて，税関で必要とされる時間についてであるが，この推計結果は (1) から (4) のすべての産業において有意な結果を得た。この結果は，国境で待たされる時間は国際取引に従事する企業にとって非常に高い貿易コストである，ということを明らかにしている。日本が比較優位をもっている部品やコンポーネントといった中間財の貿易は工程間分業という国際分業の下では非常に大きいシェアを占めており，円滑なグローバル・ヴァリュー・チェーンを維持するためには just-in-time での中間財供給は欠かすことができない。(4) の機械製品は工程間分業が最も進んでいる貿易品目群であり，日本が比較優位を保有して

いる財が多く存在している産業である。税関での書類数よりも国境での時間の方が CIF/FOB 比率により弾力的であるという推計結果からも読み取れるように，日本の貿易をより促進するためには，貿易相手国との間において効率的な税関手続きを可能とする制度作りが不可欠である。

　最後に，貿易相手国の市場制度の質を相対的に表した変数である腐敗認識指数と CIF/FOB 比率の関係についてみていく。この推計結果もすべての産業において期待通りに負で有意であり，貿易相手国の腐敗度または汚職度の高さと CIF/FOB 比率の関係は整合的なものであることが示された。腐敗度や汚職度が高い国へ市場参入を試みるために貿易を行うとき，貿易を行う企業にとって生産費用と貿易コスト以外で負担する費用が生じてしまう。この腐敗度が高い国は所得の低い国や政治的な不安定要素がある国が多い。しかし，2010年時点で日本は第17位であり，アメリカは第22位であり，ドイツは第15位，フランスは第25位という結果であり，これら先進国のランキングは決して高い位置ではない。これは先進国であっても公的部門での監視メカニズムが十分に機能していないことを意味している。(1) から (4) における腐敗認識指数の係数は－0.05 から－0.11 の範囲であるが，(4) の機械製品における係数が CIF/FOB 比率と最も敏感な反応を示している。日本の機械製品の主要貿易相手国は東南アジアを含む東アジア諸国であり，シンガポールや香港を除くそれら国々の腐敗認識指数のランキングは全体的に低いことからも，この推計結果を説明することができる[13]。

　上述した税関での手続きにかかる費用や市場の不透明性を回避するために支払う費用をゼロにすることは現実的に困難であるが，相対的に小さくすることは可能であろう。そのための取り組みが国際的な制度設計である。そのための取り組みの1つが，税関での手続きの簡素化をめざす「シングルウィンドウ化」と呼ばれる政策である。これは貿易を行う際に必要とする手続きにおいて，関係省庁の各システムを相互に連結させることにより，1回の入力等の作業で関係する行政機関への手続きを行うことを可能とする制度である[14]。このような制度は貿易コストの低下に大きく寄与することが期待できる。FTAAP への足掛かりとしての TPP 交渉において，このような制度を国際標準として設計することは参加国すべての国の貿易をより円滑に行うことを可能にし，貿

易の利益の享受を可能とすると考えられる。

第3節　貿易インフラの確立のための制度づくり

　前節までに，関税障壁の影響の相対的な低下と，制度的貿易コストが貿易に与える影響についてみてきた。関税率の減少をもたらした要因としては，GATT/WTOのもとでの複数回にわたる多角的貿易自由化交渉や，近年増加してきている二国間FTA締結といったものがある。しかし，TPP交渉は農産品や工業品といった貿易財の関税を減らすことによる貿易円滑化を目指す交渉だけではない。交渉の目的は，多分野での貿易・投資のルール作りを通して貿易手続きの簡素化を目指し，貿易の拡大・促進を達成することを可能とする新しい貿易圏を構築することである。つまり，太平洋地域における国際協調を通して，貿易・投資の拡大を可能とする「貿易インフラ」を確立させることがTPP交渉の意義である。貿易インフラを整えることは円滑な貿易を促進するための環境づくりを行うことであり，それは貿易に関わるあらゆる障壁を効率的に緩和していくことから達成される。

　日本は東アジア諸国との間で促進されてきた工程間分業により，貿易の利益を享受してきた。工程間分業により企業は越境して生産拠点を分散させ，生産工程ごとに企業内取引と企業間取引を組み合わせた国際分業構造を確立させ，重層的な生産・貿易ネットワークを構築してきた。その生産・貿易ネットワークはEUやNAFTAのような制度的な統合によるものではなく，市場メカニズムのもと達成されてきているものである。ゆえに，依然として制度面で企業が負担を強いられる可能性も無視できない。第2節で実証したように，税関手続きという国境での時間的貿易コストは貿易を阻害する要因の1つであり，また，市場の透明性を高めることも貿易障壁を軽減することに寄与するであろう。例えば，日本とシンガポールが貿易を行う場合と，日本とカザフスタンが貿易を行う場合を考えると，日本とシンガポールの距離は約5300キロあり，日本とカザフスタンの距離は約5500キロであり，わずかな差はあるが日本との距離はほぼ同じである。カザフスタンがランドロックな国であることを考慮

に入れず、また、輸送費関連の貿易コストは二国間の距離に依存すると考えるならば、両方の国への貿易は同等の貿易コストが生じる。しかし、税関手続きで生じる費用は、カザフスタンはシンガポールに比べ、税関書類で約3倍であり、税関での時間的費用で約18倍である[15]。また、市場の透明性を表すランキングを見ても、シンガポールの第1位に比べ、カザフスタンは第105位である。これらの数値はこの2国と貿易をする際に生じる貿易コストとして反映され、制度的要因が貿易の障壁となっている1つの例であり、距離と税関での費用を掛け合わせて考える現実的な「貿易距離」は、税関手続きが簡素化することにより縮小することが可能である[16]。

TPPに参加することは、国際的に統一された制度のもと国際的な経済活動が可能となることである。経済的障壁や制度的障壁に対する国際的に平等なルール作りは、貿易をより円滑に行うためのステップであり、制度的な競争条件を整備することは、より強固な貿易インフラの確立を導くと考えられる。反対に、TPP交渉に参加しないということは、このような貿易円滑化を促す制度の適用から除外されることになることを意味し、企業や消費者は依然として高い貿易コストを支払うこととなる。TPP交渉では複数の交渉分野が存在するため、関税障壁の撤廃や制度的貿易コストの改善といった面のみから安易に是非を問うものではないが、すべての作業部会が目的としているのは貿易の利益をいかに享受することができるか、ということである。国際貿易を阻害する要因の1つである関税障壁は非常に小さいものとなってきているが、それとは対照的に、輸出入を行う際に生じる費用全般を効率的に減少させ、貿易円滑化を促進させることを目的とした政策の重要性を我々は考える必要がある。

(前野　高章)

注

1) EPA発行済みの国は、シンガポール（2002年11月発行）、メキシコ（2005年4月発行）、マレーシア（2006年7月発行）、チリ（2007年9月発行）、タイ（2007年11月発行）、インドネシア（2008年7月発行）、ブルネイ（2008年7月発行）、ASEAN全体（2008年12月から順次発効）、フィリピン（2008年12月発行）、スイス（2009年9月発行）、ヴェトナム（2009年10月発行）、インド（2011年8月発行）、ペルー（2012年3月発行）である。
2) これらの数値はUN Comtradeより著者により計測。
3) 所得水準による分類は、世界銀行の定義に沿ったものである。

4) 広義での貿易コストの低下が国際貿易を加速させたという経済現象は世界的にみられるが，特に東アジア地域で顕著にみられている。代表的な研究としては，Ando (2006)，Athukorala & Yamashita (2006)，Cheng & Kierzkowski (2001)，Feenstra (1998)，Hummels et al. (2001)，Kimura & Ando (2005)，Yi (2003) などを参照。
5) ここで言及している TPP 関連諸国とは，現行の参加国と日本を含む TPP への参加交渉をするといわれている諸国である，ブルネイ，チリ，ニュージーランド，シンガポール，オーストラリア，マレーシア，ペルー，アメリカ，ヴェトナム，日本，カナダ，メキシコ，の 12 カ国を指すものとする。
6) WTO 加盟国に対しては基本的にこの税率が適用される。
7) チリについては，非課税品目シェアおよび関税 5% 以下の品目シェアの両方で 0% という値を示しているが，表 4-2 からも分かるように，関税率 5% から 10% の間で貿易品目の 99% 以上を占めている。
8) 5% 水準以下の割合には非課税の貿易品目は含んでいない。
9) Anderson & van Wincoop (2003)，Bergeijk & Brakman (2010)，Ando (2009) などを参照。
10) TPP の交渉分野には 24 もの項目があり，それらは，物品市場アクセス（工業），物品市場アクセス（農業），物品市場アクセス（繊維・衣料品），原産地規則，貿易円滑化，SPS（衛生植物検疫），TBT（貿易の技術的障害），貿易救済措置（セーフガードなど），政府調達，知的財産権，競争政策，越境サービス，商用関係者の移動，金融サービス，電気通信サービス，電子商取引，投資，環境，労働，制度的事項，紛争解決，協力，分野横断的事項，首席交渉官協議，があげられる。
11) 二国間の地理的距離は CEPII で公開されているデータを使用する。税関手続きに関するデータは，世界銀行が公開している Doing Business 2012 を使用する。そして，腐敗認識率は Transparency International が毎年公開している CPI (Corruption Perceptions Index) の 2010 年のデータを使用する。
12) (2)農産品・食品の推計結果では，二国間の距離および税関での必要書類数において，優位の結果を示していない。この産業はセンシティブ品目を多く含む産業であるため，より詳細な財分類を用いて推計を行う必要がある。
13) 2010 年のデータによる東アジア諸国のこのランキングは，韓国は第 39 位，中国とタイは第 78 位，インドネシアは第 110 位，ヴェトナムは第 116 位，フィリピンは第 134 位，となっている。
14) 税関ホームページを参照。
15) 世界銀行が公開している Doing Business 2012 を参照。
16) Limao & Venables (1999) は，ランドロックな国は高い貿易コストに直面していることを明らかにしている。

参考文献

馬田啓一・浦田秀次郎・木村福成編著 (2012)『日本の TPP 戦略：課題と展望』文眞堂。
渡邊頼純 (2011)『TPP 参加という決断』ウェッジ。
Anderson, J. E. and E. van Wincoop (2003), "Gravity with Gravitas: A solution to the border puzzle," *American Economic Review*, Vol. 93 (1), pp. 170-192.
Anderson, J. E. and E. van Wincoop (2004), "Trade costs," *Journal of Economic Literature*, Vol. 42 (3), pp. 691-751.
Ando, M. (2006), "Fragmentation and Vertical Intra-Industry Trade in East Asia," *North American Journal of Economics and Finance*, Vol. 17 (3), pp. 257-81.
Ando, M. (2009), "Impacts of FTAs in East Asia: CGE Simulation Analysis," *RIETI Discussion*

Paper Series 09-E-037.

Athukorala, P. and N. Yamashita (2006), "Production fragmentation and trade integration: East Asia in a global context," *North American Journal of Economics and Finance*, Vol. 17, pp. 233-256.

Bergeijk, P. A. G. and S. Brakman (2010), *The Gravity Model in International Trade: Advances and Applications*, Cambridge University Press.

Cheng, L. and H. Kierzkowski (2001), *Global production and trade in East Asia*, Kluwer Academic Publishers.

Feenstra, R. C. (1998), "Integration of Trade and Disintegration of Production in the Global Economy," *Journal of Economic Literature*, Vol. 12 (4), pp. 31-50.

Hummels, D., J. Ishii and K. M. Yi (2001), "The nature and growth of vertical specialization in world trade," *Journal of International Economics*, Vol. 54 (1), pp. 75-96.

Hummels, D. and V. Lugovskyy (2006), "Are Matched Partner Trade Statistics a Usable Measure of Transportation Costs?," *Review of International Economics*, Vol. 14 (1), pp. 69-86.

Kimura, F. and M. Ando (2005), "Two dimensional fragmentation in East Asia: Conceptual framework and empirics," *International Review of Economics and Finance*, Vol. 14 (3), pp. 317-348.

Limao, N. and A. Venables (1999), "Infrastructure, Geographical Disadvantage, Transport Costs and Trade," *World Bank Policy Working Paper* 2257.

Persson, M. (2008), "Trade Facilitation and the Extensive and Intensive Margins of Trade," *Working Paper 2008: 13*, Lund University, Department of Economics.

Pomfret, R. and P. Sourdin (2010a), "Trade Facilitation and the Measurement of Trade Costs," *Journal of International Commerce, Economics and Policy*, Vol. 1 (1), pp. 145-163.

Pomfret, R. and P. Sourdin (2010b), "Why do trade costs vary?," *Review of World Economics*, Vol. 146 (4), pp. 709-730.

Yi, K. M. (2003), "Can Vertical Specialization Explain the Growth of World Trade?," *Journal of Political Economy*, Vol. 111 (1), pp. 52-102.

第Ⅱ部
TPP交渉の論点

第5章
TPP交渉の現状と行方

はじめに

　日本企業は大きなグローバル化の波を迎えている。日本のビジネスモデルはこのグローバル化と無縁ではない。製造業は高コスト構造を建て直し，新興国のミドルクラスをターゲットにするようになった。また，小売や金融，IT・コンテンツなどのサービス産業が，積極的にアジアに進出している。

　こうしたグローバル化の進展の中で，韓国やメキシコなどから遅れていたのが日本のFTA（自由貿易協定）網の整備であった。FTAの整備が進まなかったのは，国内マーケット中心のビジネスモデルであっただけではなく，農産品などの自由化に多大な調整が必要であったためである。

　これに対して，日本企業は海外進出した国のFTAを利用することにより，日本がまだFTAを締結していない国との貿易自由化を達成している。例えば，ASEAN（東南アジア諸国連合）のタイに進出した日本企業は，ASEAN域内のFTAであるAFTA（ASEAN自由貿易地域）を用いてインドネシアに関税無しで輸出ができる。また，ASEANと中国とのFTA（ACFTA）を使えば，中国と関税無しで貿易が可能である。

　実際に，FTAの利用率は中小企業でも輸出で4分の1とのアンケート結果が出ている。もしも，ある製品の関税率が10%であれば，FTAの利用により何らの生産性の向上がなくても，1割のコスト・カットが実現できる。

　本章では，このFTAの効用を広域で達成するため，APEC（アジア太平洋経済協力会議）地域内の経済統合の1つであるTPP（環太平洋経済連携協定）を取り上げ，その交渉の現状と今後の展望を試みる。

　言うまでもなく，TPPは本質的にアジアの市場を狙ったものである。この

観点から，これまでのTPP設立までの経緯やその背景，さらには日本やカナダ，メキシコがなぜ交渉参加を申し込んだかを説明する．そして，2013年以降には，アジアで同時に交渉が進展する日中韓FTAやRCEP（地域包括的経済連携）との比較を行い，各国のそれぞれのFTAへの思惑や，交渉開始のタイミングや発効までの行方を展望する．

メキシコやカナダのTPP交渉参加が決まる中で，日本の参加は出遅れている．本章では，これが，並行する日中韓FTAやRCEPの交渉にどのような影響を与えるかを明らかにし，今後のアジアにおける日本のFTAの戦略を考える．

第1節　TPP交渉の経緯と新たな交渉参加への動き

1. P4からTPP拡大政府間交渉へ

周知のように，TPPの前身はP4 (Pacific 4) である．2002年のAPECサミットにおいて，シンガポール，ニュージーランド (NZ)，チリがFTA交渉を開始した．これをきっかけに，P4は誕生することになった．この後にブルネイが加わり，2006年にP4が発効した．P4の4カ国は，原則として全品目について即時か段階的な関税撤廃で合意している．

2006年において，当時のブッシュ政権がAPECワイドのFTA構想であるFTAAP（アジア太平洋自由貿易圏）を提唱し，2008年にはP4の拡大版であるTPPに交渉参加することを決定した．これを受けて，オバマ政権は2009年11月，APECサミットに合わせTPP交渉に参加する方針を表明した．

翌2010年からTPP拡大交渉会合が始まったが，P4に加え，米国，オーストラリア，ベトナム，ペルーが交渉に参加した．これらの国以外の交渉参加の動きとしては，カナダは一度P4設立の2006年の段階で加盟を断念していた経緯がある．

それにもかかわらず，カナダは2010年の3月にTPP加盟国に交渉参加を打診した．しかし，米国とNZの反対でTPP交渉への参加は認められなかった．

一方，日本はASEAN+3（日中韓）やASEAN+6（日中韓，インド，オー

ストラリア，NZ）というアジアでの経済統合のスキームを進めていたが，同時に TPP 交渉参加の可能性を模索していた。

2010 年 3 月，オーストラリアのメルボルンで TPP 第 1 回政府間交渉を開始し，参加国の拡大などについて協議を行った。6 月にはサンフランシスコで第 2 回政府間交渉を行い，TPP の枠組みにかかわらず，既存の FTA は存続することを確認。

10 月にはブルネイで第 3 回会合が開かれ，マレーシアが正式に政府間交渉への参加を認められた。この結果，TPP 交渉参加国は全部で 9 カ国になった。第 4 回は NZ（ニュージーランド）のオークランドで開かれ，分野別横断的事項を交渉分野に追加した。

年が明けた 2011 年 2 月には，チリで第 5 回交渉が行われた。同年 3 月にはシンガポールで第 6 回目の交渉が実施され，サービス，投資，政府調達などでオファーを交換。6 月にはベトナムで第 7 回，9 月にはシカゴで第 8 回交渉が開催された。

シカゴでは，貿易円滑化，SPS（衛生植物検疫措置），TBT（貿易の技術的障害），通信，政府調達，分野横断的事項で議論が進んだ。この時には，知的財産権，投資の分野では，議論を積み残した。10 月にはペルーのリマで第 9 回が開かれ，交渉参加国は市場アクセス，知的財産権，通信，労働，競争，キャパシティ・ビルディング，などを話し合った。

2. TPP 交渉へ新規参入の動き

2011 年 11 月，翌年に米大統領選挙を控える中，APEC の首脳会合がハワイで開かれた。この時の目玉として，TPP 交渉の大まかな輪郭（broad outline）で合意に達したことが発表された。そして，日本，カナダ，メキシコは TPP 交渉への参加表明を行った。この表明をきっかけに，3 カ国は TPP 加盟国との交渉参加に向けた話し合いを開始した。

2011 年 12 月においては，マレーシアで第 10 回会合が開かれ，投資，サービス，原産地規則，知的財産の分野について意見を交わした。2012 年 3 月には，再びメルボルンで第 11 回交渉が行われ，多くの分野で進展が見られた。

しかしながら，メルボルンでは投資企業が不利益を被った場合に国際的な仲

裁機関に申し立てができる「ISDS（投資家対国の紛争解決）条項」を巡って，米国とオーストラリアで意見の食い違いが見られた。また，新規交渉参加国への対応に関しても協議が行われた。5月には，ダラスで第12回交渉を実施し，中小企業の協定利用促進に関する議論を終結した。7月にはサンディエゴで第13回会合が開かれた。

2012年9月6日～15日，TPP第14回会合が米国バージニア州のリーズバーグで開かれた。第14回会合では，交渉官らは協定における29の章の条文での合意に向けて精力的に話し合いを行った。プレスリリースでは，幅広い分野で進展があったと報じられている。

2011年11月のハワイでのAPEC会合をきっかけに，日本とカナダとメキシコは，TPP加盟国と交渉参加に向けた事前協議を進めた。2012年6月，事前協議をクリアしたカナダとメキシコは，全TPP交渉参加国の政府から交渉参加の支持を取り付けることに成功した。ただし，米国議会から承認を得るためには，さらに90日間が必要であった。日本は，この6月の時点では米国・オーストラリア・NZの3カ国からTPP交渉参加への支持を得ることはできなかった。

また，タイは2012年11月18日，オバマ大統領の訪タイを機に，TPP交渉に参加する意思を表明した。しかし，加盟には憲法に基づき国会審議や公聴会などが必要であり，時間がかかると思われる。

米国がTPPで主導権を握ろうとし，カナダやメキシコ，あるいは日本がTPPに加わりたいのは，単にFTA網を増やすことが目的なのではない。各国ともTPPをテコにして成長するアジアの市場を取り込もうとしているのである。

あるいは，アジア市場への参入を容易にするためのルール作りに早くから関与し，少しでも自国に有利な枠組み作りを進めたいと考えているからである。TPPは，アジア市場へのアクセスに大きな風穴を開けることができる効果的な手段の1つなのである。

3. 米とNZがカナダのTPP参加を拒む

前述のように，カナダは2006年の時点で，P4への交渉参加を断念した経

緯がある。これは，ニュージーランドの酪農製品との競合を避けたためだ。ニュージーランドは，人口が少ないものの，酪農の分野で高い競争力を誇る。

　一旦は断念したカナダであったが，アジア重視の動きや米国の交渉参加もあって，ハーパー首相はTPP交渉への参加の意思を強めた。2010年3月には，レターで交渉メンバーにその意思を非公式に伝えた。これに対し，米国とニュージーランドがカナダの交渉国入りを反対し，カナダは再びTPP交渉への参加を断念せざるを得なかった。

　カナダは酪農製品や家禽類（鶏，七面鳥など）の分野で供給管理制度を設けており，生産や価格をコントロールしている。生産を各生産者に割り当てているため，当然のことながら輸出や輸入も制限されることになる。NZは酪農製品の輸出拡大を狙っており，米国とともにカナダの供給管理制度の撤廃を強く求めていた。

　米国がカナダの交渉参加に反対した理由の1つには，これまでも繰り返し米加間で話し合われた知的所有権保護の問題があった。カナダは，この分野で2010年の米国におけるスペシャル301条の優先監視リストに載った。米国はカナダに国境での模造品・偽物の取締りの強化や，世界知的所有権機関（WIPO）の条約遵守を要求していた。

　米国は94年のNAFTA（北米自由貿易協定）の発効により，TPP交渉でカナダから得られる利益は限られるものの，当然のことながら，NAFTAで妥結できなかった案件がまだ残っている。代表的なものとしては，テレビ・ラジオ番組で一定割合のカナダ文化コンテンツを義務づけるなど，カナダには文化産業への補助・支援策がある。さらには，カナダ投資法による資源関連や文化産業等への投資規制，保健医療・教育などのサービス分野の開放，等が挙げられる。

　TPP交渉への参加に「NO」を突きつけられたカナダとしては，3つの選択肢が残された。1つには日本などのアジアの主要国の交渉参加の状況次第で，交渉参加に転じるというものだ。2つ目には，当面の交渉には参加しないが，将来的にアジア全体を巻き込む経済圏に成長した段階でTPPのメンバー国になるというもの。3番目としては，今後はアジアとの貿易投資の自由化は，二国間のFTAを中心に達成するというものだ。

この3つの選択肢の中で，2010年～2011年にかけて逡巡していたカナダであったが，その間に日本のTPP交渉参加を表明する可能性が次第に濃くなった。オバマ大統領のカナダのTPP参加への姿勢に変化が見られるようになり，カナダも，次第に第1番目のシナリオである「TPP交渉への参加」を真剣に検討するようになった。

しかし，カナダが第1のシナリオを選んだとしても，米国議会などがTPP交渉参加前の事前の約束が必要との姿勢に固執する限り，カナダの要望が再び受け入れられない場合がありうる。

このため，カナダ政府はTPP交渉前の何らかの事前の約束に対する用意はないとしながらも，知的財産権の保護強化の立法化を進めた。同時に，小麦ボードによる国産小麦の独占的な売買では，法改正を進め将来的に廃止する意向を示した。

カナダはこうした準備を着々と行い，米国や他の交渉参加国の支持を取り付けやすい環境を整えていった。米国に対しては，こうした共通の基盤を持つカナダとの連携で，アジアなどでのサプライチェーンの構築が容易になると主張した。

第2節　日加墨の交渉参加表明と承認

1．3カ国が交渉参加を表明

日加墨がTPP交渉への参加表明を行っても，直ちに3カ国が交渉に参加できるわけではない。交渉への参加には，米国を始めTPP加盟メンバー9カ国の全てからその支持を取り付けなければならない。

米国のオバマ政権は，3カ国の交渉参加表明に対して，歓迎の意を表した。また，TPP加盟各国は，これら3カ国の交渉参加に表だった反対の動きを見せなかった。

米国とオーストラリアは，日加墨3カ国の交渉参加表明を受けて，パブリックコメントを求めた。オーストラリア政府は期限を定めなかったが，Eメールで意見やコメントを受け付けた。米国の通商代表部（USTR）は，同様にコメ

ントを求め，締め切りの期限は2012年の1月13日正午であった。

　米国政府はパブリックコメントを締め切った後，3カ国と事前協議を行い，交渉参加を支持するかどうかを決定しなければならなかった。支持する場合は，失効してはいるもののTPA（貿易促進権限）[1]に基づき，交渉を開始する90日前に議会に通告しなければならない。

　2012年内に3カ国がTPP交渉に参加するためには，余裕を見て2012年の半ばには米国を含めてTPP加盟9カ国から交渉参加の支持を取り付けなければならなかった。なぜならば，それから90日をかけて米国議会からも承認を得なければならないからだ。

　もしも，日本が米国とのTPP交渉参加の事前交渉に手間取れば，年内の交渉参加ができなくなるだけではなく，日本のTPP交渉参加は，日中韓FTAやRCEPの交渉開始時期よりも遅くなる可能性も出てくる。

　野田首相と中国の温首相は，2011年12月末に北京で首脳会談を行い，日中韓FTAの交渉開始に向けた検討の推進で合意した。また，2012年5月の北京での日中韓サミットにおいては，3カ国首脳は日中韓FTAの2012年内の交渉開始で一致した。

2. 交渉参加を承認されたカナダ・メキシコ

　2012年6月18日，メキシコ政府はTPPへの交渉参加を，加盟9カ国の全てから支持されたことを発表した。さらに，翌19日には，カナダもTPP交渉参加が認められたことを表明した。したがって，この時点では，日本は交渉参加のレースで，メキシコとカナダに遅れを取ったことになる。

　メキシコのTPP交渉参加は，メキシコで開かれたG20に出席したオバマ大統領とカルデロン・メキシコ大統領との首脳会談の場で，オバマ大統領から正式に歓迎の意が伝えられた。カナダのTPP交渉参加については，ハーパー首相が単独で自ら声明を発表しており，同大統領の強い思い入れが伝わってくる。

　なぜカナダのTPP交渉参加の発表がメキシコよりも1日遅かったかであるが，インターネット条約の批准を目玉とするカナダの著作権法改正案が，6月18日にようやく下院で可決されたことが大きいようだ。

これを受けて，米国とカナダの両国政府関係者は18日の夜遅くまで，カナダの参加条件について何度も協議を繰り返したようである。この可決がもっと早ければ，メキシコの後塵を拝することはなかったかもしれない。

しかし，結局は相対的に懸案事項が少なかったメキシコと，知的財産権制度や酪農製品などの供給管理制度に問題を抱えるカナダとの違いが，1日の発表の差に現れたと考えられる。カナダとしては，同じNAFTAの加盟国であるメキシコの交渉参加が認められ，カナダが認められなかった場合には，政治的な打撃を受けたと思われる。

3. TPP交渉参加の意欲が強かったカナダ

カナダの下院が可決した著作権法改正案は，インターネットからの違法コピーを厳しく取り締まることを求める米国に配慮したものであった。カナダは知的財産権の保護の強化には動き出したものの，NAFTAで認められた文化産業への例外措置をTPPでも維持したい考えのようだ。しかし，米国はTPPではカナダの文化産業への例外措置を認めない方針であり，今後の知的財産権の分野における交渉の争点になると思われる。

カナダの供給管理政策に関しては，ハーパー首相は2万戸に満たない養鶏・酪農家への支援を続ける姿勢を崩していない。もしも，酪農家への供給割当制度を廃止すれば，各農家に返金する生産割当（クオーター）の権利（1戸当たり平均200万カナダドル）が巨額に上ることになる。

その場合，カナダ保守党政権はクオーターへの返金にかかる大きな財政負担とともに，養鶏・酪農家の持つ強い政治的基盤への対応という厄介な問題に直面することになる。

こうした懸案事項にもかかわらず，ハーパー政権はTPPへの交渉参加には，非常に積極的であったと伝えられている。同政権の内部文書によれば，TPPへの交渉参加に向けて，米国や日本との緊密化する経済や政治的な関係を綿密に分析していたようである。

将来のアジア市場への布石を確保するため，ハーパー政権はどのような論争的な問題にもいとわず参加し，積極的に議論や交渉を行う覚悟があったようだ。実際に，米国にはその旨を伝えている。例えば，「米国は，カナダなしで

は，アジアでの北米サプライチェーンの構築や競争的なポジションの確保はできない」と主張した模様だ。

日本に関しては，カナダは日本で考えられている以上に日本の TPP 参加に関心を持っている。「日本が参加しない TPP は，カナダにとってあまりエキサイティングなものではない」，とカナダ政府高官は発言している。牛肉や小麦，カノーラ油（菜種油）などの対日輸出で米国やオーストラリアと競合するカナダは，日本市場へのアクセスで遅れを取るわけにはいかないようだ。カナダの対日アプローチは，米国の金融危機や欧州の債務危機を経て，少し変化していると思われる。

カナダは，TPP への交渉参加を認められる一方で，その代償を支払わされた。米国はカナダの交渉参加を認める条件として，次の2つの受け入れを求めたようである。

その1つは，既に TPP の交渉において 9 カ国で合意した章については，交渉を再開できないというものだ。これが正しければ，カナダは公開されていない合意文書を十分に検討しないで，交渉参加を受け入れたということになる。

2 つ目としては，今後の交渉において既存の TPP 9 カ国が合意すれば，カナダはそれを拒否することができないというものである。もしも，カナダがこれを認めたとすれば，これからの知的財産権問題や供給管理政策についての議論で，不利になる可能性がある。

第3節　TPP や日中韓 FTA 及び RCEP の今後の行方

1. 日墨加の TPP 交渉参加の時期とその影響

USTR（米国通商代表部）は 2012 年 7 月 9 日と 10 日，それぞれメキシコとカナダとの間で TPP 交渉に入る意図を議会に通知した。米議会の審議にはこの通知から 90 日が必要であるし，これに加えて他の加盟国の国内手続きが終了すれば，メキシコとカナダは晴れて TPP 交渉に参加できる。なお，米議会が 90 日間において，何も異議を唱えなければ，審議プロセスを通過したことになる。

2012年10月9日，カナダ政府はカナダが正式にTPPの通商交渉に参加することを表明した。ニュージーランドの新聞は，このニュースを紹介し，「ニュージーランドの農産物輸出の障害になっていたカナダの保護された市場は，オーバーホールに直面する」と報じた。

USTRの議会への通知は，2012年7月2日～10日までサンディエゴで開かれたTPP第13回会合の最中に行われた。したがって，バージニア州のリーズバーグで9月6日～15日に開かれたTPP第14回会合では，メキシコ・カナダは交渉に参加することができなかった。両国は，12月3日～12日にNZのオークランドで開かれた第15回会合から交渉に参加している。

カナダのハーパー首相は，「TPP交渉の分野別協議はまだ初期の段階である」，とインタビューに答えている。つまり，カナダの利益をこれからのTPP交渉の場で追求できると考えているようだ。

しかし，同時に，供給管理制度などのカナダの農業政策が議論のまな板に上ることも間違いないと思われる。この点で，したたかでタフな交渉者であるカナダは，少しずつ自らが歩み寄りながら相手の譲歩を引き出すことによって，交渉を乗り切る考えのようである。

2012年の9月8日～9日にかけて，ロシアでAPEC首脳会議が開催され，野田首相も出席した。この会議に合わせて日本がTPP交渉参加を表明していれば，カナダ・メキシコとともに年内のTPP交渉に参加できる可能性もあったと思われるが，実際にはそのような表明は行われなかった。

この結果，日本の2012年内のTPP交渉参加の可能性はなくなった。日本がTPP交渉に参加できるのは，2013年の春以降になる（第5-1表参照）。

日中韓FTAの交渉に関しては，既に2012年5月の日中韓サミットにおいて，3首脳は2012年内に開始することで一致していた。しかし，2012年の9月には日韓，日中の間における領土問題が燃え上がり，2012年内交渉の開始に暗雲が漂い始めた。このため，2012年11月20日，カンボジア・プノンペンで開催された東アジアサミットにおいて，日中韓経済担当相は2013年春に第1回交渉会合を開催することに合意した。

一方，2012年8月のASEAN+FTAパートナーシップ国経済大臣会合において，アジア各国の閣僚は2012年11月にRCEPの立ち上げをそれぞれの政

第 5-1 表　予想される今後のアジアにおける主要な地域経済統合の動き

2012 年	2013 年	2014 年	2015 年	2016 年	2017 年	2018 年	2019 年	2020 年
＊1（ACFTA 関税削減）			＊2（ACFTA 関税削減）			＊3（ACFTA 関税削減）		

- 加墨 TPP 交渉参加
- 日中韓 FTA 交渉開始
- 日本 TPP 交渉参加
- RCEP（ASEAN++）交渉開始
- 日中韓 FTA 発効
- RCEP（ASEAN++）発効
- TPP 発効
- APEC 広域経済統合「アジア太平洋自由貿易圏（FTAAP）」を追求
- ボゴール目標＝途上国・地域は 2020 年までに開かれた貿易及び投資を達成

（注）＊1、＊2、＊3 は ACFTA（ASEAN 中国 FTA）における追加的な関税削減時期を示している。

府内で提案することで合意している。そして、2013 年の始めに RCEP の交渉を開始し、2015 年末には完了することで一致した。さらに、RCEP については、各国首脳は日中韓 FTA と同様に、11 月のプノンペンでの東アジアサミットにおいて、2013 年の早期に交渉開始をすることで合意した。

　すなわち、日中韓 FTA 及び RCEP の交渉開始時期は明確に決まっている。これに対して、日本の TPP 交渉参加の時期が定まっておらず、RCEP と日中韓 FTA の交渉開始に先行される可能性が高い。

　RCEP の交渉開始が明らかになっているのは、RCEP における関税削減などの自由化のハードルが、TPP はもちろんのこと、日中韓 FTA よりも低いことも背景にある。各国とも、TPP や日中韓 FTA よりも緩やかな FTA を想定しているだけに、交渉は開始し易いといえる。

　しかしながら、RCEP が日中韓に豪、NZ、インドの 6 カ国を包含するとすれば、全部で 16 カ国となり、交渉の妥結にはそれだけ時間がかかると思われる。つまり、2015 年末の交渉妥結のスケジュールを守るには、かなりの努力が必要と思われる。

　日中韓 FTA については、経済連携分野と外交問題とを切り離す動きが見られた。しかし、RCEP と比べると、先行きにやや不透明感が残ることは否めな

い。

　TPP，日中韓 FTA，RCEP の 3 つの FTA を比べると，日本としては，高度な自由化を求める TPP をテコにしながら日中韓 FTA と RCEP の交渉を有利に進める戦略が得策である。TPP のような高度な FTA への交渉参加というカードがあれば，日中韓 FTA や RCEP での発言力が増すからである。

　したがって，日本として，できれば TPP への交渉参加を RCEP 交渉よりも先に実現する方が望ましい。しかし，現実には，日本の TPP 交渉参加が最も遅れると予想される。

　もちろん，RCEP や日中韓 FTA への交渉参加が，日本の TPP 交渉参加を促進する材料になることも考えられる。日本には，これらの 3 つの FTA を巧みに操る駆け引きが求められている。

2．RCEP，日中韓 FTA への各国の対応と展望

　ASEAN や日中韓の経済相らは，2012 年 8 月末にカンボジアに集まり，RCEP や日中韓 FTA に関する会議を開催した。ASEAN 各国は，自ら主導する形での「ASEAN と他のアジア諸国との広域経済圏」の形成を進めている。これは，ASEAN+6 という国を特定したものではなく，国を限定しない「ASEAN++ という枠組み」である RCEP を提唱することにつながった。しかし，現実的には，RCEP は ASEAN+6 という国数に落ち着くことになると思われる。

　会議では，アジアの産業界の代表は RCEP や日中韓 FTA に対して，FTA の広域化により東アジア全体の貿易利益を拡大するとして，賛成の立場を表明した。さらに，利用上の手続きの統一化や簡素化，さらには中小企業にも扱いやすいものにすることが必要との主張を行った。

　日中韓 FTA については，3 カ国の首脳が交渉開始で合意したが，これに対して ASEAN 各国は自らが関与しないことから懸念を抱いていた。こういった状況を考慮して，会議では中国や韓国は ASEAN 側が抱く懸念の払拭に努めることになった。

　例えば，日中韓 FTA は開かれた FTA であること，また ASEAN 側と情報共有しながら交渉を進めるつもりであることを表明した。そして，RCEP の枠

組みを構築する上で，日中韓FTAは実質的に貢献できることを主張した．

こうした日中韓側の発言を受け，ASEANはこれまでのASEAN+1に加えRCEP，日中韓FTAが東アジアの経済統合に貢献するとし，ASEAN側が日中韓FTAを支持する代わりに，RCEPをASEANと日中韓が協力して交渉開始に努力することを求めた．

日中韓FTAやTPPが東アジアの地域経済統合に名乗りを上げる中，前述のように，RCEPはASEANの主導権を取り戻そうとする試みの1つである．ASEANの中でもFTAに積極的なシンガポール，マレーシア，ベトナムはRCEPについても前向きである．RCEPによる輸出拡大効果は限定的とする見方もあるが，やはり製品の輸出競争力を高めると評価している．

これまでのASEAN+1がより広域な経済圏であるRCEPに包含されれば，それぞれ異なる原産地規則が統一され，かつ累積原産対象の範囲の拡大により，一層の輸出競争力の拡大に結びつくことになる．例えば，ベトナムなどが繊維の生地などを中国から輸入しても，累積原産地規則により域内への輸出で関税削減の恩恵を受けることが可能になるのだ．

タイは日本の自動車の新技術や新モデルに不可欠な部品は日本からの輸入に頼っている．これまで，タイからインド向けに自動車部品などを輸出する場合，ASEAN・インドFTA（AIFTA）では，原産地規則を満たすことができない場合もあった．もしも，RCEPが発効すれば，これらの部品は関税削減の対象になることが予想される．この意味で，RCEPはタイにとって輸出競争力を高めると考えられる．

オーストラリアやNZは，RCEPのような広域な経済統合が実現すれば，日本や韓国に加え，インドとも自由貿易を享受できるとして，基本的には賛成の立場をとっている．TPPとRCEPの2本柱は，APECにおけるアジア太平洋自由貿易圏（FTAAP）実現への一里塚と考えている．

インドはRCEPへの参加により，中国製品のダンピング輸出を懸念している．それに加え，元々インドは国内市場が巨大であり，RCEPの経済メリットが相対的に低いという現実がある．

しかし，それにもかかわらず，インドは中国を警戒しながらも，基本的には参加の方針である．これは，RCEPへの参加により国内への投資を呼び込み，

産業を活発化させ，輸出を増やそうと考えているためである。

こうした各国の思惑は総じてRCEPの交渉参加には好意的であり，自由化交渉の難易度がそれほど高くないこともあり，各国政府の交渉開始の合意につながったものと思われる。

3. まだまだ遠い交渉妥結への道のり

日本のTPP交渉参加，日中韓FTAやRCEPなどの交渉が開始されたとしても，それぞれの発効には紆余曲折があるものと思われる。TPPに関しては，既に9加盟国による交渉が先行しており，2013年内の合意を目指す動きが見られる。しかし，日加墨が加われば，その分だけ交渉の妥結には時間がかかるものと思われる。

実際に，TPP交渉における各分野の詳細な内容の詰めはこれからである。TPP加盟国への輸出において，TPP域内の原産と認定され，関税削減の対象となるためには，原産地規則を満たさなければならない。繊維製品における原産地規則の1つとして，加盟国の糸の使用を義務付ける「ヤーン・フォワード」がある。

米国の繊維アパレル輸入協会（USA-ITA）は，このヤーンフォワードに反対する表明を行った。これは，グローバル化が進展している今日において，素材の調達をTPP加盟国に限定すればコスト競争力が低下し，米国企業の輸出が減退するためとしている。

一方，ヤーンフォワード推進派は，これを原産地規則に採用しなければ米国の雇用が失われるし，米繊維業界は中国やその他の労働コストの低い国の脅威にさらされると主張する。このように，原産地規則だけを取り上げても，まとめるのに時間がかかる。

サービスや知的財産権，労働・環境などの個別の分野別協議も合意には時間がかかると思われるが，TPP交渉の基本的な進め方が明確に決まっていない点も無視できない。つまり，現在の交渉においては，砂糖の輸入規制のような交渉済みの案件は二国間交渉を採用し，そうでない分野は多国間で一緒に協議するというダブル・スタンダードが併存している。時間的な節約を考えるならば，効率的な交渉が期待できる多国間での協議に統一することが望ましい。

もしも，現在の TPP 加盟 9 カ国の交渉に日本，カナダ，メキシコが参加すれば，この分野別の交渉がさらに長引くことが予想される。カナダの最も重要な交渉テーマは，乳製品や鶏肉などの供給管理政策である。カナダのハーパー首相は国益を損なう交渉はしないと表明している。しかしながら，最近のカナダでは供給管理制度がカナダの国益を妨げているとの議論が広がりつつある。

 カナダの供給管理政策においては，乳製品や鶏肉などの関税割当外の輸入に対して 150%〜300% までの関税を課している。これは，ある意味では，まだ，関税を切り下げる余裕があると見ることもできる。米国はその点をカナダに強く要求してくると思われる。

 米国も乳製品に対して補助金を設けており，カナダの供給管理政策を許しながら，その支出を切り下げることはありえない。しかし，ひとたび米国がある程度の自由化を図ったならば，カナダはプレッシャーを受けることになる。その場合には，関税なしで輸入できる枠を広げるか，酪農や鶏肉などの業界に損害を与えない程度に関税を引下げることを検討せざるを得ない状況が生まれるかもしれない。

 あるいは，現実的には CETA（EU カナダ FTA）で検討されているように，カナダの供給管理制度を完全に廃止するのではなく，互いに割当を調整し合うことが考えられる。例えば，CETA では欧州産チーズのカナダへの輸出を増やす代わりに，カナダ産牛肉の EU 向け輸出増を実現することが話し合われている。この方法を，TPP にも適用することがありうる。

 オーストラリアや NZ はカナダの農産物市場への参入に高い関心を寄せている。ハーパー首相やカナダ酪農業界は，今のところ，酪農業界に損害を与えない範囲での関税切り下げの可能性を一蹴している。カナダが米国やニュージーランドの要求から供給管理政策を守れるかどうかは，日本などとの連携も大きな鍵になるものと思われる。

 日本の農産物の自由化も同じような問題を抱えている。米国のネブラスカ州などでは TPP における農産物の自由化に期待しているようである。したがって，米国は日本に対して，米国製の自動車輸入の拡大やガン保険参入問題だけでなく，牛肉の一層の自由化を迫ってくるものと思われる。

 日中韓 FTA に関しても，発効までの道のりは TPP と同様にすんなりいく

とは限らない。日中韓FTAは利害が交錯しており，日本の貿易利益が中韓よりも相対的に高いという試算がある。

特に，韓国は日本の中間財の輸入に依存する傾向を強めており，これが韓国の対日貿易赤字を拡大する要因になっている。このため，韓国は対日赤字を膨らませる可能性があることから，協議が難航することは必至である。

日中韓FTA関連の動きに関しては，第3回目の中韓FTAの二国間交渉が2012年8月の22日〜24日にかけて行われた。中韓両国は，センシティブ品目（関税の削減スケジュールが遅れる品目）の関税撤廃を，FTA発効後の10年を経過してから実施することで合意した。もしも，中韓，日中などの二国間FTA交渉が，日中韓の3カ国間でのFTAの話し合いよりも先行するならば，それだけ日中韓FTA合意へのスケジュールが遅れることになる。

さらに，内容も二国間の合意が先行する分だけ，高度な自由化を達成することが難しくなると思われる。中国は，日本がTPP参加を遅らせれば遅らせる分だけ，この日中韓FTAの二国間ベースの交渉を優先し，日本に揺さぶりをかける戦略をとる可能性がある。

こうしたことを考慮すると，TPPや日中韓FTAの合意は一筋縄には行かないと思われる。RCEPにおいては，交渉の完了が2015年末ということで合意しているが，これもこのスケジュールの約束を守ることは容易ではない。TPPにおいても，たとえ2013年内に合意したとしても，発効は2014年以降にずれ込むことになる。

したがって，これら3つの主要なアジアの地域経済統合の発効は，一義的には2014年〜2016年までの広い時間的な範囲で考えなければならない。また，日中韓FTAの交渉が滞ったり，RCEP交渉の妥結が長引けば，これらのFTAの発効はさらに遅れることもありうる。

（高橋　俊樹）

注

1) TPA（貿易促進権限）に基づき，米政府は議会の修正なしで通商合意を承認か非承認かの一括審議をすることができる。従来は，ファースト・トラック権限と呼ばれていた。2007年に失効したものの，米国政府はTPP交渉参加の承認に当たって，TPA／ファースト・トラック手続きを踏襲している。TPAによれば，交渉を開始する少なくとも90日前に，交渉に入ろうとする大統

領の意図を書面で議会に提出し,その中に大統領が考えている交渉の開始日,交渉のための特別な米国の目標,などを記載しなければならない。また,通知の提出後に,上院財政委員会,下院歳入委員会,議会監視グループ等と交渉に関する協議や会議を行うことが明記されている。

参考文献

山澤逸平・馬田啓一・国際貿易投資研究会編 (2012)『通商政策の潮流と日本―FTA 戦略と TPP』勁草書房。

ジェトロ編 (2012)『ジェトロ世界貿易投資報告 2012 年版』ジェトロ。

馬田啓一 (2011)『米国の TPP 戦略と日本の対応』国際貿易投資研究所,季刊『国際貿易と投資』第 85 号。

石川幸一 (2012)『TPP と東アジアの地域統合のダイナミズム』国際貿易投資研究所,季刊『国際貿易と投資』第 89 号。

高橋俊樹 (2011)『カナダは酪農製品や鶏肉の"減反"にこだわり』日経ビジネスオンライン。

高橋俊樹 (2012)『TPP, 日中韓 FTA の今後の行方』国際貿易投資研究所『フラッシュ』150。

高橋俊樹 (2012)『カナダ,メキシコの TPP 交渉の参加の持つ意味』国際貿易投資研究所『コラム』2。

高橋俊樹 (2012)『ASEAN 中国 FTA (ACFTA) の運用実態と活用方法』国際貿易投資研究所,季刊『国際貿易と投資』第 89 号。

第6章
TPPの内容と特徴：日本への影響

はじめに

　本章は交渉中のTPP（環太平洋経済連携協定）の内容と特徴を概観し，TPPに日本が参加した場合に予想される影響を，①日本の規制への影響，②日本の貿易相手国・投資先国であるTPP加盟国の規制への影響に焦点を当てながら分析する。TPPの日本への影響については，主に農産物の関税撤廃に伴う日本の農業への影響が議論されてきたが，TPPの影響はそれだけに留まらない。TPPは広範囲の規制を対象として高水準の規制改革を志向するFTAである。しかも，TPPは開かれたFTA（自由貿易協定）であり，将来はアジア太平洋の全域をカバーすることを目指している。さらに，TPP加盟国がアジア太平洋以外の地域の国々と締結するFTAのネットワークの拡大を通じて，TPPに盛り込まれた規制改革の内容が事実上のグローバルスタンダードとして普及することも期待される。以上の意味で，日本がTPP交渉に参加し，広範囲の規制に関する高水準の規制改革のルール策定に参画すること，そしてそこに日本にとっても有利な内容を盛り込んでゆくことは，日本の経済力と競争力を維持し強化するためにきわめて重要である。

　交渉中のTPPの内容に関する情報の開示は交渉参加国の申し合わせにより厳格に制限されており，TPPの各章について各国が提出した条文案や交渉での議論の詳細は公開されていない。しかし，①TPPの元になったP4の条文，②TPP交渉参加国が過去に締結したFTA，特に交渉を主導している米国が最近締結したFTA（米韓FTA，米豪FTAなど），③TPP交渉参加国が公表した「TPP交渉の輪郭」，④日本政府がTPP交渉参加国から収集した結果をまとめて公表した資料，⑤一部の交渉項目についてメディアにリークされた

各国提出の条文案，⑥ *Inside U.S. Trade* などの通商関係情報誌に掲載されたTPP 交渉関連記事などから，TPP の最終的な合意内容をかなり詳細に予測することができる。筆者は別稿で以上の方法に基づいて予測したTPP の内容とその日本への影響を分析しているので[1]，詳細は別稿に譲り，本章では特に規制改革に関わる箇所を中心にTPP の内容の概略と日本への影響を検討することにする。

第1節　TPP の内容

1. TPP の構成

2011 年12 月に日本政府が公表した「TPP 協定交渉の概括的現状」[2]によれば，TPP 協定交渉では24 の作業部会が設けられているが，これらの中には「首席交渉官会議」のように特定の分野を扱わないものや，「物品市場アクセス」（農業，繊維・衣料品，工業）のように分野としては1 つに括られるがさらに細分化した作業部会が設けられているものも含まれている。これらを整理すると，交渉分野は以下の21 分野となる。① 物品市場アクセス（農業，繊維・衣料品，工業），② 原産地規則，③ 貿易円滑化，④ SPS（衛生植物検疫），⑤ TBT（貿易の技術的障害），⑥ 貿易救済（セーフガード，アンチダンピング，補助金相殺措置），⑦ 政府調達，⑧ 知的財産，⑨ 競争政策，⑩ 越境サービス，⑪ 商用関係者の移動，⑫ 金融サービス，⑬ 電気通信サービス，⑭ 電子商取引，⑮ 投資，⑯ 環境，⑰ 労働，⑱ 制度的事項，⑲ 紛争解決，⑳ 協力，㉑ 分野横断的事項。

規制改革の観点からは，以上のTPP の交渉分野は3 つのグループに分類することができる。第1 に，加盟国市場への他の加盟国企業の参入を促進する，市場アクセスと総称されるグループ。第2 に，主として加盟国の規制改革をねらいとするグループ。第3 に，多国間国際協定としてのTPP の運用に関わる事項を扱うグループである。

第1 のグループには① 物品市場アクセス，⑦ 政府調達，⑩～⑬ のサービス，⑮ 投資が含まれる。これらについてはTPP 加盟国の国内市場（物品市

場，政府調達市場，サービス市場，投資市場）への他の加盟国企業の参入を促進することが主たる内容である。加盟国間で貿易や投資の自由化を推進する国際協定であるFTAの中核ともいえる。ただし，これらが規制改革と無関係というわけではない。物品市場アクセスは関税の撤廃を通じて実施されるが，政府調達市場やサービス市場，投資市場の開放はこれらの市場への外国企業の参入を制限しているさまざまな規制の改革ないし緩和を通じて実施されるからである。例えば，投資に関しては，国家安全保障その他の理由で外資の参入が制限あるいは禁止されている分野がある（内航海運，放送など）。また，産業政策や貿易収支の改善のために外国投資家の事業活動にさまざまな規制を設けている場合がある（例えば，製造業の外資に対して一定割合以上の国産部品・原材料の調達を義務付けたり（ローカルコンテンツ要求），輸入する中間財・原材料の額を上回る最終製品の輸出ノルマを課したりする場合（輸出入均衡要求））。また，サービス市場における外国企業の参入障壁は主として外国のサービス供給者に対するサービス分野ごとの参入制限や規制などの国内規制として存在するから，これらの規制を改革ないし緩和することが市場アクセスの手段となる。

　第2のグループには②原産地規則，③貿易円滑化，④SPS（衛生植物検疫），⑤TBT（貿易の技術的障害），⑥貿易救済（セーフガード，アンチダンピング，補助金相殺措置），⑧知的財産，⑨競争政策，⑭電子商取引，⑮投資，⑯環境，⑰労働，㉑分野横断的事項が含まれる。2で見るように，TPPの条文の主要部分を構成するこれらの分野では主として加盟国の規制改革を目的とする規定が盛り込まれる。

　これに対して第3のグループに含まれる⑱制度的事項，⑲紛争解決，⑳協力では，多国間国際協定としてのTPPを運用するための制度的枠組が規定される。⑱制度的事項では加盟国が定期的に会合してTPPの運用などについて協議する合同委員会の設置やその権限などが規定され，⑲紛争解決ではTPPの解釈・適用などをめぐって生じた加盟国間の紛争を解決するための手続が定められる。⑳協力はTPPの合意事項を履行するための国内体制が不十分な途上加盟国に対して先進加盟国が技術支援や人材育成などの支援を実施することなどを盛り込む。通常のFTAにはあまり例のない規定であるが，先進国だけ

でなく途上国も多数参加する多国間のFTAであるTPPならではの制度的な枠組を定めるものである。これらはTPPという多国間国際協定を円滑に運用するための制度的枠組を定めるものであって，各加盟国の規制への影響はあまり大きくない。

以上の概観から明らかなように，TPPの条文の主要部分は加盟国の規制改革を目的とする。次に，規制改革に関わるTPPの内容を検討する前提として，「規制改革」という概念が意味するところを明らかにしておこう。

2. 規制改革と国際協定

規制改革というテーマに1990年代から取り組んできたOECD（経済協力開発機構）によれば，規制とは政府が企業および市民に要求を行うための法的文書（instruments）の総称である。これには法律およびあらゆる階層の政府機関が発出する公式および非公式の命令その他の下位規則が含まれるほか，政府が規制権限を委譲した非政府あるいは自主規制機関の発する規則が含まれる。規制はその目的により①価格，競争，市場への参入や退出などの市場における決定に直接介入する経済規制，②公衆衛生や安全，環境などの公共目的遂行のための社会的規制，③政府が市場における意思決定に関する情報を収集しまた意思決定に介入するための事務や行政手続に関する行政規制の3つの類型に分類される。

規制改革とは以上の意味での規制の質を効率性，目的達成の確実性，適法性や法的整合性の観点から高めるための変更を意味する。そのための手段には個別の規制の改正や規制レジームおよびその制度の再構築などが含まれる。規制緩和（特定の分野における経済効率を向上させるために規制を完全ないし部分的に撤廃すること）は規制改革のカテゴリーの1つであるが，規制改革はより包括的な規制・制度の改正ないし再構築を含んでいる[3]。

国際協定を通じて規制改革が図られる場合，締約国の国内規制と国際協定の規定との関係に着目するとそこには3つの類型が存在する。第1に，国際協定が締約国の規制を調和させ，各国の規制の違いをなくする，あるいは違いを減らす場合である（規制の国際的調和）。第2に，締約国独自の規制は維持したままでそれらを同等のものとみなし，企業や個人が規制の違いにもかかわらず

同じ規制環境の下で活動できるようにする場合である（規制の相互承認）。第3に，締約国の規制の違いは維持した上で，他の締約国の政府や企業，個人に対して規制の詳細を公表し，また規制の策定や改変のプロセスに他の締約国の企業や個人が利害関係者（stakeholder）として意見や要望を述べる機会を保証することなどを通じて規制の透明性を向上させる場合である（規制の透明性向上）[4]。以下で規制改革に関わるTPPの規定を以上の分類に従って整理してみよう。

3. 規制の国際的調和を目指すTPPの規定

まず，規制の国際的調和を目的とするTPPの規定には②原産地規則，③貿易円滑化，④SPS（衛生植物検疫），⑤TBT（貿易の技術的障害），⑥貿易救済（セーフガード，アンチダンピング，補助金相殺措置），⑧知的財産，⑨競争政策，⑭電子商取引，⑮投資，⑰労働が含まれる。

②原産地規則はTPPによる物品アクセス交渉の結果として撤廃ないし低減された関税率（特恵関税率）を加盟国の税関当局が適用する対象となる「TPP加盟国原産」の産品を認定するための基準を統一する。FTAの運用にあたっては当該FTAにより撤廃ないし低減された特恵関税率が適用されるFTA締約国原産品を特定する必要があるので，個々のFTAごとに原産地規則（特恵原産地規則）が策定される。特恵原産地規則がFTAにより異なるために企業の通関コストや税関当局の行政コストが増えるという問題が指摘されてきた（スパゲティボウルないしヌードルボウル）。TPPは多国間で締結されるFTAなので，全加盟国が共通の特恵原産地規則を適用することによりこうしたコストの軽減が期待できる。

③貿易円滑化と⑭電子商取引についてはWCO（世界関税機構）やWTO（世界貿易機関），OECD，APEC（アジア太平洋経済協力会議），UNCITRAL（国連国際商取引法委員会）などの多国間の枠組みで通関手続や取引決済手続，消費者保護に関する規制の国際的調和などが進められてきたが，TPPはこうした動きをさらに推進することを目指している。例えば貿易円滑化については，P4が原則として物品の通関手続を48時間以内に完了することを義務づけており（5.14条），TPPでも同様の規律が設けられるだろう。電子商取引に

関しては米国と豪州のFTAが詐欺や情報流出機会増大などのリスクを回避もしくは軽減するための規定を設けており，TPPにもこうした規定が導入される可能性が高い。

④ SPS，⑤ TBT，⑥ 貿易救済についてはWTOが詳細な規則を設けており，そこでは加盟国の規制権限を尊重しながら，国際基準に基づいた規制を義務付けること（SPSとTBT），あるいは措置の発動要件や手続について統一的な規則を定めること（貿易救済）を通じて加盟国の規制権限に国際的な統制が加えられている。TPPは基本的にこれらの事項に関するWTOの協定上の権利義務を尊重することをうたいながら，規制や措置の透明性向上の見地から追加的な義務を加盟国に負わせることが見込まれる。例えば，SPSに関して加盟国間の規制の同等性評価の手続の迅速化を図る規定などである。その意味で，これらの事項については規制の国際的調和とともに規制の透明性向上が目指されることになる。

⑧ 知的財産に関してはWTOのTRIPS協定（知的所有権の貿易関連の側面に関する協定）が知的財産のカテゴリー（特許，商標，著作権など）ごとに保護の国際的な最低基準を定めて加盟国に国内法でこの水準以上の保護を達成することを義務づけるほか，民事裁判，刑事裁判および行政裁判手続や水際規制を通じた知的財産保護の執行についても詳細な規定を設けている。米国が締結するFTAは国内産業（医薬品産業，IT産業など）の要請に従ってTRIPS協定の保護水準を上回る保護を締約国に義務づけている（TRIPSプラス）。TPP交渉でも特許や著作権の保護期間の延長，商標や著作権の裁判手続による執行の強化などのTRIPSプラスの規定を盛り込もうとする米国とこれに抵抗する途上国との間で交渉が難航していると伝えられているが，最終的なTPPの知的財産章にはさまざまなTRIPSプラスの規定が盛り込まれることになるだろう。

⑨ 競争政策に関しては米国が熱心に盛り込もうとしている国有企業（SOEs）による競争条件の歪曲を是正する規律が重要である。国有企業は資金面や規制上の優遇措置を政府から受けており，このために民間企業との競争条件が歪曲されてしまう。これを解消するため，国有企業に対する補助金を規制したり国有企業向けの規制上の優遇措置を撤廃・軽減することを通じて民間企業との

競争条件を中立化すること (competitive neutrality) が必要であるというのが米国の主張である。この分野では豪州が 1990 年代から先進的な取組みを行っており，これを踏まえて国際的なベストプラクティスを確定しようという動きが OECD などで始まっている[5]。米国は TPP の競争章に国有企業に対するこうした規制を盛り込もうとしている。ただし，国有企業が多数存在するベトナムなどの旧社会主義国はもちろん，米国その他の先進国でも国有企業に対する資金面や規制上の優遇措置は存在しており，TPP 競争章に国有企業の規制が盛り込まれた場合の影響はきわめて大きい。そこで，TPP の本文に国有企業の規制を盛り込んだうえで，規制からの例外として認められる優遇措置（非適合措置）を列挙する国別の附表を付けるという方式が検討されている模様である。

⑮ 投資に関しては内国民待遇や最恵国待遇，公正で衡平な待遇などの処遇の一般原則が盛り込まれる他，ローカルコンテント要求，輸出入均衡要求など外資の活動にさまざまな制約・条件を設けること（パフォーマンス要求と総称される）を禁止する規定が盛り込まれる見込みであり，これらの規定を通じて加盟国の外資規制の国際的調和が図られるだろう。

⑰ 労働に関しては米国の FTA で「労働における基本的原則および権利に関する ILO（国際労働機関）宣言」（以下「ILO 宣言」）[6]に盛り込まれた最も基本的な労働基準と労働基本権の遵守をうたうものが多く，TPP にも同様の規定が盛り込まれるだろう。ILO 宣言は労働における基本原則・権利として結社の自由と団体交渉権，強制労働の禁止，児童労働の禁止，雇用・職業における差別の廃止を挙げ，これらに関する ILO 条約や ILO 勧告を批准していると否とを問わずすべての ILO 加盟国にその遵守を求めている。米国の労働団体はベトナムなどの途上加盟国における劣悪な労働条件による安価な労働コストが自国企業との競争条件を歪曲するとの懸念を表明しており，TPP でも ILO 宣言に沿った加盟国間の労働関係法制の国際的調和により競争条件の歪曲を解消することを要求している。

4. TPP と規制の相互承認

規制の相互承認は主に工業製品の基準認証制度や適合性評価とサービスの資

格や認証の分野で採用されてきた[7]。TPP でも ⑤ TBT と ⑩ 越境サービスの章で規制の相互承認が盛り込まれる可能性がある。TBT に関しては米国とシンガポールの FTA（6.3条）や米韓 FTA（9.5条）が工業製品の適合性評価の相互承認に関する規定を盛り込んでいる。TPP 交渉ではどの範囲の工業製品について適合性評価の相互承認を導入するかが交渉されている模様である。

⑩越境サービスに関してはサービス供給者の資格や認証について加盟国間で相互承認を導入することが検討されている。ただし医師や弁護士などの専門職業サービスについては資格の相互承認は盛り込まれない見込みである[8]。

5. 規制の透明性向上と TPP

規制の透明性向上を目指す規定は TPP の数多くの章に盛り込まれる見込みである。例えば ③ 貿易円滑化に関しては通関手続の事前教示制度を盛り込み，輸入者が適用される原産地規則や関税率，関税評価方式を事前に通関当局に問い合わせることを可能にして通関手続の円滑化を図る規定が盛り込まれるだろう。④ SPS（衛生植物検疫）や ⑤ TBT（貿易の技術的障害）に関しては WTO の関連する協定が新たな食品衛生基準や強制規格を立案し導入する際に基準案・規格案を公表し，他の加盟国やその利害関係者からの意見を求めることを義務づける規定，制定された基準や強制規格を公表するとともに利害関係者からの問い合わせに応じる照会所（enquiry point）を設けることを義務づける規定などを置いている[9]。TPP では規制の透明性向上に関するこうしたWTO 協定の規定をさらに明確化し強化する規定が設けられる可能性がある。例えば，基準案・規格案に対する利害関係者の意見に理由を付して回答することを義務づける規定などである。

㉑ 分野横断的事項の１つとして交渉されている規制の整合性（regulatory coherence）は規制の透明性向上の観点から見て特に重要である。これは米国が大統領直属の行政管理予算局の元に設置した情報・規制問題部（Office of Information and Regulatory Affairs: OIRA，以下「OIRA」）を通じて実施している新規の規制を導入する際に既存の規制との整合性を審査する手続をTPP の全加盟国に導入するものである。規制の整合性に関する米国提案はメディアにリークされている[10]。それによると，加盟国は中央政府に新規の規制

を既存のすべての政府規制との整合性の観点から調整し審査する調整機関（a national coordinating body）を設置し，規制の整合性を確保するプロセスないしメカニズムを設けるよう努力する。規制の整合性に関する国際的なグッドプラクティスを踏まえて，調整機関は明確な審査権限と規制の整合性・透明性確保のための勧告権限を与えられ，定期的にその活動を公表すべきである。審査では新規の規制の影響評価（regulatory impact assessments: RIAs）を実施して，既存の規制との整合性だけでなく規制の効率性，当該規制の目的を達成するための代替的な方策の検討なども実施すべきである。また，調整機関による審査と調整の過程で他の加盟国の利害関係者の意見を求める機会を保証することを検討すべきである。

　規制の整合性に関する米国提案は調整機関による規制の整合性審査と調整の対象となる新規の規制の範囲を定めておらず，この点は各加盟国が決定することとしている。ただし，各加盟国は対象となる新規の規制の範囲を決定する基準を公表しなければならず，また対象となる新規の規制は重要な規制を含むものでなければならない。このように，規制の整合性審査と調整の対象となる新規の規制の範囲がTPPが対象とする貿易・投資分野に限定されていないことは重要である。TPPが米国提案を採用すれば，加盟国は原則としてあらゆる政策分野で重要な規制を導入する場合，調整機関による規制の整合性審査と調整を経なければならず，その過程で他の加盟国の利害関係者が意見を述べる機会を保証しなければならない。今日の世界では，ある国が新規の規制を導入する場合，他の国の企業その他の利害関係者が当該規制に対する意見を述べる機会を公式に認められる例はほとんどない。TPPの規制の整合性に関する規定はこれを新たに導入するものであり，これにより加盟国の規制の透明性は飛躍的に向上する可能性がある[11]。

　米国提案は調整機関による規制の整合性審査と調整を直ちに実施する義務としては規定せず，努力義務として規定するに留まる。ただし，TPP発効後にTPPの運用にあたる協議機関として設けられる合同委員会の元に規制の整合性に関する委員会が設置され，加盟国は規制の整合性に関するTPPの規定の実施状況を報告するとされているので，加盟国は調整機関による規制の整合性審査と調整を実施するピア・プレッシャーを受けることになるだろう。

TPP 交渉参加国の FTA が規制の整合性を盛り込んだ例はない。米国は TPP を通じて広範囲の規制分野における高水準の規制を達成し，21世紀の FTA のモデルとすることを目指すとしてきたが，規制の整合性はそのための中核的要素の1つとなる可能性がある。

第2節　TPP の日本への影響

　TPP に日本が参加した場合，日本にはどのような影響が及ぶだろうか。本節は規制改革に関わる TPP の規定を中心に日本への影響を検討する。その場合，日本の規制への影響と TPP 加盟国の規制への影響を区別したうえで，日本への影響をそれぞれ見てゆくことが必要である。TPP の日本への影響は，① TPP が日本の規制改革に及ぼす影響により，TPP 加盟国との貿易・投資に従事する日本企業と対日貿易・対日投資に従事する他の TPP 加盟国の企業にいかなる影響が及ぶか，② TPP が他の TPP 加盟国の規制改革に及ぼす影響により，日本企業と他の TPP 加盟国の企業にいかなる影響が及ぶか，の双方を見る必要があるからである。

1.　日本の規制への影響

　TPP の日本の規制への影響は，① 第1節3〜5で概観した規制改革に関わる TPP の予想される規定内容と ② 日本が WTO 協定や過去に締結した EPA （経済連携協定），BIT（二国間投資協定）ですでに負っている国際協定上の義務との関係で決まる。日本がすでに国際協定上の義務を負っている場合 TPP の影響は皆無ないし軽微であるが，そうでない場合には TPP の規定は日本の規制に大きな影響を与えることになるからである。

　日本がすでに負っている国際協定上の義務を踏まえて TPP の日本の規制への影響を予測すると以下の第6-1表の通りである。

　国有企業の規制を除くと規制の国際的調和に関して多くの分野で日本の規制への影響が軽微なのは，日本が WTO 協定，EPA，BIT などの国際協定ですでに義務を負っているためである。これに対して規制の透明性向上に関しては

110　第Ⅱ部　TPP交渉の論点

第6-1表　TPPの日本の規制への影響

交渉分野	規制の国際的調和	規制の相互承認	規制の透明性向上
原産地規則	あり	特になし	特になし
貿易円滑化	軽微	特になし	軽微（情報提供）
SPS	軽微	特になし	軽微
TBT	軽微	あり（適合性評価？）	あり（利害関係者）
貿易救済	あり（漁業補助金？）	特になし	軽微
政府調達	軽微	特になし	あり（不服申し立て）
知的財産	あり	特になし	軽微
競争政策	あり（国有企業）	特になし	あり（執行協力）
越境サービス	あり（新規開放分野？）	あり（資格？）	あり（情報提供）
商用関係者の移動	軽微（ビザ発給）	特になし	あり（ビザ発給手続）
金融サービス	あり（銀行・保険？）	特になし	あり（情報提供）
電気通信サービス	軽微	特になし	あり（情報提供）
電子商取引	軽微	特になし	あり（情報提供）
投資	軽微	特になし	軽微（情報提供）
環境	軽微	特になし	あり（情報提供）
労働	軽微	特になし	あり（情報提供）
分野横断的事項	不明	特になし	あり（規制の整合性）

（注）　表で？を付けた個所は交渉内容が不明あるいは交渉結果により左右されるもの。
（資料）　公表資料その他により筆者が作成。

日本の規制への影響が大きい。貿易円滑化やSPS，TBT，サービスや投資など貿易や投資に直接関わる規制だけでなく，規制の整合性を通じて日本のあらゆる分野の規制に関して，規制の透明性の向上が図られることになるだろう。日本でも行政手続法や行政不服審査法などを通じて規制プロセスの透明性向上が図られてきたが，海外の利害関係者に意見を述べる機会を保証することは例外的にしか認められてこなかった。TPPはこうした日本の行政のあり方に大きな変更をもたらす可能性がある。これは特にTPP加盟国からの対日投資を増大させるうえで大きなプラスとなるだろう。

2. TPP加盟国の規制への影響

　TPPが日本以外の加盟国の規制改革に及ぼす影響は，米国や豪州，ニュージーランドなどの先進国とそれ以外の途上国とで大きく異なる。先進国への影響はTPPの日本の規制への影響と大きく異ならないだろう。これに対して途上国への影響は相当大きなものになると思われる。第6-2表はTPPの途上国の規制への影響をまとめたものである。

　規制の国際的調和に関しては，WTO協定上の権利義務が基本的に承認されるSPSとTBTを除き，TPPは途上加盟国の規制に大きな影響を与えるだろう。また，規制の透明性向上についても大半の交渉分野でTPPの規定が大きな影響を与えると思われる。

第6-2表　TPPの途上加盟国の規制への影響

交渉分野	規制の国際的調和	規制の相互承認	規制の透明性向上
原産地規則	あり	特になし	特になし
貿易円滑化	あり	特になし	あり（情報提供）
SPS	軽微	特になし	あり（利害関係者）
TBT	軽微	あり（適合性評価？）	あり（利害関係者）
貿易救済	あり（漁業補助金？）	特になし	あり
政府調達	あり	特になし	あり
知的財産	あり	特になし	あり（執行手続）
競争政策	あり（国有企業）	特になし	あり（執行協力）
越境サービス	あり（新規開放分野？）	あり（資格？）	あり（情報提供）
商用関係者の移動	あり（ビザ発給）	特になし	あり（ビザ発給手続）
金融サービス	あり（？）	特になし	あり（情報提供）
電気通信サービス	あり（？）	特になし	あり（情報提供）
電子商取引	あり	特になし	あり（情報提供）
投資	あり	特になし	あり（情報提供）
環境	あり	特になし	あり（情報提供）
労働	あり	特になし	あり（情報提供）
分野横断的事項	不明	特になし	あり（規制の整合性）

（注）　表で？を付けた個所は交渉内容が不明あるいは交渉結果により左右されるもの。
（資料）　公表資料その他により筆者が作成。

TPPは途上加盟国の規制改革を大きく進展させ，その規制環境をより透明で国際的な基準に合致したものに変える可能性がある。これらの国との間で貿易や投資に従事する日本企業にとってはTPPによる関税引き下げその他の市場アクセスの改善と並んで，あるいはそれ以上にこれらの国におけるビジネス環境が改善されることが重要である。さらに，日本に留まって貿易・投資を行う日本企業にとっても，これらの国の企業との競争条件が改善される効果が期待できる。それは，例えばこれらの国の環境規制や労働基準が改善されることでその遵守コストがこれらの国の企業の製品の価格に反映されるためである。

おわりに

TPPは貿易・投資に直接関わる規制分野だけでなく，環境，労働，競争法など，より広範囲の規制分野における規制改革を大きく進展させる可能性がある。さらに，分野横断的事項の1つである規制の整合性に関するTPPの規定はあらゆる規制分野に関してTPP加盟国の規制環境や行政の進め方における透明性を大きく向上させる可能性がある。TPPが広範囲の規制分野における高水準の規制改革を達成する21世紀のFTAのモデルと主張されるゆえんである。日本はTPPに加盟することで国内の規制改革を進展させることができる。それによりTPP加盟国との輸出入貿易の増大やこれらの国からの対日投資の増大が見込まれる。しかしTPPの日本への影響はそれだけではない。TPPは特に途上加盟国の規制改革を大きく進展させ，これらの国の規制環境と規制の透明性を大きく向上させるだろう。それはこれらの国との貿易・投資に従事する日本企業にとって大きなメリットをもたらすだろう。さらに，日本に留まる企業にとっても，これらの国の企業との競争条件が改善されることでTPP域内だけでなく世界市場においてもより衡平・公正な競争を展開できる。しかし，これらのメリットは確定したものではなく交渉を通じて最終的に確定するTPPの内容により大きく左右される。日本にとって，TPP交渉にできるだけ早く参加し広範囲の交渉分野で規制改革にコミットすることがTPPのメ

リットを最大化するための不可欠の条件である。

（中川　淳司）

注

1）　中川淳司（2011 〜 2012）。
2）　内閣官房他「TPP 協定交渉の概括的現状」2011 年 12 月。[http://www.npu.go.jp/policy/policy08/pdf/20120319/tpp01_09.pdf]
3）　OECD（1997: 6）．
4）　参照，Nakagawa（2011: Chapter 1）。
5）　参照，OECD（2012）。
6）　ILO Declaration on Fundamental Principles and Rights at Work, adopted 18 June 1998. [http://www.ilo.org/declaration/thedeclaration/textdeclaration/lang-en/index.htm]
7）　内記（2008: 第 5 章）。
8）　内閣官房他「TPP 協定交渉の分野別状況」2012 年 3 月，14 ページ。[http://www.npu.go.jp/policy/policy08/pdf:20120319_1.pdf]
9）　SPS 協定（衛生植物検疫措置の適用に関する協定）附属書 B「衛生植物検疫上の規制の透明性の確保」，TBT 協定（貿易の技術的障害に関する協定）2.9 条，2.11 条など。
10）　参照。[http://www.citizenstrade.org/ctc/wp-content/uploads/2011/10/TransPacificRegulatoryCoherence.pdf]
11）　参照，小寺他（2012）。

参考文献

小寺彰他（2012）「座談会：法的観点から見た TPP」『ジュリスト』2012 年 7 月号（No. 1443）。
内記香子（2008）『WTO 法と国内規制措置』日本評論社。
中川淳司（2011 〜 2012）「TPP で日本はどう変わるか？　第 1 回〜第 13 回（完）」『貿易と関税』2011 年 7 月号〜 2012 年 10 月号。
中川淳司（2012）「第 5 章　競争力維持・強化策としての規制・制度改革：重層的な戦略構築の必要性」日本国際問題研究所平成 23 年度外務省国際問題調査研究・提言事業『国際社会における日本の競争力確保のために必要な政策』日本国際問題研究所。
Nakagawa, J. (2011), *International Harmonization of Economic Regulation*, Oxford: Oxford University Press.
OECD (1997), *The OECD Report on Regulatory Reform: Synthesis*, Paris: OECD. [http://www.oecd.org/gov/regulatorypolicy/2391768.pdf]
OECD (2012), *Competitive Neutrality: Maintaining a Level Playing Field between Public and Private Enterprises*, Paris: OECD.

第7章
TPPと米韓FTAの検証

はじめに

　昨年になって，米韓自由貿易協定（FTA）が，日本の出版物などで紹介されることが多くなってきた。内容を見ると，「米韓FTAは韓国に著しく不利な不平等条約」，「米韓FTAによって韓国経済・社会は深刻なダメージを受ける」といった，米韓FTAの負の側面を強調するものが多い。そして米韓FTAが紹介される際には，「米韓FTAで韓国が打撃を受ける」「日本がTPPに参加すれば韓国の二の舞になる」といったロジックで，日本のTPP（環太平洋経済連携協定）参加に反対する論拠とされている。米韓FTAに反対の立場をとる人々は，同FTAの中で，韓国の経済にダメージを与えるとされている部分を，「毒素条項」と呼んでいる。日本では，名称も含め「毒素条項」がそのまま紹介されており，米韓FTAに対する否定的な主張の多くは，「毒素条項」が発信源となっている。

　しかし「毒素条項」，またマスコミによる米韓FTAに対する否定的な報道に対して，韓国政府は個々に反論資料を作成して公開している。例えば2011年1月には，「毒素条項」に対する反論をまとめた報道資料が公表されている。またマスコミ報道に対する反論は，600ページを超える資料集としてまとめられている。これら政府の反論資料は，外交通商部の米韓FTAの専用ホームページから簡単に入手できる。しかしこれら政府の反論は韓国に置き去られ，米韓FTAが不平等条約であるといった主張だけが日本で広められている。よってこのままでは，「米韓FTAは不平等条約であり，日本がTPPに参加すると，韓国と同じように不平等な条件を飲まされるのでは」と考える人が増えることが懸念される。

TPP について議論する上で，米韓 FTA を正しく理解することは，2 つの理由から有益である。第 1 の理由は，TPP 協定で交渉されている 21 分野のほとんどが，米韓 FTA でカバーされていることである。TPP 協定の交渉は現在進行中であり，どのような協定文になるかわからない。一方で，米韓 FTA は発効しているので協定文は確定している。そして韓国政府は，協定文の義務を履行するために，様々な法改正などを行った。日本政府は，TPP に参加した場合，考慮すべき点を明らかにしているが，それらが米韓 FTA でどのように決着し，韓国がどのような義務を履行したか知ることは，TPP の議論において参考となる。

第 2 の理由は，米韓 FTA の当事国である。TPP の参加国の中で突出して重要な国はアメリカである。米韓 FTA の当事国の 1 つは，文字通りアメリカである。よってアメリカを交渉相手とした場合，何が要求されるか予想するうえで，アメリカが当事国となっている FTA は参考になる。しかしアメリカが当事国となっている FTA は数多く存在する。発効から 20 年近く経ち，影響を検証することも可能である北米自由貿易協定（NAFTA），また両当事国とも TPP に参加している米豪 FTA もある。それにもかかわらず，米韓 FTA が注目される理由としては，もう一方の当事国である韓国の経済構造が，日本と似ていることを挙げることができる。例えば，農業分野での競争力が弱く，コメを始めとした農産物を手厚く保護している。また韓国の制度は少なからず日本を手本としたものがあり，それゆえに制度の類似性が見られる。よって米韓 FTA により韓国に課せられた義務やその影響は，日本が TPP に参加した場合を予測するうえで，大いに参考となる。

しかし TPP の議論に役立つはずの米韓 FTA も，様々な角度からの情報を得た上で評価しないと，逆に TPP の議論にバイアスを与えかねない。そこで本章では，米韓 FTA が不平等条約と断じる主張に対する韓国政府の反論を紹介する。これは日本ではあまり広まっていない。米韓 FTA が問題であるといった主張のみならず，これに対する政府の反論の両方を知ることで，米韓 FTA に対する評価が可能となる。米韓 FTA を評価するための情報を提供すること，これが本章の目的である。

日本に伝わっている米韓 FTA が韓国の経済に損害を与えるとの主張には

様々なものがあるが，本章では「ISDS（投資家対国の紛争解決）手続き」，「ラチェット条項」，「非違反提訴と間接収用」，「著作権侵害の非親告罪化」の4点に絞り，政府の主張と反論について，それぞれ一節を割いて解説する。そして最後に，以上の4点にかかる解説で取り上げられなかった毒素条項についても政府の反論を紹介する。

第1節 ISDS手続き

米韓FTAでは，ISDS手続きが採用されたが，この手続きによって，韓国経済は大きな損害を被ると主張されている。ISDS手続きが採用されれば，投資受入国との間で紛争が起こった時，投資家は，投資受入国の裁判所に提訴するか，あるいは，国際仲裁機関に仲裁を要請するかのいずれかを選択することができる。しかしISDS手続きによって，アメリカの投資家は韓国で裁判を受ける必要がなくなり，韓国経済が打撃を受けるといった主張がある。

ISDS手続きが採用される理由としては，被害を受けた投資家が裁判を提起する際，投資受入国の裁判所しか選択肢がない場合，自国の政府などに有利な判断を下さないか不安であることが挙げられる。他方，国際仲裁機関が判断を下せば中立性が期待できる。よってアメリカのみならず韓国の企業も，投資受入国ではなく，より中立性が期待できる国際仲裁機関に提訴できることから，ISDS手続きはどちらの国にも不利なものではないと言える。

ただし中立なはずの国際仲裁機関がアメリカ寄りであるため，ISDS手続きを採用した米韓FTAは，韓国経済に損害を与えるといった主張がなされている。

1. アメリカの投資家の勝訴率

これに対して韓国政府は反論している[1]。まずアメリカの投資家がISDS手続きを通して訴えを起したケースで，投資家が勝訴した件数は15件であり，敗訴した件数の22件より少ない（第7-1表）。和解を加えれば投資家の要求が通ったケースが60%に達するとの主張もあるが，これに対する反論もある。

第 7-1 表　アメリカ関連の ISDS 現況（2010 年末現在）

	国家勝訴	投資家勝訴	和解	係属中	その他	計
提訴	22 (40.0%)	15 (27.3%)	18 (32.8%)	48	5	108
被提訴	6 (100%)	—	—	9	—	15

(資料)　外交通商部"医療分野開放しない？営利病院は協定対象―我々だけでは撤回できない"ハンギョレ新聞記事（11.5）関連」（2011 年 11 月 7 日：報道資料）により作成。
(注)　括弧内の数値は手続きが終了した案件に占める割合である。

　和解した事案については，非公開とされた場合が多く，どちらに有利な結果かわからないうえに，公開された事案についても，投資家に対する賠償金の支払いが行われなかったケースが多い点を政府は指摘している。つまりアメリカ企業が，ISDS 手続きを通じて提訴した事案のうち，終了したものに限れば，投資家の勝訴率は 27%とそれほど高くない。政府はこのような客観的な数字で，国際仲裁機関がアメリカ寄りであるとする意見に反論している。
　日本政府の資料からも韓国政府の主張が裏付けられる。NAFTA におけるアメリカの ISDS 手続きの現況を見ると，アメリカ企業がカナダ政府を訴えたケースは 15 件，うち手続きが終結したものは 13 件であるが，アメリカ企業が勝訴したケースは 2 件（15%），敗訴は 5 件（38%），和解 3 件（23%）となっている。またアメリカ企業がメキシコ政府を訴えたケースは 14 件で，すべての手続きが終結している。そしてアメリカ企業が勝訴したケースは 5 件（36%），敗訴したケースは 6 件（43%）である[2]。NAFTA に関連した事案においても，アメリカ企業の勝訴率はそれほど高いとは言えない。

2. 国際仲裁機関における仲裁判定制度

　そもそも国際仲裁機関がアメリカ寄りであるといった主張の根拠として，国際投資紛争解決センター（ICSID）が世界銀行の傘下にあり，総裁はアメリカ人が続いていることが挙げられている。しかしこれに対しても韓国政府は反論している[3]。1946 年以降，確かに世界銀行の総裁はアメリカ人である[4]。だからといって世界銀行の傘下にある ICSID の仲裁判定がアメリカ側に有利であったという証拠はない。判定には世界銀行は何ら関与することはない。判定は 3

人の仲裁人によって行われるが，紛争当事者が各1名ずつ指名して，残り1名が双方の合意によって指名される。合意に至らない場合は，ICSIDの事務総長が第三国の人を指名する。

ただしこの方法については，事務総長はアメリカの息がかかっており，アメリカに有利な人を指名するといった主張が予想されるが，これに対しても政府は反論している。NAFTAに関連する終結したISDS事例は全部で13件あるが[5]，双方が合意せず事務総長が仲裁人を指名したケースが4件存在する。そして2件はアメリカに有利な判定，2件はアメリカに不利な判定が出ている。ちなみに仲裁人について両国で合意がなされた9件については，アメリカに有利なケースが6件，アメリカに不利なケースは3件である。つまり事務総長が指名した仲裁人が，アメリカに有利な判定を下すわけではないことがわかる。

またICSIDの中立性に関連して，仲裁人となったアメリカ人が137人と最も多い半面，韓国はゼロであるため，アメリカに有利との主張もある。しかしこれに対しても韓国政府は反論している[6]。アメリカがICSIDによる仲介の当事者になったケースは123件と最多である（企業が訴えたケースと政府が訴えられたケースの合計）。そして当事者が1人仲介人を選ぶ権利を有するため，アメリカ側が自国民の仲裁者を指名した結果，アメリカ人の仲裁人の数が多くなっている。ただ相手側も自国に有利な仲裁人を指名しているので，これをもってアメリカが有利とは言えない。一方で，韓国は1967年にICSIDに加入してから，提訴したことや，訴えられたことは一度もない。韓国が当事者になったことがないので，仲裁人となった韓国人がいなくても何ら不思議はない。以上のように韓国政府は，ICSIDの総裁がアメリカ人であっても，韓国に不利になることはない点を，やはり客観的な数字で示している。

第2節　ラチェット条項

米韓FTAにはラチェット条項が定められている。この条項を問題視している人は，以下のような主張をしている。すなわち，一度進めた市場開放や規制緩和について，何らかの事情があって市場開放に逆行，あるいは規制を強化せ

ざるを得ない場合でも，これが許されない規定であるとしている。さらに具体的には，牛海綿状脳症（BSE）に罹ったおそれのある牛の肉を輸入することによって，多くの人間がBSEにかかる状況となっても，輸入を中断できないといった懸念も示されている。これに対して韓国政府は反論しているが，反論を紹介する前にラチェット条項について説明する。

ラチェット条項は，一度進めた市場開放や規制緩和について，市場開放に逆行する方向での変更が許されない規定であるが，これが適用される政府の措置は限られている。よって政府の措置の多くは，米韓FTAや他の条約などが定める義務を果たしてさえいれば，各国政府の自由に任されており，規制を強化することも可能である。よってラチェット条項の正確な理解のためには，ラチェット条項の適用範囲を知ることが何よりも重要である。

1. ラチェット条項の適用範囲

以下では，ラチェット条項の適用範囲について説明するが[7]，適用範囲について，①ラチェット条項は例外措置にのみ適用される，②米韓FTAにおいてラチェット条項が置かれている章は限られている，③ラチェット条項が関係する自由化の内容は決められている，④すべての例外措置にラチェット条項が適用されるわけではない点を，順番に解説していく。

まず「ラチェット条項は例外措置にのみ適用される」である。例外措置とはいったいどのような措置であろうか。米韓FTAは，両国が守るべきルールを定めている。政府はそれらルールに合うように，国内で講じている措置を変更しなければならないが，措置の一部は例外とされている。これが例外措置である。つまり原則的には，規制などの措置は米韓FTAが定めたルールに合わなければならないのであるが，ルールに合っていない措置も例外として存在する。ラチェット条項はこれら例外措置を認めるために置かれた条文の中にあり，ラチェット条項はこれら例外措置にのみに適用される。

次に「米FTAにおいてラチェット条項が置かれている章は限られている」である。米韓FTAの中で，ラチェット条項が置かれている章は，第11章「投資」，第12章「国境間のサービス貿易」，第13章「金融サービス」である。これは，例外措置について規定する条文が置かれているのが，上記の3つの章で

あり，当然のこととして，例外措置について規定する条文に含まれるラチェット条項もこれらの章にのみ置かれている。

　さらに「ラチェット条項が関係する自由化の内容は決められている」であるが，投資に絞って説明する。第11章「投資」では，相手国に投資した企業やその投資財産の保護，さらには投資の円滑化，規制の透明性向上により投資リスクを減らすためのルールが定められている。そして例外措置は，これらルールのなかでも，「内国民待遇」，「最恵国待遇」，「特定措置の履行要求の禁止」，「役員及び取締役会」に適用されることが明記されている。よってラチェット条項が適用されるのも，これら4つの項目に限られる。

　最後に「すべての例外措置にラチェット条項が適用されるわけではない」である。例外措置には大きく，「ラチェット条項が適用される措置」，「ラチェット条項が適用されない措置」の2つに分けることができる。まず「ラチェット条項が適用される措置」は，附属書Ⅰ（現状維持義務留保表）に列挙されるものである。ここに列挙された措置は「内国民待遇」などのルールに合致する必要はないが，措置を変更する場合には，自由化の方向への変更しか認められないことが決められている。一方で，附属書Ⅱ（現状維持義務なし留保表）に列挙される措置については，「内国民待遇」などのルールに合う必要もないし，措置を変更する場合には，自由化と反対方向への変更も認められる。つまり附属書Ⅱに列挙された措置が「ラチェット条項が適用されない措置」となる。

2．政府の反論

　ここからは，ラチェット条項が韓国経済に損害をもたらすとの主張に対する政府の反論を紹介する[8]。まずラチェット条項は，「投資」，「国境間のサービス貿易」，「金融サービス」について定めた章にしか存在しない。そしてこれらに関連する措置のなかでも，附属書Ⅰ（現状維持義務留保表）に示された[9]，限定的な措置にしか適用されない。よって，商品，検疫といった分野に関する政府の措置には適用されず，政府のすべての措置がラチェット条項にしばられるといった主張は正しくない。つまりラチェット条項にしばられる政府の措置は一部である点が重要である。

　次に「ラチェット条項」に関する具体的な主張についても，政府の反論を紹

介する。アメリカでBSEが発生した場合,ラチェット条項によって牛肉の輸入を中断できないという主張は誤りである。そもそもラチェット条項は,「投資」,「国境間のサービス貿易」,「金融サービス」に適用される条項であり,農産品には適用されない。15年後には牛肉の輸入は完全に自由化されるので,BSEが発生した場合でも,輸入し続けなければならないとの主張も考えられる。しかしこれは,関税といった市場アクセスに関する措置と,食品の安全を守るための措置を混同している。確かに15年後には牛肉にかかる関税はゼロになり,市場アクセス面では輸入を妨げる措置を講ずることができなくなる。しかし食品の安全を守るための措置は,関税がゼロになっても講ずることができる。

第3節　非違反提訴と間接収用

米韓FTAによって,韓国政府はアメリカに公共政策を乗っ取られ,自主的に政策を行う権利を失ってしまうといった主張がある。この主張の根拠とされているものが,非違反提訴と間接収用である。そこで以下ではそれぞれについての主張と韓国政府の反論について解説する。

1. 非違反提訴

非違反提訴は,米韓FTAの第22章(制度規定及び紛争解決),B節(紛争解決手続き),第22.4条(適用範囲)に定められている。ここでは,協定に基づく締約国間の紛争に関して規定されており,紛争解決手続きは,① 締約国間の協議,② 合同委員会への付託,③ 紛争解決パネルを設置,④ パネルが報告書提出,⑤ 被申立国によるパネル裁定結果の履行という流れで進む[10]。

このような紛争解決手続きに付託できる案件は,一般的に,「当該協定の解釈及び適用に関する案件のみ認められる場合」,あるいは「協定の解釈・適用に加えて,当該協定に違反しない措置についても,当事国の協定上の利益が無効化されているとして,当該措置に関する案件を付託することを認める場合」の2つに大別できるが[11],米韓FTAは後者である。

米韓FTAの第22.4条では，紛争解決手続きが適用される範囲が定められており，ここに，協定に違反しない措置であっても，自国に発生することが合理的に期待される利益が無効化あるいは侵害された場合，この手続きが適用されると規定されている。この規定による提訴が非違反提訴である。

非違反提訴が韓国経済に損害を与えると主張する人は，FTA協定文に違反しない場合でも，韓国政府の政策により「期待する利益」を得られなかったことを根拠として（企業が自分らの経営失敗で期待利益を得られなかった時でも），アメリカ企業が政府を提訴することなどを懸念している。

これに対して韓国政府は以下のように反論している[12]。まず，非違反提訴はISDS手続きのように，投資家が国家を訴える場合には使えない点である。非違反提訴が関係する第22章B項では紛争解決手続きが定められているが，これは国家対国家の紛争解決手続きに限られ，投資家は提訴できない。つまり非違反提訴にかかる主張は，非違反提訴が可能な国家対国家の紛争解決手続きと，ISDS手続きを混同している[13]。アメリカの投資家が，韓国政府が講じた措置のため期待した利益が得られなかったからといって，政府を提訴することは不可能である。

なおアメリカ政府が企業を代弁して，国家対国家の紛争解決手続きを通して非違反提訴を行うのではとの主張がなされるかもしれない。しかし非違反提訴は簡単にできるものではない。非違反提訴のためには，提訴国は，① 訴えられる国の措置によって，提訴国の協定上の利益が無効化あるいは侵害された点，② 提訴国がこのような侵害や無効化を合理的に予測できなかった点を証明しなければならない。このように，提訴国の立証責任のハードルは高い。WTOの紛争解決手続きでも非違反提訴が可能であるが，1995年にWTO体制がスタートしてから，非違反提訴がなされた事案は3件に過ぎない。この中で，2件はアメリカが，1件はカナダが提訴したが，すべて提訴国が敗訴している[14]。

つまり非違反提訴は，投資家が提訴できるISDS手続きとは関係がない点，国家対国家の紛争解決手続きにおいて提訴する場合もそのハードルが高い点を勘案すれば，これによって，韓国政府がことあるごとに提訴され，結果として公共政策の自律権が脅かされることは考えにくい。

2. 間接収用

米韓FTAの第11章（投資）第11.6条（収用及び補償）では，投資財産の収用について定めており，韓国およびアメリカは，相手国の投資財産の収用や国有化あるいはそれと同等な措置を取ってはならないとされている。ここで重要な点は，政府側が講じた施策を「収容，国有化，それと同等の措置」と判断する基準である。収用や国有化（直接収用）は，提訴された場合，国際仲裁機関などが，収用であるか否かを判断することがそれほど難しいことではない。一方で，「収用や国有化と同等な措置」（間接収用）は，直接収用のように判断が簡単ではない。

「間接収用」によって，政府の政策や規定により発生した間接的損害を補償しなければならないと主張されているが，韓国政府は以下のように反論をしている[15]。まず，「相当程度の剥奪」の剥奪がない限り間接収用には当たらないことである。直接収用は，政府による個人財産の没収に近い行為であり，政府が企業の財産権を剥奪する行為を意味する。一方で，間接収用は，直接収用と同じように財産権の法的権利が移転されるわけではないが，政府の措置によって，営業活動の継続が不可能となり，事実上財産権が剥奪される場合を意味する。したがって米韓FTAは，政府の施策で被害を被ったら何でも補償することを求めているわけではない。

また，「特に正当な公共福祉のための措置は原則的に間接収用にならない」点も重要である。米韓FTAでは，附属書11-Bで「公衆保険，安全，環境および不動産価格安定化のような正当な公共福祉のための措置は，原則的に間接収用にならない」と明示している。さらに言えば，公共政策や公共サービスの多くについては，米韓FTAの適用除外となる，あるいは政策の権限が留保されるなどの扱いを受けている。

第4節　著作権侵害の非親告罪化

著作権侵害の非親告罪化により，だれでも告訴ができるようになるといった主張がある。親告罪とは，犯人を処罰するためには，告訴が必要な犯罪であ

る。非親告罪とは親告罪とは異なり，被害者などからの告訴がなくても検察官が公訴を起こせる犯罪と言える。米韓FTAの第18.10条第27項(f)では，「商業的規模」である商標権，意匠権，著作権侵害に対しては，告訴なくして捜査機関の職権で，公訴提起を可能にすることが定められている[16]。よって著作権侵害を非親告罪にしなければならない義務を負ったことは間違いない。

1. 米韓FTAで韓国が新たに負った義務

米韓FTAにより，韓国は著作権侵害について，まったく新しい義務を負ったと考えるのは早計である。それは，著作権侵害の一部は，米韓FTAの発効以前から非親告罪であったからである。韓国の著作権法では，著作権侵害に対して罰則が設けられている。しかし同法の第140条では，「この章（罰則を定めた第11章）の罪に対する公訴は告訴がなければならない」と定められている。つまり著作権侵害は親告罪である。しかし同条の但し書きで，「以下の各号の1つに該当する場合はそうでない」と定められており，「一部」の著作権侵害は非親告罪とされている。ここで「一部」と強調したのは，著作権侵害のなかで一定の条件を満たしたものだけが，非親告罪になるからである。2006年までは著作権侵害はすべて親告罪であった。しかし2006年に著作権法が改正され，「営利のため常習的に」という条件づきで，著作権侵害が非親告罪に含まれるようになった。よって2006年以降は，条件を満たせば，著作権侵害は非親告罪になった。つまり米韓FTAにより著作権侵害が非親告罪となったわけではない。

ただし米韓FTAがまったく影響を与えなかったわけではない。なぜなら米韓FTAで課された義務を履行するための著作権法改正（2011年12月2日に改正法が公布）で，著作権侵害が非親告罪とされる条件に変更が加えられたからである[17]。具体的には，「営利のため常習的に」との条件が，「営利目的あるいは常習的に」と変更された。著作権違反が非親告罪となる範囲は，従来の「営利＆常習」から「営利or常習」に変更された。つまりこれまでは営利と常習の両方を満たす必要があったが，法改正後はどちらか一方を満たせばよくなり，その分，非親告罪となる範囲が広がった。インターネットを通じた大規模な著作権侵害は，営利的な目的だけでなく，功名心など多様な理由で行われる

が，これらの行為は，著作権者はもちろん，著作権流通秩序を大きく害する場合が多いとしている。そして，権利者の法益だけでなく社会全体の法益も侵害されるので，告訴とは関係なく検察官の職権で公訴を提起できるようにしたと説明されている。

　2011年12月の著作権法改正の目的は，米韓FTAで課せられた義務の履行にある。よって，改正法によって変更された非親告罪に該当するための条件，すなわち「営利目的あるいは常習的に」は，米韓FTAの第18.10条第27項(f)の，「商業的規模」と概ね同じ意味であると考えられる。

2. 政府の反論

　韓国政府は，著作権侵害の非親告罪化により，だれでも告訴ができるようになるといった主張に対して反論している。まず第三者は著作権侵害の直接の当事者ではなく，告訴はできない。つまり権利者だけが告訴が可能であり，これは米韓FTA以前から可能であった。そして非親告罪の範囲が拡大しても，侵害される利益の相当部分が権利者だけの利益であれば，権利者と侵害者の間で合意がなされているにもかかわらず，国家が公益の侵害を理由にこれを処罰する可能性は小さいとされている[18]。

　また，チェソクヨンFTA交渉代表は，2011年12月2日に行ったブリーフィングで以下のように発言している。すなわち，著作権侵害は原則親告罪になっているが，だれがどのように著作権を侵害しているのか，著作権者がすべてを把握するのが難しいのが現状である。よって「商業的規模」で故意的な侵害行為が起こっても，著作権者がこれを知らず，それにともなう処罰と規制が形成できない場合があった。よってこのような「商業的規模」で形成される著作権侵害に対しては，権利者の告訴がなくても検事が起訴できるようにする必要があった[19]。

　米韓FTAにより，著作権侵害が非親告罪となる範囲が広がった。具体的には，「商業的ではあるが常習的ではない違反」，「常習的ではあるが商業的ではない違反」が，非親告罪となった。政府の反論からは，これらの範囲が新たに非親告罪に含まれたことで，韓国経済が悪影響を受けるのか検討することが必要である点が読み取れる。非親告罪の範囲拡大が問題と主張する場合には，具

体的にどういった問題が生じ，これが韓国の利益をどのように損なうのか説明する必要がある。単に訴えられる人が増えるからけしからんという議論は生産的ではない。

第5節　毒素条項と政府の反論

　本節では，ここまで紹介できなかった毒素条項に関する主張と韓国政府の反論について解説する。外交通商部によれば毒素条項は12項目ある。その中で，ISDS手続き，ラチェット条項，非違反提訴，間接収用の4項目は取り上げたので，残りの8項目について簡単に解説していく[20]。

　1つ目は「サービス市場のネガティブリスト」である。これに関連しては，開放しない分野だけを指定するものであり，事実上すべてのサービス市場を開放することが問題点として挙げられている。そしてアメリカから賭博サービス，アダルト産業，マルチ商法などが韓国に参入してきても，これを無条件に受け入れることになると主張されている。これに対して政府は，義務を負うことが適当でないサービス分野は，留保表に列挙していると反論している。また留保表に掲載されていなくても，公衆の道徳保護または公の秩序維持のために必要な措置は講じることが可能であり，賭博やアダルト産業などは開放されない点も指摘している。

　2つ目は「未来最恵国待遇条項」である。この条項については，将来，他の国とアメリカより高い水準の市場開放を約束する場合，自動的に米韓FTAに遡及適用されると主張されている。具体的には，日本とFTAを締結する時，農産物分野において，とうもろこしや麦を相互開放する場合，元の米韓FTAでは開放義務がない，とうもろこしや麦も，ただちにアメリカに開放しなければならないとの懸念も示されている。これに対して政府は，「未来最恵国待遇条項」は，「投資」，「サービス貿易（金融サービスを含む）」に関する措置のみが対象であり，農産品の貿易には適用されないと反論している。さらに，脆弱なサービス分野などに関する措置は留保されており，対象外となっていることも強調している。

3つめは「政府の立証責任」である。米韓FTAによって韓国政府は，すべての政策や規定について，これが必要不可欠なことであることを科学的に立証する責任を負うことになったと主張されている。これに対して政府は，韓国が講ずる措置を米韓FTA違反であると主張する際には，アメリカ側に立証責任があると反論している。

　4つ目は「サービス非設立権」である。この権利によってアメリカ企業は韓国内に事業所を設立せずに営業できる。そして国内に存在しない会社を処罰できる法律がないため，韓国政府はこれらの企業に対して，課税や不法行為に対する処罰ができないと主張されている。これに対して政府は，以下の反論をしている。すなわち，政府が規制化に置かない場合，問題が生ずると判断したサービス分野においては，「サービス非設立権」の根拠である現地駐在義務賦課禁止条項に留保を付けている。よって留保された分野のサービスを提供するアメリカ企業は，韓国内に事業所を設立する必要があり，政府の規制対象となる。

　5つ目は「公企業完全民営化及び外国人所有持分制限撤廃」である。これによって，韓国の公企業は，アメリカの巨大投機資本に奪われてしまうと主張されている。具体的に，医療保険公団，韓国電力，水資源公社，道路公社，韓国放送公社，地下鉄公社，鉄道公社，国民年金などがアメリカの巨大投機資本に所有される可能性が高いとされている。そして，水道料金，電気料金，地下鉄料金，ガス料金，医療保険料などが大幅に引き上げられることになり，庶民経済が破綻するとの懸念も示されている。この主張に対して政府は，公企業の民営化権限は，韓国政府が引き続き保有すると反論している。また米韓FTAに具体的に示されている韓国電力の外国人持分上限は，以前から認められていた水準から変更がない点も付け加えている。

　6つ目は「知識財産権直接規制条項」である。この条項により，韓国人，韓国政府，韓国企業に対する知的財産権の取り締まり権限を，アメリカ企業が直接持つようになると主張されている。またその結果，ジェネリック薬の生産が不可能になり，薬の価格は青天井に高まるとされている。この主張に対して政府は，米韓FTAのどこにも，韓国における知的財産権の取り締まり権限をアメリカが持つとの条項はなく，韓国における取り締まり権限は，韓国政府にあ

ると反論している。

7つ目は「金融及び資本市場の完全開放」である。これによって韓国の金融市場は，現在にも増して国際投機資本の遊び場となり，韓国経済が悪影響を受けると主張されている。これに対して政府は，米韓FTAにかかわらず，韓国では高い水準で資本市場を開放している点を強調している。そして，金融システムの安定及び消費者保護措置を講ずることが可能であり，国際投機資本を規制することも可能であると反論している。

8つ目は「再協議不可条項」である。「毒素条項」はいかなる場合でも再協議ができないと主張されているが，政府は，米韓FTAのどこにも再協議を妨げる条文はなく，再協議は可能であると反論している。

おわりに

本章で示したとおり「米韓FTAによって韓国の経済が悪影響を受ける」，「アメリカが有利な不平等条約だ」といった主張のほとんどすべてに，韓国政府は反論している。本章では主に政府の反論の紹介に主眼を置いた。なぜなら，韓国経済に悪影響を及ぼすといった主張はすでに日本で十分紹介されているからである。米韓FTAが問題であるといった主張，これに対する政府の反論の両方を知ることで，米韓FTAに対する評価が可能となる。偏った情報のみで判断した場合，米韓FTAは日本におけるTPPに関する議論を歪めてしまう。しかし様々な角度からの情報を反映して評価された米韓FTAは，TPPの議論に多くの示唆を与えるであろう。

(高安　雄一)

注

1) 政府の反論は，外交通商部「"医療分野開放しない？営利病院は協定対象－我々だけでは撤回できない"ハンギョレ新聞記事(11.5)関連」(報道資料：2011年11月7日)による。
2) 外務省・経済産業省「国家と投資家の間の紛争解決(ISDS)手続きの概要」(2011年3月)に掲載されている数値による。
3) 政府の反論は，外交通商部(2011a)による。
4) ちなみに2012年7月に総裁に就任したジム・ヨン・キム博士は，韓国出身である(国籍はアメ

5) 先に紹介した日本政府の資料から見た数値と異なる理由は，それぞれの基準時が異なるからである。
6) 政府の反論は，外交通商部（2011b）による。
7) ラチェット条項の説明及び政府の反論は，外交通商部（2011a）による。
8) 政府の反論は，外交通商部（2011c）による。
9) 「金融サービス」については，附属書III（A節）である。
10) 日本貿易振興機構（2008）163-164ページによる。
11) 本段落は，経済産業省（2012）764ページによる。
12) 政府の反論は，外交通商部（2011c）による。
13) また「非違反提訴」は，米韓FTAの協定文のあらゆる分野で可能なわけではない。適用される分野は，第2章（商品に対する内国民待遇および市場アクセス），第3章（農業），第4章（繊維および衣類），第6章（原産地規定および原産地手続き），第12章（国境間サービス貿易），第17章（政府調達），第18章（知的財産権）である。
14) 立証責任に関する説明は，外交通商部（2011c）による。
15) 政府の反論は，外交通商部（2011c）による。
16) 米韓FTAホームページの資料（「18章－知的財産権（説明資料）」）による。
17) 以下の説明は，国会文化体育観光部・韓国著作権委員会（2011）による。
18) 文化体育観光部「"SW不法複製，米韓FTA貿易紛争米韓紛争の雷管になるかも"報道関連解明」（報道資料：2012年3月13日）による。
19) 米韓FTAホームページに掲載されている，チェソクヨンFTA交渉代表のブリーフィング（2011年12月2日）の内容による。
20) 毒素条項の主張と政府の反論は，外交通商部（2011c）による。

参考文献

経済産業省（2012）『2011年版不公正貿易報告書』。
日本貿易振興機構（2008）『米韓FTAを読む』。
（韓国語）
外交通商部（2011a）「FTA交渉代表ブリーフィング　米韓FTAの事実はこのようだ―ISD分野」。
外交通商部（2011b）「投資者―国家間紛争解決手続き（ISD），公正なグローバルスタンダード」。
外交通商部（2011c）「わかりやすく書いた，いわゆる米韓FTA毒素条項主張に対する反論」。
国会文化体育観光部・韓国著作権委員会（2011）「米韓FTA履行のための改正著作権法説明資料」。

＊なお本章は，高安雄一（2012）『TPPの正しい議論にかかせない米韓FTAの真実』学文社，を要約し，加筆・修正したものである。

第 8 章
法的観点から見た TPP 物品市場アクセス

はじめに

　全世界の貿易ルールを定めた WTO（世界貿易機関）協定が 1995 年に発効した後，日本の貿易構造は，米国，EU 等の先進国への最終消費財の輸出からアジア地域への中間財輸出へと，即ち，消費国への最終消費財生産者からアジア地域のサプライチェーンにおける供給者へと大きく変化している。日本が係わる貿易ルールも，これに対応したものとしてゆく必要がある。
　WTO レベルでは，2011 年末，ラミー WTO 事務局長までが，2001 年から開始されたドーハ・デベロップメント・アジェンダ交渉（「DDA 交渉」）は暗礁に乗り上げたことを認めた。2012 年に入り，主要貿易国は，情報技術製品，サービスなど分野別交渉という新たな WTO 交渉の方向を模索している[1]。
　WTO 交渉に加え，変化する貿易構造に係わる諸問題に包括的に対処して貿易自由化を促進するルールを作る最も有力な手段が自由貿易協定・経済連携協定（以下，総称して「FTA」）である。しかし，二国間 FTA では，その適用範囲に限界がある。広域化したサプライチェーン全体を包含した貿易自由化のルール作りは，資源国，中間財供給国，最終組立国，消費国が参加する多国間 FTA で行われる必要がある。
　他方，FTA における物品貿易ルールは，参加国間のギブアンドテークにより合意される。このため，FTA に参加していない国の物品のただ乗りを防止するよう原産地規則を定めることとなる。これは，同時に，FTA に参加していない国の中間財をサプライチェーンから排除する貿易転換効果を持つ。不参加国に対する当該効果は，多国間 FTA 参加国が増加するほど顕著となろう。
　FTA に定める貿易ルールは，関税，原産地規則に止まらない。WTO 協定

の不明確な条項を明確化し，また DDA 交渉では実現できなかった貿易ルール（WTO プラス規定）を定める機能も担ってきている。かかる WTO プラス規定は，TPP（環太平洋経済連携協定）など参加国の拡大を目指す多国間 FTA において，より効果的である。

これらの観点から，貿易構造が大きく変化している日本が TPP 等の多国間 FTA に参加することは必須である。

第 1 節　中間財貿易に対応した貿易ルールの必要性

日本の輸出構造は，WTO による貿易ルールの成立以降，大きく変化している。財務省統計[2]によると，WTO 協定成立時の 1995 年，日本の最大の輸出先は米国で総輸出額の 27.3%，対 EU 輸出が 15.9% と，主要消費国への輸出が全体の 43.2% を占めていた。その後，両国・地域への輸出は 1998 年に 48.9% まで上昇した後に減少に転じ，2003 年には 39.9% と，同年に 46.4% を占めたアジア地域を下回った。その後も特に米国輸出の減少が著しく，2011 年には，対米国輸出 15.3%，対 EU 11.6% と合計 26.9% に止まった一方，アジア地域輸出は総輸出額の 56.0% まで拡大している。今や，日本の主たる輸出先はアジア新興国である。

輸出製品分野も大きく変化している。米国，EU 輸出がピークを迎えた 1998 年，それら市場への輸出上位 10 品目のうち 5 品目を自動車，電算機，科学光学機器，原動機，映像機器の最終製品が占め，それらのみで米国輸出の 39.9% を，EU 輸出ではそれら 5 品目に二輪自動車を加えた 6 品目で 40.1% を占めていた。これが，2011 年のアジア輸出では，上位 10 品目に含まれる最終製品は科学光学機器，自動車，原動機の 3 品目，全アジア輸出の 10.4% を占めるに過ぎなくなっている。他の 7 品目は，電子部品，鉄鋼，プラスチック，有機化合物，自動車部品，電気回路機器，非鉄金属などの中間財，資本財が占めている。

WTO 協定成立当時に先進国向けの最終消費製品輸出国であった日本が，今や，アジア地域への中間財，資本財の供給者へ変貌していることは，多くの経

済分析からも明らかにされている。例えば，ジェトロ世界貿易投資報告は，「日本，韓国，台湾が中国，アセアンに向けて中間財を輸出」する構図となっている，「日本は，東アジア生産ネットワークのなかで中間財での優位を維持している」と分析している[3]。さらに，この消費財から中間財への移行は，「工程間分業に伴う中間財貿易の急速な増加」により，日本ばかりでなく東アジア貿易における貿易拡大をもたらしたもので，「産業横断的な工程間分業という現代の国際分業の特徴の1つ」であると分析している[4]。

この事実は，日本の産業の維持発展には，二国間の最終製品取引ではなく，多国間のサプライチェーン全体を裨益する仕組みが重要となっていることを示している。そのためには，WTOにおける分野横断的な物品市場アクセスルールが最も望ましいであろう。しかし，DDA交渉が頓挫した今，それに代わる仕組みが求められている。

第2節　FTA物品市場アクセス規則の特徴

FTAの最大の特徴は，FTA締約国の産品に課される関税を撤廃するところにある。この点から，WTO市場アクセス交渉に代わり，サプライチェーンに係わる全品目の貿易自由化を行う手段として適切である。しかし，二国間FTAでは，広域化したサプライチェーンの一局面を捉えるに過ぎない。あるFTAが中間財輸入に裨益することとなっても，それを用いて生産される最終製品の第三国輸出まで裨益するものでなければ，中間財取引の拡大効果も限定的とならざるを得ない。原材料，中間財，最終製品取引の全体を裨益する，多国間FTAが重要である。

他方，FTAは，FTA締約国間で取引される全ての物品について関税を削減・撤廃するものではない。そのFTAの原産地規則を充足する物品のみがFTA特恵関税を享受することができる。その原産地規則は，多くの場合，関税削減・撤廃交渉と相俟って合意される。最終的には，各参加国がセンシティブと考える品目について，関税撤廃又は削減率，それを実施するまでの期間，当該「品目」に含まれる範囲，即ち原産地規則について，守るべきところは守

るべく交渉し，さらには他の分野の規制緩和・撤廃を含めた多角的な交渉をおこなった上に全品目の取り扱いが成立するのである。

1. 関税削減・撤廃スケジュールについて

　TPPを含めFTAに合意し発効すると直ちに全ての物品の関税が撤廃されるのが常であるかのごとき議論を見かけるが，そのようなFTAは希である。WTO加盟国は，FTAの物品市場アクセス合意においてGATT（関税と貿易に関する一般協定）第24条の規定を遵守することを要求されるが，その条件の1つとして，FTA締約国間の「実質上のすべての貿易」を自由化することとされている。この「実質上のすべての貿易」とは，品目数または貿易額でおおよそ90％を指すと理解されている[5]。また，その自由化は，FTA発効から10年以内に完了すればよいこととされ，特段の事情がある場合には，更に長期間とすることができる[6]。世界のFTAは，これらを基準としている。

　TPPは全品目の関税撤廃を目指すとされているが，現在の交渉からすると，それは目標に過ぎないように思われる。例えば，米国は，二国間FTAを締結していないニュージーランド，ベトナム，マレーシア，ブルネイとのみ関税撤廃・削減交渉を行っている。その他の国とは，既に締結した二国間FTAにおける合意の再交渉をしないという立場を堅持している。その一つである米国オーストラリアFTAは，工業品について10年以内，農産品については18年以内の関税撤廃を基本としている[7]。更に，米国は，砂糖，牛肉，乳製品，シロップ，ブルーチーズ等を関税自由化の対象外とし，牛肉については無税輸入量を18年間で漸増させるにとどめ，砂糖についても輸入割当を維持している。オーストラリアも，中古車の関税を削減しておらず，また，小麦などの専売制度を維持して輸入量を調整している。米国ペルーFTAにおいても，米国は，工業については最長10年間，農産品については最長17年を掛けて関税撤廃することとしているが，砂糖製品については無税輸入量の漸増に止め，関税撤廃は行わない[8]。2010年に発効したオーストラリア・ニュージーランド・アセアンFTAでも，締約国により2020年から2025年までの間に品目数で99％について関税を撤廃することとしているが，米国の理屈からすれば，TPPにおいても同様に残余1％については関税削減の対象外とすることが認められ

なければ不合理である。

このように，TPP を含む全ての FTA において，関税削減・撤廃の品目，時期，程度は交渉の対象であり，交渉により決定される。

2. 原産地規則について

FTA 特恵関税の対象となる品目は，FTA 締約国の「原産」である品目に限定される。ある物品が「原産」であるか否かの判断基準は，それぞれの FTA の原産地規則に，各品目別に又は一般規則として定められる。この規則は，FTA 非締約国の産品がその FTA にただ乗りすることを防止する機能を有している。言い換えれば，ある物品の輸入関税を撤廃することに合意したとしても，その物品の原産地規則を厳格に定めることにより，実際に無税で輸入される物品を限定することができるのである。

日本アセアン EPA（AJCEP）及びマレーシアとの二国間 EPA（JMEPA）におけるミックスジュース（HS2009.90）を例として説明する。2012 年現在，WTO 加盟国からの輸入には 25.5％の関税が課されている。それに対し，それぞれの FTA 特恵関税率と原産地規則は次の通りである。

　　AJCEP：2012 年税率　17.5％。　最終税率（2018 年）8.0％
　　　　　　原産地規則：この項への他の類の材料からの変更
　　JMEPA：2012 年税率　14.3％。　最終税率（2021 年）無税
　　　　　　原産地規則：2009.90 号の産品への他の類の材料からの変更
　　　　　　　　　　　（第 7 類又は第 8 類の材料からの変更を除く）

これらの FTA 特恵関税率を単純に比較すると，JMEPA の方がはるかに有利にみえる。しかし，AJCEP の原産地規則には，「第 7 類又は第 8 類の材料からの変更を除く」という制限がない。たとえば，第三国から輸入したトマト（HS0702.00）とマレーシア産レモン（HS0805.50）から，マレーシアでミックスジュース（HS2009.129）に加工したとしよう。この場合，7 類の非原産材料から 20 類への変更がマレーシアで生じているから，AJCEP の定める関税番号変更基準を充足しており，マレーシア原産と認められる。よって，日本の輸入

通関では AJCEP 特恵税率が適用される。他方，JMEPA では，7 類からの変更は除くとされているため，本品は原産地基準を満たしていない。よって，JMEPA ではマレーシア原産と認められず，JMEPA 特恵税率は適用されない。

3. 原産地規則の類型

　原産地規則がサプライチェーン全体に与える影響をご理解いただくため，同規則の内容を簡単に説明しておきたい。FTA 原産地規則は，次の完全生産基準，関税番号変更基準，付加価値基準，加工工程基準に類型化できる。

　完全生産基準は，輸出国で獲得された原材料のみから生産，加工された物品である場合に，輸出国の原産であることを認める基準である。鉱物，動植物，海産物，廃棄物，スクラップなどに適用される。

　関税番号変更基準は，輸出製品の関税番号と，その生産に用いた部品，原材料のうち FTA 締約国の原産ではないものの関税番号が異なる場合に，輸出国の原産を認める基準である。FTA 締約国の原産と認められる部品，原材料は輸出国原産とみなされる。例えば，上述の例で，日本産トマトを原料とした場合には，マレーシア原産のミックスジュースとして JMEPA に基づく特恵関税率で日本に輸入できる。

　付加価値基準は，輸出生産品の価値（多くの場合，FOB（本船渡し）価格）のうち一定比率以上の価値が輸出国において付加された場合に，輸出国の原産であることを認める基準である。この基準の適用においても，FTA 締約国の原材料，中間財は，輸出国の原産とみなされ，輸出国の付加価値に算入することが認められる。これは，一般的に「累積」と呼ばれている。次の例を考えてみる。

輸出国組立・販売・利益	$20
FTA 締約国部品	$25
非 FTA 締約国部品 A	$15
非 FTA 締約国部品 B	$40
輸出製品：FOB 価格	$100

この例において，利用したい FTA の付加価値基準が 50％である場合，この輸出製品の輸出国での付加価値は$20 + $25 = $45 であるから輸出国原産と認められない。FTA 特恵関税を利用するためには，非 FTA 締約国産部品 A または B のいずれかを輸出国又は FTA 締約国産の部品に変更する必要がある。

加工工程基準は，一定の加工工程が輸出国において行われた場合に輸出国の原産を認める基準である。例えば，日本の EPA では，繊維製品について，梳毛，紡績，製織・編立，裁断・縫製のうち 2 工程が行われることを基準としている[9]。

第 3 節　多国間 FTA 市場アクセスルールの影響

1. 多国間 FTA による供給元の選好

上述した通り，ある製品を輸出先で FTA 特恵関税により輸入するためには，当該製品がその FTA の原産地規則を満たす必要がある。その製品に関税番号変更基準が採用されている場合であれば，その要求する関税番号変更が起こらない部品，原材料は FTA 締約国の原産品を使用することとなる。付加価値基準においても，使用する部品，原材料の一定額は FTA 締約国の原産であることを確保しなければならない。

原産地規則の充足は，その製品の輸出開始当初から生産終了した最後の輸出まで，継続して確保されなければならない。この要請は，アジア諸国の最終製品組立メーカーに，輸出先の国が参加する多国間 FTA の締約国から部品・原材料を調達する強いインセンティブを与える。したがって，既に最終製品に使用される中間財輸出が中心となっている日本にとって，TPP などの多国間 FTA の締約国となっていることは極めて重要となる。

これまでの二国間 FTA では，かかるインセンティブの影響を受ける最終製品の輸出先が中間財を輸出した相手国に限定されるため，それによる貿易転換効果はさほど顕著になっていない。しかし，既存の多国間 FTA では既にかかる効果が見られる。例えば，あるマレーシアの日系組立メーカーは，マレーシアからアセアン韓国 FTA を利用して韓国に輸出するため，中国部品からタイ

部品へ購入を切り換えて付加価値基準40％を充足している。また，米国のあるメーカーは，購入部品データベースにFTA原産情報を付加して，輸出先別に，最終製品に使用する部品の管理を行っている。NAFTA（北米自由貿易協定）の自動車メーカーは，後述する通り，NAFTA域内産の部品調達に配慮することが必須となっている。

既に11カ国が交渉参加するTPPには，資源供給国，製品組立国，消費国が含まれている。TPPが成立した場合には，組立メーカーにとってその輸出製品がTPPの原産となることを確保することは極めて重要となる。そのため，中間財の供給元もTPP締約国が選好されるであろうことは想像に難くない。

2. 多国間FTAの中小企業の利用促進効果

FTA原産地規則のもう1つの重要な点は，1件のFTAにおいて，通常，1品目について1つの基準が定められ，その基準がFTA締約国間の当該品目の全ての取引に適用されることである。他方，原産地規則はFTAの数だけ存在する。また，多くのFTAは未だ最終税率に至る関税漸減の過程にあるため，FTA毎に関税率も異なっている。

かかる現状において，FTAを活用しようとする企業は，それらの組み合わせから最適となる部品，原材料の供給元を検討しなければならない。この，いわゆる「ルールのスパゲティボール」化は，FTA活用のために人員を確保することが難しい中小企業にとってFTA利用を難しくする要因となっている。

TPP等の多国間FTAでは，全てのFTA締約国間の取引に同一の原産地規則が適用されるため，かかる問題が解消される。即ち，企業は，FTA活用のための原産地基準及び関税率の確認作業を大幅に削減することができるのである。また，その後の取引条件及び仕入れ先などの変化を継続的に監視して原産地規則の充足を確保する業務も軽減される。なによりも，統一規則であれば，FTA利用方法について多くの企業の理解が進む。これらの効果により，中小企業を中心として多くの企業のFTA利用が高まることが期待される。

3. TPP原産地規則交渉に参加する重要性

ある多国間FTAが成立した場合，上述の理由から，その締約国間の貿易は

当該 FTA の原産地規則を充足した物品の取引が標準となると考えられる。将来のアジア大洋州全体を包含する FTAAP（アジア太平洋自由貿易圏）への発展を目指した TPP は，正にその役割を担うこととなろう。

他方，TPP のような多国間 FTA において，既に合意された品目の原産地規則を，その後に交渉参加した国が自国の都合により変更を求めることは難しくなる。既に述べた通り，関税率と原産地規則の交渉は一体としてなされ，更に他の分野との交渉の後に合意に至る。既に TPP 交渉では，靴，繊維製品の原産地規則と国営企業条項との間で，また，農産物の関税と輸出補助金との間での交渉が提起されていると報道されている。一度そのような交渉が妥結した後に，新たに交渉参加した国が，その原産地規則の再交渉を求めることは，参加国合意全体のバランスを崩すこととなり，極めて難しいと思われる。TPP への早期参加は，日本の利益を最大にするために重要である。

この1つの例として，自動車に対する原産地規則を指摘したい。TPP 交渉にカナダ，メキシコが参加したことから，NAFTA により形成されたサプライチェーンの保護を目指す動きが出てきているのである[10]。NAFTA は，自動車及びその主要構成品の原産基準として，純原価方式[11]による付加価値で 62.5%（一部は 60.0%）を充足することを要求している。この付加価値には，純粋に NAFTA 域内で付加された価値のみを加えることができる。たとえば，自動車メーカーが米国産の構成品を購入したとする。その場合であっても，当該構成品に組み込まれた一部の部品が NAFTA 外から輸入されたものであれば，当該部品価値を NAFTA 付加価値に加えてはならない。

NAFTA 発効当時は，輸出車種が限定的であったこともあり，NAFTA 付加価値の情報収集，計算を手作業で対応していた自動車メーカーもあったようであるが，既に17年が経過した現在では，部品購買契約において部品供給メーカーに NAFTA 付加価値情報の提供を義務付け，その NAFTA 付加価値情報を専用のオンラインシステムに入力させている。部品供給メーカーも，その下請メーカーから同様の情報を収集している。ある自動車メーカーは，かかるシステムの構築に10年以上を要したとしている。

NAFTA 以後の米国の FTA では，米国内での付加価値が高くなかったため，NAFTA 方式を採用していない。しかし，TPP にカナダ，メキシコが参

加することとなったため，NAFTA 基準を TPP に移植することができる状況となっている。もし，日本が TPP 交渉に参加する前に，そのような原産地規則に合意されてしまった場合，日本・アジア生産の自動車が不利な状況に置かれる可能性がある。

また，米国は，米国の繊維業界の強い要望を受けて，TPP 交渉においても，これまでに締結した FTA 同様に，繊維製品について原糸基準（Yarn-forward）という加工工程基準を主張している。これは，製糸工程以降の全ての工程（紡績工程，染色，製織・編立，裁断・縫製工程）が FTA 締約国で行われた繊維製品のみに FTA 特恵関税を認めるもので，FTA 相手国に米国の綿糸などの原糸を使用させることを意図したものである。また，靴製品についても，米国は，靴パーツの製造を基準とするか，高い付加価値基準を要求するかを検討している。これに対して，糸，靴パーツを輸入に依存しているベトナムが強く反発している。繊維製品，靴製品の輸出拡大のために TPP 交渉に参加していると見られているベトナムにとって最重要事項であるが，日本企業のアジア生産体制にも影響を与える重要な事項である。

第 4 節　FTA における WTO プラス規定

物品市場アクセスは，関税のみならず，その他の貿易制限的な通商規則によっても制限される。FTA は，それら通商規則についても WTO 協定を基礎として更なる自由化，規律強化の合意が行われる。これまでの二国間 FTA における当該合意は当事国を拘束するに過ぎず，その影響は限定的であるが，TPP 等の多国間 FTA では，サプライチェーン全体に及ぶ国際貿易ルールを形成することとなる。将来的には，中国を含め TPP 参加国が拡大することにより，WTO 協定を補完する国際ルールとなることが期待される。

本節では，物品市場アクセスを制限する貿易救済措置を例として検討する。

1. GATT の認める物品市場アクセスを制限する措置

WTO 協定発効以前は，輸入国と輸出国の交渉を経て輸出自主規制等が頻

繁に用いられていた。WTO 体制では，その弊害に対する反省から，かかる輸出自主規制はセーフガード協定第 11 条により明示的に禁止された。しかし，WTO においても，輸入拡大により国内産業に生ずる全ての状況を無抵抗に受け入れることを求めているものではない。WTO 協定は，一定の条件を満たした輸入により国内産業に損害が生じ又はそのおそれがある場合，アンチダンピング措置，相殺関税措置，一般セーフガード措置などにより，譲許関税率を上回る関税その他の輸入制限措置を講ずることを認めている。

他方で，かかる貿易救済措置の濫用は国際貿易発展の阻害要因となっている。2000 年以降，貿易救済措置の発動国及び件数が増加し，現在では，インド，中国の発動件数が米国，EU（欧州連合）を上回っている。また，トルコ，アルゼンチン，ブラジルなどもアンチダンピング措置を頻繁に発動し，他のアジア諸国も貿易救済措置を利用している。それら新ユーザー国は，米国，EU に比べて調査記録，調査当局の検討過程等の開示が不十分なまま措置を発動している。そのため，日本等の輸出生産者は十分な防禦活動が出来ない。また，発動する根拠に合理性が疑われるなど，措置発動の規律が不十分であると思われる事例も見受けられる。

これらに対応すべく，日本は DDA 交渉においてアンチダンピング措置及び相殺関税措置の規律強化を積極的に提案してきた。しかし，同交渉の頓挫により，WTO 協定改正による規律強化は難しい状況となっている。

2. 貿易救済措置に対する WTO プラス規定

新興国による貿易救済措置の発動が増加している一方で DDA 交渉が頓挫した現状では，FTA，特に TPP 等の多国間 FTA において WTO 協定を上回る規律を定める WTO プラス規定に合意し，その参加国の増加によって当該 WTO プラス規定を国際ルールに高める方法が有効であろう。

これまで締結された FTA においても，アンチダンピング措置を適用しない[12]，ダンピング率が 5％未満である場合にはアンチダンピング措置の対象としない[13]，アンチダンピング・相殺関税は国内産業の損害を防止するに必要な程度に止める[14]，等の WTO プラス規定が合意されている。日本が締結した EPA では，インドとの EPA（JICEPA）で初めて貿易救済措置に関する

WTOプラス規定に合意し，アンチダンピング調査を開始する10執務日前までに相手国に通知して，国内産業からの調査申請書を提供すること，受領国はその情報を自国の輸出生産者に通知できることとされた[15]。

TPPにおいても，貿易救済措置に関するWTOプラス規定を定めることを検討すべきである。米国は過去のFTAにおいて貿易救済措置の規律強化に合意することに消極的であると指摘されてきた。たとえば，韓米FTAで，米国は，韓国の要求に殆ど応ぜず，アンチダンピング及び相殺関税調査の開始前に相手国に通知して開始前協議に応ずること，価格約束について協議する機会を提供することに合意したに過ぎない[16]と指摘されている。しかし，これは，他のFTAで韓国が合意したWTOプラス規定から察するに，当時の米国としておおよそ受け入れ難い事項[17]を韓国が要求した結果であって，米国がWTOプラス規定に何ら応じないというものではないと思われる。実際，米国は，DDA交渉において，アンチダンピング・相殺関税調査における仮決定の義務化[18]，ダンピングマージン及び補助金額計算詳細の開示義務[19]，国内産業の定義及び調査範囲の明確化[20]など，特に手続きの透明性という観点から，現行のWTOダンピング協定，補助金協定の規律強化を主張している。これらは，上述の新ユーザー国による措置の濫用に対する規律として有効である。また，最近では，米国は，中国のダンピング・相殺関税調査について同様の問題をWTO紛争解決機関で争っているところである[21]。これらは，米国も，旧来の国内産業の保護という立場のみならず，輸出促進という立場から貿易救済措置の規律強化を行う必要性を認識していることを示している。TPPにおいてWTOプラス規定に合意する可能性は十分にあると思われる。

米国は，また，DDA交渉において，生鮮及び季節農産物のダンピング調査における特別規定の創設を主張している[22]。これは，日本の農業センシティブ品目を適切に保護するための方策としても示唆に富んでおり，TPPにおけるWTOプラス規定として検討に値する事項であろう。

3. 留意点

WTOプラス規定に合意するにあたっては留意すべき点がある。GATT第24条は，その5項において，FTA非締約国に適用される規則は「協定の締結

の前にそれら構成地域に存在していた…その他の通商規則より…制限的なものであってはならない」と規定している。WTOプラス規定は，かかる条件を満たすものでなければならない。

　WTO上級委員会は，米国がNAFTAのWTOプラス規定[23]に基づきカナダ及びメキシコ以外の国からのラインパイプ輸入にセーフガード措置を課すこととした事例[24]において，セーフガード措置の対象とならない輸入は国内産業の重大な損害の原因として認定された輸入に含めてはならないと判断した[25]。この判断は，GATT第24条により正当化されるWTOプラス規定の範囲を明示したものではない。したがって，その射程については議論が分かれるところであるが，本件において米国はセーフガード措置の対象とならない国からの輸入まで含めて，即ち，セーフガード措置の対象となる輸入量を水増しして，非NAFTA締約国からの輸入が国内産業の損害の原因であると認定したもので，セーフガード措置の発動を容易にしたものであるから，「他の締約国との貿易に対する障害を引き上げる」ものにあたると考えられるのではないだろうか。

　アンチダンピング・相殺関税調査においても，調査対象とした複数の国からの輸入による影響を累積して国内産業の損害との因果関係を判断することが認められている[26]。もし，WTOプラス規定として，FTA締約国と非締約国からの輸入の影響を累積して評価した後にFTA締約国を措置の対象から除外することとした場合，ラインパイプ・セーフガード措置の事例と同様の結果が生ずることが考えられる。

　このように，TPPを含め，FTAにおいてWTOプラス規定に合意する場合は，かかる規定が非締約国との貿易条件を以前よりも制限するものとならないなど，GATT第24条5項に整合的に定めることに留意しなければならない。

（梅島　修）

注

1）　WTOレベルでの分野別交渉として，IT製品を中心としたさらなる関税撤廃を目指した第2次情報技術協定（Information Technology Agreement）交渉，サービス分野の市場開放を目指した国際サービス協定（International Service Agreement）交渉が挙げられる。

2）　財務省統計資料「貿易相手先国上位10カ国の推移」，「主要輸出入品の推移」を元とした。同資

料は http://www.customs.go.jp/toukei/suii/html/time_latest.htm から入手できる。
3) 日本貿易振興機構（2011）『ジェトロ世界貿易投資報告 2011 年版』76 ページ。また，経済産業省も，東アジアは「主として中間財の生産に強みを有する日本，国内に組立拠点を持ち，最終財に強みを有する中国というように，生産分業という補完関係を築きながら，東アジア全体として成長してきた」と指摘している。経済産業省（2012）190 ページ。
4) 前野（2012）86, 88 ページ。
5) 上野（2007）9 ページ。また，経済産業省通商政策局編（2012）458 ページ。
6) WTO・1994 年の GATT 第 24 条の解釈における了解第 3 項。
7) USTR「U.S.-Australia FTA Long Summary of the Agreement」(2004)。当該文書は http://www.ustr.gov/webfm_send/2625 より入手できる。
8) USTR「The United States -Peru Trade Promotion Agreement, Summary of the Agreement」3 ページ。当該文書は http://www.ustr.gov/webfm_send/2652 より入手できる。
9) 日本インド EPA も加工工程基準を採用しているが，その要件は他の EPA と異なる。
10) その兆候として，2012 年 9 月 4 日に AFL-CIO が USTR に提出した意見書 6-7 ページ。当該文書は http://www.regulations.gov/#!documentDetail;D=USTR-2012-0014-0041 より入手できる。
11) 製造原価に占める NAFTA 付加価値を計算する方式。販売経費，ロイヤルティー，利益などを付加価値に含めることができない。
12) オーストラリア・ニュージーランド FTA，カナダ・チリ FTA，EFTA・シンガポール FTA 等。
13) ヨルダン・シンガポール FTA，ニュージーランド・シンガポール FTA 等。
14) EFTA・韓国 FTA，EU・韓国 FTA，インド・韓国 FTA，韓国・シンガポール FTA，シンガポール・オーストラリア FTA 等。
15) JICEPA 第 24 条。WTO・アンチダンピング協定では，調査対象とする輸出国政府に対して調査開始前の通知を定めているが，その事前通知をすべき時期に特段の規定はなく，また，国内産業の申請書の写しは調査開始後に提供すればよいこととされている。WTO・アンチダンピング協定第 5.5 条及び第 6.1.3 条参照。
16) 韓米 FTA 第 10.7 条。
17) 他の FTA では，ゼロイングの禁止（インド韓国包括的経済連携協定第 2.18 条，2.13.2 条），レッサー・デューティーの適用（EFTA 韓国自由貿易協定第 2.10.1 条，EU 韓国自由貿易協定第 3.14 条，インド韓国包括的経済連携協定第 2.17 条，韓国シンガポール自由貿易協定第 6.2.3 条）などの規律強化を行っている。
18) WTO ルール交渉グループ米国提案，TN/RL/GEN/108, 6 March 2006，また TN/RL/W/130, 20 June 2003, 第 3 項。
19) WTO ルール交渉グループ米国提案，TN/RL/W/130, 20 June 2003, 第 4 項。
20) WTO ルール交渉グループ米国提案，TN/RL/W/98, 6 May 2003, 第 1 項。
21) WTO 紛争 China —Countervailing and Anti-Dumping Duties on Grain Oriented Flat-rolled Electrical Steel from the United States（WT/DS414），また，China —Anti-Dumping and Countervailing Duty Measures on Broiler Products from the United States（WT/DS427）。
22) WTO ルール交渉グループ米国提案，TN/RL/GEN/129, 24 April 2006，また，TN/RL/W/72, 19 March 2003, 1 ページ。
23) NAFTA では，ある NAFTA 締約国からの輸入が全輸出国の上位 5 カ国ではないと認定された場合，当該 NAFTA 締約国にはセーフガード措置を課さないと規定している。Article 802.2 (a) of North American Free Trade Agreement. 米国は，当該規定を Section 311 (a) of the NAFTA Implementation Act として国内法化している。

24) 上級委員会報告書, *United States —Definitive Safeguard Measures on Imports of Circular Welded Carbon Quality Line Pipe from Korea*, WT/DS202/AB/R, adopted 8 March 2002, DSR 2002: IV, 1403
25) これは、パラレリズムと呼ばれる。前掲 *US —Line Pipe* 上級委員会報告書、パラグラフ 198 参照。なお、上級委員会は、トルコ―繊維事件（WT/DS34/AB/R）において、他の GATT 条項に反する関税同盟の規定について GATT 第 24 条 4 項・5 項、8 項の抗弁が成立する条件を示しているが、これについては、第三国に対する貿易をより制限する措置を創設したことを原因とするものであって、FTA には適用されないとの評価がなされている。東條（2004）。
26) WTO アンチダンピング協定第 3.3 条、同補助金協定第 15.3 条。

参考文献

上野麻子（2007）『地域貿易協定による関税自由化の実態と GATT 第 24 条の規律明確化に与える示唆』経済産業研究所。
経済産業省（2012）『通商白書 2012』。
経済産業省通商政策局編（2012）『2011 年不公正貿易』
東條吉純（2004）「セーフガードと地域貿易協定」荒木・川瀬編『WTO 体制下のセーフガード』東洋経済新報社。
日本貿易振興機構（2011）『ジェトロ世界貿易投資報告 2011 年版』。
前野高章（2012）「アジア太平洋の貿易構造と TPP」馬田啓一・浦田秀次郎・木村福成編著『日本の TPP 戦略　課題と展望』文眞堂。

第Ⅲ部

TPP と日本の選択

第9章
日本の通商政策の系譜とTPP

はじめに

　TPP（環太平洋戦略的経済連携協定）はブルネイ，チリ，ニュージーランド，シンガポールの4カ国が締結したFTA（自由貿易協定）であり，2006年に発効した[1]。その後，2008年にオーストラリア，ペルー，アメリカが，そして2009年にはマレーシアとベトナムが参加した。さらに2012年の11月にはカナダとメキシコの参加が認められ，本章執筆の時点で合計11カ国が交渉に参加することになる。しかし，国際協定として発効しているのは最初の4カ国（「P4」と呼ばれている）の協定だけであって，その後2010年3月以降開始された交渉を反映した協定はまだ存在していない。

　つまり，現在日本で「国論を二分して」と表現されるほど騒がれているTPPなるものはまだ交渉中の「未完成品」でしかないということである。未完成品であるということは，これからまだ作り上げていく余地が残っているということである。その作り上げていくというプロセスに最初から参加しないというのはいかにも芸がない。芸がないだけではなく，アジア太平洋地域における新たな通商ルール作りに参加しないというのは，自らその「利害関係者」（ステークホルダー）であることを放棄するようなものである。

　TPPの原型であるP4協定では，TPPへの参加はAPEC（アジア太平洋経済協力会議）に加盟している21の国と地域にオープンである[2]。潜在的にはAPEC全域に自由貿易地域が拡がる可能性があり，2010年のAPEC横浜首脳会議ではこのことを確認している。今この地域に日本の対外貿易の70.3％，日本からの投資残高の61.0％が集中している。（いずれも2011年。『ジェトロ世界貿易投資報告』2012年版，図表Ⅱ-14「広域FTA構想の世界における位置

付け」）この地域は明らかに日本の「生命圏」である。日本がこの地域における「自由貿易圏」作りに参加しないという選択肢は，日本の持続的な成長と繁栄の維持を考えればあり得ない。

　世界経済で第3位の GDP（国内総生産）を誇る日本がこの TPP「交渉」に参加することの意義は極めて大きい。日本はアジアの国として初めて先進国の仲間入りをした国であり，OECD（経済開発協力機構）への加盟（1964年）や先進国首脳会議（サミット）への参加（1975年）などこれまでアジアを代表する存在として，国際経済における新たなルール作りに参加し，市場経済制度を徹底してきた。さらに民主主義，法の支配，人権など普遍的な価値観についてもアジアでは先陣を切って定着させ，これが日本の「ソフト・パワー」の基礎を築くことに繋がっている。そのような日本がアジア太平洋地域の新たな経済秩序作りに貢献できるポテンシャル（潜在可能性）は大きいし，各国からの期待も大きいと考えるのは不思議ではない。

　本章では，マクロ・ヒストリカルにアジア太平洋地域における経済統合の歴史的展開を顧みると同時に日本の通商外交の系譜を振り返り，TPP がある種の歴史的必然であることを解明したい。

第1節　日本の通商外交の転換点

1．世界的趨勢としての「地域統合」

　日本はグローバル化に背を向けては生きていけない。グローバル化の実体は国境を越えて移動する「モノ・サービス・資本・人」である。1958年に関税同盟としてスタートした EU（欧州連合）では1993年から市場統合をさらに深化させ「単一市場」を形成，この4つの要素の自由移動を促進してきた。この EU の成功をお手本に，今では途上国も含め世界中至る所でこの「地域経済統合」が一つのトレンドとして定着している。経済統合の形式として最も多いのが貿易障壁（関税や非関税措置など）を相互に撤廃した国々が締結する「自由貿易協定」（FTA）である。ジェトロの調査によれば，2012年7月の時点で世界には221件の FTA が存在している。

世界経済を引っ張る「成長の極」は3つあると筆者は見ている。経済統合が最も進んでおり，27の構成国の内16カ国で共通通貨ユーロが使われているEU，アメリカを中心にカナダとメキシコを加えたNAFTA（北米自由貿易協定）の地域，そして高い成長率を誇る東アジア地域である。ユーロ圏とNAFTA圏はその経済規模がGDPで約13兆ドルとほぼ拮抗しており，東アジアはGDP約11兆ドルの経済規模である。この3つの「メガ・リージョン」（巨大地域）では，それぞれ特徴的な地域統合が進行中である。（第9-1図，「3つのメガ・リージョンとWTO体制」）

　EUでは主権国家を超えた超国家的な統合が「深化と拡大」を繰り返し，米州ではアメリカを中心とする「ハブとスポーク」の統合がNAFTAに留まらず，中米諸国とのFTAであるCAFTAまで包み込み，東アジアではASEANを軸に日本・中国・韓国・豪州・インドなどが活発に「ASEANプラス1」のFTAを構築してきた。さらに近年では，地域横断的な市場統合の動きも見られ，2007年4月に交渉妥結した米韓FTA，同年交渉が開始されたEUとASEAN，EUと韓国とのFTA，2009年2月に合意された豪州とチリとのFTAなどがある。

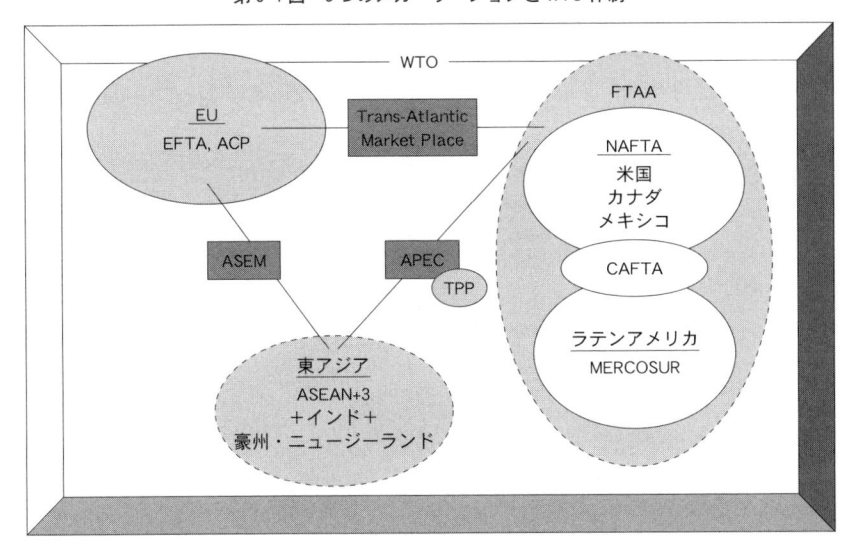

第9-1図　3つのメガ・リージョンとWTO体制

中でも特に注目に値するのが，当初 P4 と呼ばれた TPP で，これはシンガポール，ブルネイ，チリ，ニュージーランドの 4 カ国が始めた FTA であるが，2008 年 11 月の APEC の際には主催国であったペルーや豪州が参加の意向を表明し，更にはアメリカもサービス分野に関心を示すに至った。折からアメリカは東アジアで「アメリカ抜き」の市場統合が進むことには懸念を有しており，2006 年の APEC の際には「APEC ワイドの FTA」ということで「アジア太平洋自由貿易圏」構想を提案していることから，この P4 の動きが P9 に，さらには P11 にといった形で今後，アジア太平洋地域における「クリティカル・マス」(critical mass) を形成していくことが十分考えられる。

2. EPA，日本版 FTA の展開

このように世界で二国間，あるいは地域の市場統合が進行するなか，我が国も 21 世紀に入ってからは積極的にこれに取り組むようになった。日本は FTA を超える更に包括的な経済協定という意味を込めて「経済連携協定」(EPA) と呼んでいる。(第9-2 図，「FTA を超える EPA」) 2001 年に交渉したシンガポールとの EPA を皮切りに，これまで 15 の国と 1 地域 (ASEAN＝東南アジア諸国連合) と交渉し，その内 11 件の EPA を既に発効させている。(第9-1 表，「日本の EPA 締結状況」) 交渉中の EPA も含め，日本の EPA がカバーする貿易は日本の対外貿易の約 35% に相当する。

これまで進めて来た日本の EPA にはいくつかの特徴がある。1 つは日本の

第 9-2 図　FTA を超える EPA

Economic Partnership Agreement

● 物品・サービス貿易における市場アクセス以外の分野でも包括的な経済連携を推進

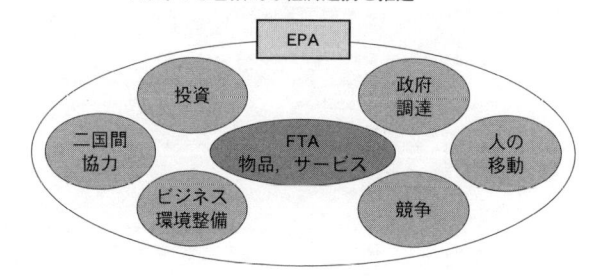

EPA
- 投資
- 政府調達
- 二国間協力
- FTA 物品，サービス
- 人の移動
- ビジネス環境整備
- 競争

第 9-1 表　日本の EPA の締結状況

状況	国と地域（対外貿易に占める比率, 2007 年）
締結済み	シンガポール（02 年発効, 2.3％），メキシコ（05 年発効, 0.9％），マレーシア（06 年発効, 2.4％），チリ（07 年発効, 0.5％），タイ（07 年発効, 3.4％），インドネシア（08 年発効, 2.7％），ブルネイ（08 年発効, 0.2％）
	ASEAN 全体（08 年 4 月署名, 6 月国会承認, 12 月以降順次発効），フィリピン（06 年署名, 同年 12 月国会承認, 08 年比上院で承認, 12 月発効, 1.5％）
	ベトナム（09 年 10 月発効, 0.7％），スイス（08 年 9 月大筋合意, 09 年 7 月発効, 0.6％），インド（07 年 1 月交渉開始, 10 月 6 日～9 日に第 10 回交渉会合, 2010 年 10 月大筋合意, 2011 年 2 月署名, 同年 8 月発効, 0.6％），ペルー（09 年 5 月交渉開始, 2012 年 3 月発効）
交渉中	韓国（04 年 11 月以来交渉中断, 6.4％），GCC（湾岸協力理事会諸国, 07 年 1 月第 2 回交渉会合, 8％），豪州（07 年 4 月交渉開始, 09 年 7 月第 9 回交渉会合, 3.3％），モンゴル（2012 年 6 月交渉開始），カナダ（2012 年 10 月交渉開始），コロンビア（2012 年 12 月交渉開始）

製造業が東アジア地域において展開してきた「生産ネットワーク」をより競争的にするために各国の貿易障壁を撤廃し，投資環境を整えることに力点が置かれていることである。1985 年 9 月の「プラザ合意」以降円高が定着したが，これに対応するために製造業の多くは ASEAN 諸国に部品の生産拠点を移した。そこで製造された部品は国境を越えて取引され，製品化され，そこから欧米諸国や日本などに輸出された。日本の EPA はこのような日本企業の海外における生産活動を諸外国との条約の形で保全し，発展させる手立てなのである。言い方を変えると，EPA は日本からの直接投資をきっかけとして形成されてきた生産と流通のネットワークに基礎をおく「事実上の統合」（de-facto integration）をさらに維持・強化するための法的手段（legal instrument）ということができよう。ASEAN 諸国との EPA においてまさにこれが当てはまる。

　メキシコやチリとの EPA に顕著な特徴は，両国が EU やアメリカなど 40 カ国以上の国々と 10 件以上の FTA を通じて特恵関係にあり，日本が両国と EPA を結ばなければ日本の企業に不利益が生じていたことである。そのため逸失利益を取り戻し，競争条件を平準化するために EPA 締結が急がれた。その意味で両国との EPA は防御的な「守りの EPA」と呼べるかもしれない。メキシコの政府調達市場には FTA パートナー国の企業でないと入札すら参加できなかったし，チリにおいては韓国がチリとの FTA を締結した結果，韓国

第 9-3 図　EPA の経済成長率へのインパクト

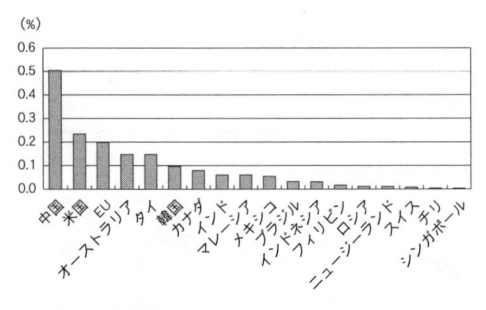

(出所)　内閣府, 2006 年。

製の自動車や電子機器が無関税でチリに入るようになり，日本製品は苦境に立たされていた。メキシコ，チリ共にアメリカ市場や南米市場への重要なゲートウェイであるだけに，日本企業からは両国とのEPAを早急に締結するよう要望が相次いだ。

　これまでのEPAについてもう1つの特徴は貿易パートナーとして大きなシェアを持つ国，つまり中国，アメリカ，EUとは交渉をして来なかったことである。中国については中国がWTOに加盟してまだ日が浅いことがあり，当面は中国がWTOに慣れ親しみ，中国がWTO加盟国としてその規定を順守することを確認したいとの考えがあった。アメリカとEUについては世界第一の経済大国，世界貿易第一のパートナーとの特恵的通商関係の形成がWTOの多国間貿易体制にマイナスの影響を当たることが懸念された。他方，貿易量の大きい国々とのEPAはそれだけ我が国の経済成長にプラスの影響を及ぼす。(第9-3図，「EPAの経済成長率へのインパクト」) これまでのEPAが「第1世代」だったとすると，今後は主要貿易相手国との「第2世代」EPAを目指すべきである。

3. EPA における農業産品の扱い

　EPAによるモノの貿易の自由化率（関税撤廃率）を日本のEPAと各国のFTAで比較すると第9-4図のようになる。これを見ると明らかなように，概ね米・EU等先進国が関係するFTAの自由化率が高いのに対し，日本のEPAの方が低い傾向がある。これは何故か。ここに日本の農業が絡んでくる。

第9-4図　自由化率（関税撤廃率）の比較

● 米国・EU等のEPA/FTAの自由化率（10年以内に関税を撤廃する割合）は，我が国に比べ高い。特に米国は，96％以上，100％に近い自由化率を実現。

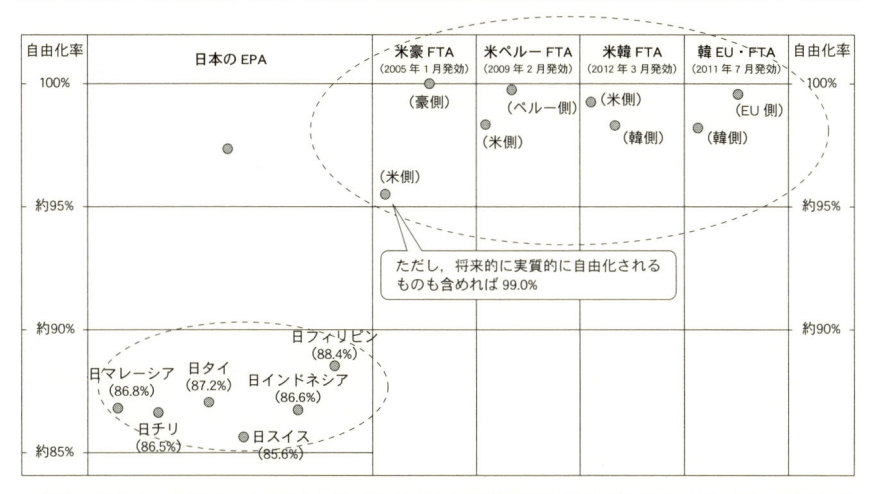

日本のEPA:
- 日フィリピン（88.4％）
- 日マレーシア（86.8％）
- 日タイ（87.2％）
- 日インドネシア（86.6％）
- 日チリ（86.5％）
- 日スイス（85.6％）

米豪FTA（2005年1月発効）: 豪側 100％, 米側 約95%
ただし，将来的に実質的に自由化されるものも含めれば99.0％

米ペルーFTA（2009年2月発効）: ペルー側, 米側

米韓FTA（2012年3月発効）: 米側, 韓側

韓EU・FTA（2011年7月発効）: EU側, 韓側

（注）本表は，品目ベースの自由化率（10年以内に関税撤廃を行う品目が全品目に占める割合）を示したもの。但し，我が国のEPAについて，貿易額ベースの自由化率（10年以内に関税撤廃を行う品目が輸入額に占める割合）を見ると概ね90％以上を達成。日ブルネイおよび日スイスとのEPAでは99％以上，日シンガポール，日マレーシア，日ベトナムとのEPAでは約95％。
（出所）内閣官房「開国フォーラム」資料（2011年）等。

日メキシコEPAを例にとると，メキシコ側の自由化率が98.4％であるのに対し，日本側のそれは86.8％に留まっている。これはメキシコの対日輸出に占める農産品の割合が約20％であり，その約半分が豚肉であったことが背景にある。日本には豚肉輸入について「差額関税制度」という制度があり，基準価格を下回る安価な豚肉については輸入抑制効果の大きな従量税が関税としてかかり，基準価格を上回る高級部位については4.3％という従価税がWTO譲許税率（WTOに約束している無差別の税率）としてかかることになっている。メキシコからの輸入は後者が圧倒的に多かったので，交渉の最終段階では4.3％という従価税を約半分の2.2％に下げ，この特恵税率が適用される数量（関税割り当て）を発効後初年度については3万8000トンとし，5年目には8万トンまで拡大することで決着した。確かに関税率は半減し，数量枠は一定量確保できたので，EPA交渉はひとまず妥結に至ったが，「関税撤廃」はできて

おらず,「差額関税制度」という極めて保護主義的な制度も温存された。

　メキシコからの輸入が太宗を占めるアボガドやマンゴ等のトロピカル・フルーツについては3％の従価税の即時撤廃が出来たが, メキシコからの輸入全体の11％を占める豚肉で関税撤廃が出来なかったために日本側の自由化率が90％にも及ばない結果となってしまった。鉱工業品と農産品について日本側の自由化率を比較すると, 鉱工業品が99.9％であるのに対し, 農産品は45.1％（いずれも貿易額ベース）となっており, 農産品の市場開放度の低さがEPA全体の自由化率を引き下げていることがはっきりする。タイとのEPAにおいては同様のことが鶏肉で見られるなど, 日本にとってセンシティブ品目である農産品の取り扱いがEPAの「質」を左右する自由化率に大きな影響を与えていることが分かる。

　では, なぜEPAの「質」が重要なのか。まず, モノの貿易について言えばGATTの第24条にEPAのような地域貿易取極めは「実質的に全ての貿易」（substantially all the trade）をカバーすることと規定されている, ということがある。「実質的に全て」がどの程度の割合を想定しているかは明確に規定されておらず, いわゆる「相場観」としては二国間の往復の貿易で9割以上ということになっている。前述の日メキシコEPAの場合も双方向の貿易の94％が自由化されていることから, 辛うじてこの条件を満たしていると考えられている。

　それではどうして「実質的に全ての貿易」をカバーしなくてはならないのか。1つには, そもそもGATT・WTO体制は最恵国待遇原則（原産国によって産品の扱いを差別しない）をベースとしたシステムであり, 差別を生じさせる地域統合（地域統合では域内国を優先する）を例外と位置づけ, 地域統合のハードルを高くしておく必要があったものと考えられる。

　もう1つ考えられるのは, 経済のある部分だけを取り出したり, あるいはある部分だけを排除して国境を越えた特恵的取極めを行うのは却って歪な経済構造をもたらすことになり, 産業連関にもマイナスの影響を与えることが懸念されるということがある。例えば, 農業だけは保護してFTAを結ぼうとした場合には, 農業生産のための投入財についても保護する必要が生じ, 結局農業以外の分野に保護のメカニズムが拡散していく危険性がある。そうなればその

ような貿易取り決めは，もはや「自由貿易」ではなく「管理貿易」(managed trade) になってしまう。そこで「実質的に全ての貿易」をカバーすることが要件として求められるのである。

　農産品をEPAから排除できないもう1つの理由として交渉相手国との「利益のバランス」(balance of benefits) の問題がある。日本側としては日本製の工業品に対して付加される輸入関税を撤廃するという大きなメリットがある一方で，相手国側は自国の農産品をもっと日本市場に供給したいと考えている。そこで日本側が農業について消極的な開放姿勢を見せると，相手国側も日本側の関心品目である工業製品について関税撤廃を渋るという「負の均衡」が発生する。このようなネガティブ・リンケージが様々な分野で起こると合意のパッケージが縮小し，合意ができたとしてもその効果は限定的なものになってしまう。

第2節　「雁行形態発展論」から「環太平洋経済圏構想」へ

　アジア地域の経済発展は中国の2桁成長に象徴されるようにその成長のスピードに注意が向きがちであるが，その地理的広がりにも注目すべきである。筆者がまだ大学院で国際関係論を学んでいた頃，アジア経済を見る上で大きな影響を受けた学説の中に「雁行形態発展論」がある。これは一橋大学の赤松要名誉教授によるもので，1930年代の日本の繊維産業を事例に打ち立てられた理論である。当時の日本のような後発国では，先進国で開発された新たな製品は当初輸入に依存するが，次第に国内生産で内需が賄えるようになり，国内生産による「輸入代替」が進む。さらに生産力を高めると余剰生産部分を輸出に回すことができるようになるが，競争力がつくと輸出が増大するようになる。しかし，次第に日本よりさらに後発の国から追い上げられるような競争的状況にも遭遇することにもなる。こうして繊維については韓国や台湾に追い付かれ，日本の生産量は落ちていくが，同時に次の産業，たとえば玩具とか金属洋食器などで競争力をつけ，同様のパターンで盛衰を繰り返す。そのパターンが，雁が空を飛ぶときのように，輸入⇒輸入代替工業化⇒輸出⇒後発国の追い

上げ⇒減産，という具合に時間のズレをおいて弧を描くように起きるということから「雁行形態」(flying geese) という名が付いている[3]。

欧米先進国から産業技術の伝播を受けた日本が製造業の分野でアジアにおいてまず発展に向け「離陸」し，その後，韓国や台湾，香港などの「新興工業経済」(NIES) が日本に続き飛び立ち，そしてさらにその後を追うようにASEAN（東南アジア諸国連合）の国々が工業化を始める，その姿がVの字を描きながら空を飛ぶ雁の一群のようにイメージできる。何と美しいメタフォー（比喩）だろう，と筆者も若き学徒として当時感動したことを今でも覚えている。

産業技術が労働コストの高い国から低い国に伝播されることにより，技術の標準化が進行し，それによって比較優位構造が時間の流れと共に移転して行くことは1966年にレイモンド・バーノン (Raymond Vernon) が「プロダクト・サイクル理論」として発表したが，赤松教授の理論はその遥か前にアジア全体という広域に展開しており，そこに卓越した先見性と理論的ダイナミズムがある。

この「雁行形態発展論」をベースに政策論として展開したのが，赤松要教授の指導を受けた小島清一橋大学名誉教授の「環太平洋経済圏構想」であった。小島清教授は，日本の繊維産業のように比較優位を失うと生産要素コストの低い低開発国で生産を行い，国際競争力を維持する必要が生じ，海外直接投資 (FDI, foreign direct investment) が進むとして産業のライフサイクルがさらに展開する可能性を明らかにした[4]。小島清教授は1980年代から90年代前半にかけて日本の国際経済学会をリードされた国際経済学の第一人者であったが，アジアとアメリカ（米州）を環太平洋 (the Pacific rim) という概念で結びつけられた功績は大きかった。この時代は日米貿易摩擦の激しかった頃でもあり，日米通商関係の安定化にも資するアジア太平洋地域の「グランドデザイン」を描かれたものであった。また，既に「改革開放」の波に乗り始めていた中国をも視野に入れて，まだGATT・WTO加盟を果たしていなかった中国をこの地域の一定の秩序体系に取り込んでいくことを先取りする効果も看取できた。

赤松要の「雁行形態発展論」，小島清の「環太平洋経済圏構想」をさらに実

体化し，制度化したのが山澤逸平一橋大学名誉教授である。山澤逸平教授はAPECの立ち上げ時からアカデミアの立場から参画し，オーストラリア国立大学のピーター・ドライスデール教授らと共に「賢人会議」を構成し，APECの青写真を描いた。山澤逸平教授はAPECを象徴する言葉として「開かれた地域主義」(open regionalism) を標榜し，狭隘で排他的な「閉じられた地域主義」との違いを強調した。1989年に発足したAPECは，1993年シアトルで開催されたAPEC首脳会議で当時交渉が大詰めに来ていたGATTのウルグアイ・ラウンドの成功裏の終結に重要な貢献をすることになる。その翌年にはインドネシアのボゴールで開催した首脳会議で「先進エコノミーは2010年までに，発展途上エコノミーは2020年までに貿易・投資の自由化を行う」との宣言を発出し，その後のAPECの方向性を決定づけた。1995年のAPEC大阪首脳会議では，この「ボゴール宣言」を実行するための「大阪行動計画」が採択された。このように1993年から1995年にかけてのAPECは，各国の自主的な自由化努力の収束を目指すという比較的緩やかな協力体という限界はあるものの，アジア太平洋地域の貿易・投資の自由化に一定の役割を果たしたと言える。このAPECのイデオローグとして山澤逸平教授は一貫して関与してきた。そしてTPPはこのAPECをいわば「母胎」として生まれてきたのである。

　TPPはまさにAPECワイドのFTAを目指すものであり，その意味で「雁行形態」で発展してきたアジアの国々を取り込みながら，米州をも含む「環太平洋」との広域経済圏を志向し，そしてAPECの「非拘束性」を超える「拘束性」を具備したFTAと捉える事ができる。そして，このような発展の中に日本を代表する国際経済学者の思想的系譜が脈々と流れていることを確認することが出来るのである。

　このように振り返ってみると，TPPという21世紀の「グランド・デザイン」が如何に日本を含むアジア太平洋地域の発展と結び付いているかが分かる。TPPはこれに反対する人々が言うように最近になって降って湧いたように急に出てきたものではなく，ましてやアメリカの「謀略」などでは決してないことが以上の考察から明確になる。

第3節　FTAAP（アジア太平洋自由貿易圏）へのロードマップ

1. 横浜APEC2010年

2010年11月の横浜APECではFTAAPへ向けて複数の枠組みが提示された。その中には「ASEANプラス3（日中韓）」，「ASEANプラス6（右3にオーストラリア，ニュージーランド，インドを追加）」，「日中韓FTA」などが明示されている。「ASEANプラス3」は2004年に中国が提案した東アジアFTA（EAFTA）構想であり，「ASEANプラス6」は2006年に日本が提案した包括的東アジア経済連携（CEPEA）構想である。これらはいずれも首脳会議や閣僚会議は積み重ねてきているが，まだFTAそのものの本格的交渉には入っていない。「日中韓FTA」にしても産官学の共同研究を前倒しで2011年末に終了したが，正式交渉はまだ開始されていない。このように横浜APECで言及された諸枠組みの中で実際に交渉モードに入っているのはTPPのみということになる。

「ASEANプラス」型の東アジアのFTA形成とTPPとの関係はどのように考えたらよいのか。筆者は両者は補完的であると考えている。メンバーシップを見てもASEANの後発メンバーであるカンボジア，ラオス，ミャンマーはAPECのメンバーではない。ラオスはWTOにも加盟していない。他方，APECのメンバーである台湾は東アジアの重要な貿易パートナーでありながらも政治的理由からASEANプラス型の経済統合には参加できないでいる。また，APECの中にはロシアやパプアニューギニアのように東アジアの統合プロセスに制度的には参加していない。決定的に異なるのは，ASEANプラス6の「拡大東アジア」にはインドが入っているが，インドはAPECのメンバーではないことである。（第9-5図参照）

このように考えてくると，「ASEANプラス」型の東アジアのFTAは，インドや後発のASEAN諸国を組み込んだ経済統合を目指している点にその特徴があり，既に発効している日ASEAN包括的経済連携協定や日インドEPA（経済連携協定）などをベースに，東アジア全体の「底上げ」効果が期待され

第9章 日本の通商政策の系譜とTPP　159

第9-5図　APEC域内における地域経済統合の深化

FTAAP（アジア太平洋自由貿易圏）構想の実現に向けた具体的取組
・日中韓FTA, ASEAN+3（EAFTA）, ASEAN+6（CEPEA）, TPP等の広域連携をFTAAPにつなげる。
・日本は、09年12月に新成長戦略（基本方針）において、以下を閣議決定。
「2020年を目標にFTAAPを構築する。我が国としての道筋（ロードマップ）を策定する」

FTAAP構築に向けた広域経済連携の推進

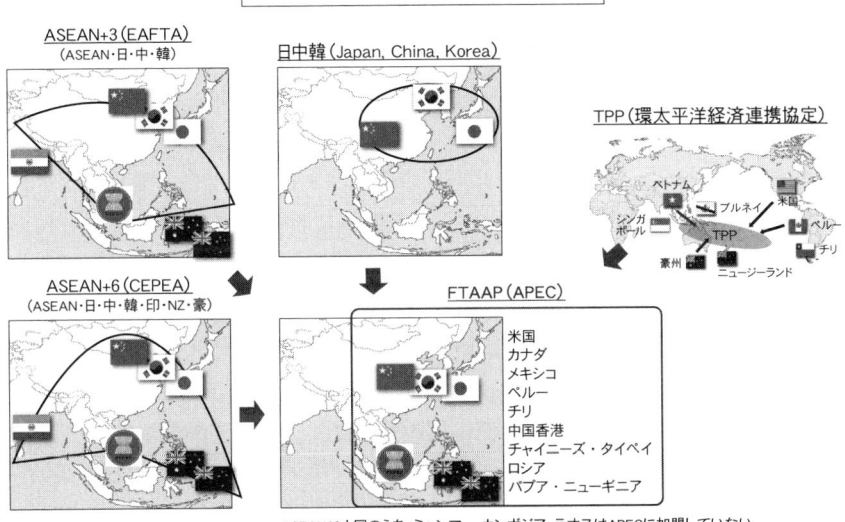

ASEAN+3（EAFTA）（ASEAN・日・中・韓）

日中韓（Japan, China, Korea）

TPP（環太平洋経済連携協定）
ベトナム／ブルネイ／シンガポール／TPP／米国／ペルー／チリ／豪州／ニュージーランド

ASEAN+6（CEPEA）（ASEAN・日・中・韓・印・NZ・豪）

FTAAP（APEC）
米国
カナダ
メキシコ
ペルー
チリ
中国香港
チャイニーズ・タイペイ
ロシア
パプア・ニューギニア

ASEAN10カ国のうち、ミャンマー、カンボジア、ラオスはAPECに加盟していない。

ると言えよう。それは単に経済発展の水準の底上げのみならず，知的所有権の保護や競争政策，貿易措置をめぐる透明性の向上なども含めたルール面での底上げも重要なターゲットとなってこよう。他方では，ベトナムも含めてASEAN後発国（いわゆるCLMV）に対してはルール整備や投資環境改善のための様々な支援も必要となろう。

　ラオスの場合にはWTO加盟支援が必要であるし，カンボジアやミャンマーに対してもWTOルールの履行能力改善のための「キャパシティー・ビルディング」型援助が必要になってくる。このような支援は東アジア域内における一種の「所得移転」として東アジアの共同体的発展を支える試金石になる可能性をはらんでいる。より高度で先進的な「次世代型FTA」と言われるTPPとは異なり，東アジアのFTAは地域全体の底上げと後発国の取り込みに重点が置かれることになり，その意味で「共同体志向」と位置付けられよう。

このようにTPPと「ASEANプラス」型FTAとは質的に異なり，両者は必ずしも対立的ではない。そのことは「ASEANプラス6」を敬遠し，自らが覇者として主導権を握り易い「ASEANプラス3」を選好してきた中国でさえ認めている。中国外交部の劉振民部長補佐は2011年11月15日，内外メディアに対するブリーフィングで次のように述べている。

　「中国の対外貿易関係は全方位のもので，TPPをはじめとするアジア地域の経済融合・教導発展に有益な協力の提案に関しては，常にオープンな姿勢をとっている。（中略）APECがあり，東アジア首脳会議（EAS）があり，現在交渉中のTPPがある。中国はそれぞれの機構が共存し，相互に補足し合い，相乗効果によってともに東アジアの協力関係に貢献することを希望している[5]。」このように中国政府当局もTPPが中国を強く意識したものであることは認めつつも，それが必ずしも「反中国包囲網」であるとは考えず，「あらゆる二国間あるいは複数地域間経済協力組織と同様に，GATTやWTOの補足であるべき」（中国商務部の陳徳銘部長）と見ている。この考え方は基本的には日本の通商政策と一致している。

2. 動き出したRCEP

　2012年11月20日，プノンペンで開催された東アジアサミット（EAS）に参加したASEAN10カ国と日中韓，さらに豪州，ニュージーランド，インドの3カ国を加えた16カ国の首脳は「東アジア地域包括的経済連携」（RCEP）に関する交渉を2013年の早い段階に開始することで合意した。これは実質的には日本が2006年に提案した「ASEAN+6」の枠組みを東アジアの自由貿易地域の枠組みとすることが固まったことを意味する。2004年以来東アジアの自由貿易の枠組みとして「ASEAN+3（日中韓）」を主張してきた中国は，2011年の夏ころから豪州やインドが加わる「ASEAN+6」の枠組みを容認する姿勢に転換し，2012年8月末のハイレベル会合では「物品」，「サービス」，「投資」の3つの作業部会を設置することが合意されていた。右会合では2012年中に交渉開始を目指すということになっていたが，それが「2013年の早期」にずれ込んだとは言え，中国とインドというBRICSの主要2カ国を含む自由貿易圏構想が実現に向け一歩前進したことは大きな意義がある。

中国が実質的には「ASEAN+6」の枠組みであるRCEPに歩み寄った背景には，2011年11月に野田総理（当時）がTPPについて「交渉に向けて協議に入る」と発言したことが大きな影響を与えたものと見られている。TPP交渉に日本が参加した場合，TPP参加国のGDPの合計はAPEC参加国・地域の総GDPの7割を超える規模となり，TPPを中心としたアジア太平洋地域の自由貿易圏であるFTAAPへのモメンタムが一気に高まることになる。中国としてはこの動きに対抗するために「ASEAN+3」か「ASEAN+6」かという神学論争を乗り越えて，現実的にアメリカの関与しない東アジアのFTA形成を優先したと見ることができる。

また，ほぼ同じ理由で中国は従来はそれ程熱心ではなかった「日中韓FTA」にも合意している。同時にTPP交渉参加国も非公式の首脳会議を開催し，これに再選されたオバマ大統領やシンガポールのリー・シェンロン首相など7カ国の首脳が出席した。こうしてこのプノンペンでの会議では，東アジアのFTAとしてRCEP，北東アジアの自由貿易地域として日中韓FTA，さらにアジア太平洋地域の広域FTAとしてTPP，と3つの経済連携・FTAが出揃ったことになる。

日本がTPP交渉に参加する場合には，日本はTPPでアメリカやカナダ等の北米やチリ，ペルーなどの南米諸国と繋がり，RCEPならびに日中韓FTAを通じて東アジア諸国，とりわけ中国とインドと連携を深めることになる。TPPで高度なレベルの市場アクセスの改善ならびに新分野でのルール作りを

第9-2表　FTAAPを構成する3つの主要FTA

	日中韓FTA	RCEP	TPP
交渉の状況	2013年早期に交渉開始（時期は未定）中韓は既に交渉中	2013年早期に交渉開始。2015年の妥結を目指す	2013年中の交渉妥結を目指す。2012年12月にNZで交渉
経済規模（GDP，人口，参加国数）	約14兆ドル　15億人（3カ国）	約20兆ドル　34億人（16カ国）	約20兆ドル　7億人（11カ国）
特徴・課題	相互に貿易の2～3割を依存し合う。他方，政治的問題が不安要因	中国とインドを内包する点がメリットであり，困難な点。発展水準の格差も難問	市場アクセス，ルールの両面でハイレベルのFTAを目指す。既に11回の交渉

（出所）『日本経済新聞』2012年11月21日「対アジア連携TPP軸」等を参考に筆者作成。

実現し，RCEPと日中韓FTAで更なる生産ネットワークの深化に成功すれば，日本はまさに東アジアと米州との中継点（pivotal centre）として21世紀の通商システムにおいて主役を演ずることになろう。そこに2012年11月29日にEU（欧州連合）の貿易相理事会が開始を決定した日EUEPA交渉が加われば，日本の通商戦略は盤石なものとなる。TPPで東アジアと米州を結び，日EUEPAで欧州と繋がることができれば，WTOの多国間貿易体制の再興まであと一歩である。こうして，地域統合の集約化と広域化を実現することで，地域主義の多国間化（multilateralizing regionalism）が可能となり，貿易の多国間主義（trade multilateralism）に新たな展開が期待されることになる。

第4節　TPPは成功するか？

　21の作業部会に分かれて交渉されているTPPは果たして成功するのだろうか。アメリカの通商イニシアティブはいつも成功してきたわけではない。2001年に当時のブッシュ政権（第1期）は「米州自由貿易圏」（FTAA）構想を打ち上げ，2005年末までに交渉を終結させると宣言した。これはキューバを除く全ての南北両アメリカ大陸の国々を巻き込んだ大交渉になったが，結局ブラジルの抵抗などで頓挫したままになっている。TPPがFTAAの二の舞にならないという保証はどこにもない。

　しかしTPPの成功に期待する向きがアジア太平洋地域に強いのも事実だ。1つはWTOの多国間貿易交渉である「ドーハ開発アジェンダ」（DDA，いわゆる「ドーハ・ラウンド」）の凍結状態である。2001年11月に開始されたDDAは10年経ってもまとまっていない。このことが世界経済に「保護主義の回帰」という悪いメッセージを送っている。自由貿易体制はペダルをこぎ続けないと転倒してしまう自転車に似ている。自由化交渉というペダルを踏むのを止めた途端に世界経済という自転車は倒れ，保護主義の嵐が世界を覆うことになる。大恐慌後の1930年代の世界経済の収縮過程は各国の藁にもすがる思いの「近隣窮乏化政策」（為替の切り下げと高関税で自国産業を保護し，失業を他国に押し付ける政策）の結果であった。リーマン・ショック後の現代の世

界経済も保護主義の波に十分抗しきれているとは言い難い状況にある。加盟国数が157になる大所帯のWTOが保護主義に立ち向かえないということであれば，せめてTPPで保護主義を防圧できないだろうか。保護主義との闘いの場としてのTPP待望論が1つである。

　もう1つTPPに期待されるのは「新しい貿易のルール作り」である。WTOを構成する諸要素はウルグアイ・ラウンド（1986年－1994年）交渉の結果である。同ラウンドの歴史的成果は，初めてGATT体制の中で農業交渉が行われたことに加えて，サービス貿易，知的所有権，投資措置といった「新分野」に国際的ルールが出来たことである。しかし，同ラウンドの終結から既に17年の歳月が経ち，世界貿易には新しい「新分野」が生まれてきている。一例をあげると，「貿易と環境」，「貿易と投資」，「政府調達の透明性」，「貿易と競争政策」などである。中でも政府調達についてはWTOの中にも協定はあるが，全加盟国の一割にも満たない少数の国だけが締約国となっている「複数国間協定」の扱いとなっている。近年インフラ整備などの案件が国際的に取引されることが多くなり，従来のモノの政府調達をはるかに超えたインフラ事業そのものを建設し，サービスを提供し，そして売買する大型プロジェクトが増加している。PPP（public-private-partnership，官民連携）など公共インフラプロジェクトに民間企業や銀行が参加することが多くなり，公共調達の幅が大きく広がってきている。このような状況を現行のWTO政府調達協定で規律するのは困難である。WTOで新たなルール作りが期待できない状況であれば，それをTPPのような広域FTAで議論することは時宜にかなっている。TPPで議論したことをルール化できれば，それをOECDに持ち込んでEU諸国とも議論し，さらにはWTOにおいて交渉することで当該ルールのマルチ化も可能となる。

　このようにTPPには変化する国際貿易の新たな挑戦に対する「ルール作りのフォーラム」という役割も期待できる。保護主義の防圧と新たなルール作り，この2点にTPP交渉の真価が込められている。この2点に対応すべく日本の交渉態勢を早急に構築することが喫緊の課題となっている。

結びにかえて

　日本はかつて「雁行」の先頭を飛んで，アジアの発展をリードしてきた。しかし，その日本は過去20年間低成長とデフレに悩まされてきている。この停滞と閉塞状況から抜け出すためにはもう一度世界市場に打って出ていくしかない。雁行の先頭を飛んでいた頃，我々は「日本は貿易立国」と教えられたが，今や日本の貿易依存度はOECD加盟国30カ国の中で下から2番目だという。とても「貿易立国」とは言えない状態である。TPPは万能薬ではないが，TPP交渉を活用して農業を含む国内の経済社会を建て直し，外に向かって国内市場を開くと共に，海外市場に果敢にチャレンジしていくきっかけを提供している。そこにTPPの歴史的意義があると言えよう。

第9-6図　ASEANプラス型FTAとFTAAPの比較

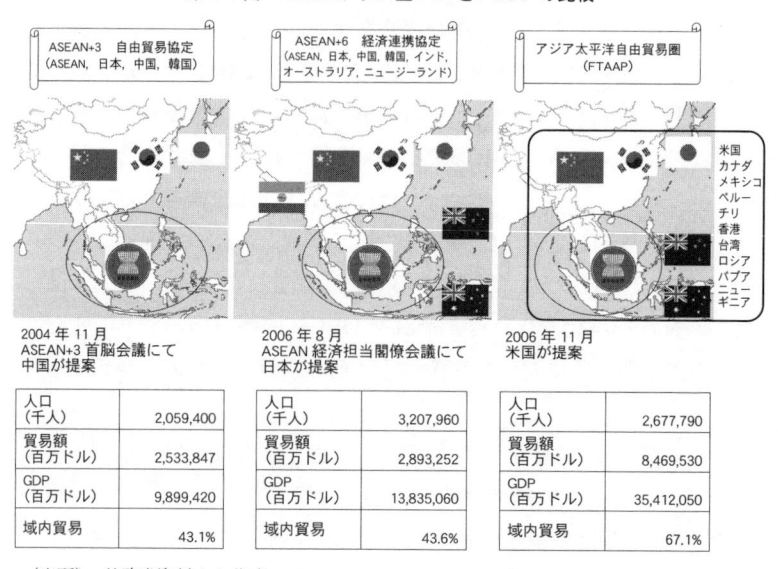

	ASEAN+3 自由貿易協定 (ASEAN, 日本, 中国, 韓国)	ASEAN+6 経済連携協定 (ASEAN, 日本, 中国, 韓国, インド, オーストラリア, ニュージーランド)	アジア太平洋自由貿易圏 (FTAAP) 米国, カナダ, メキシコ, ペルー, チリ, 香港, 台湾, ロシア, パプアニューギニア
	2004年11月 ASEAN+3首脳会議にて中国が提案	2006年8月 ASEAN経済担当閣僚会議にて日本が提案	2006年11月 米国が提案
人口（千人）	2,059,400	3,207,960	2,677,790
貿易額（百万ドル）	2,533,847	2,893,252	8,469,530
GDP（百万ドル）	9,899,420	13,835,060	35,412,050
域内貿易	43.1%	43.6%	67.1%

（出所）　外務省資料より作成。

（渡邊　頼純）

注

1) TPP について詳しくは拙著『TPP 参加という決断』（ウェッジ，2011 年 10 月）を参照．
2) P4 協定については，ニュージーランド外交貿易省のホームページに全文が掲載されている．慶應大学 SFC の渡邊頼純研究会では 2011 年 11 月にその本文を和訳している．
3) 『日本経済事典』日本経済新聞社，172-173 ページ，654-655 ページ参照．
4) 小島清（1981）『多国籍企業と直接投資』ダイヤモンド社．
5) 日中通信社編『月刊中国ニュース』「特集　中国的視点，TPP は米国の中国包囲網か」42-53 ページ参照．

参考文献

馬田啓一・浦田秀次郎・木村福成編著（2012）『日本の TPP 戦略：課題と展望』文眞堂，5 月．
山澤逸平・馬田啓一・国際貿易投資研究会編著（2012）『通商政策の潮流と日本』勁草書房，4 月．
渡邊頼純（2012）『GATT・WTO 体制と日本』（増補 2 版）北樹出版，10 月．
渡邊頼純（2012）「アジア・太平洋自由貿易圏の構築と TPP」浅香幸枝編『地球時代の「ソフトパワー」』行路社，3 月．
渡邊頼純（2011）『TPP 参加という決断』ウェッジ，10 月．
渡邊頼純監修，外務省経済局 EPA 交渉チーム編著（2008）『解説 FTA・EPA 交渉』日本経済評論社．
C. L. Lim, Deborah K. Elms, Patrick Low (ed.) (2012) *THE TRANS-PACIFIC PARTNERSHIP: A Quest for a Twenty-first-Century Trade Agreement*, Cambridge University Press.

第10章
TPP は経済成長を促進する

はじめに

　TPP に対する反対論の多くは，貿易を勝者と敗者が生み出されるゼロサム・ゲームと捉えている。例えば，TPP（環太平洋経済連携協定）をアメリカが輸出を増やして雇用を増やすための戦略の一環として捉え，日本が TPP に参加すればアメリカからの輸入が増えて不利益を被るというような主張がなされている。しかし，貿易は自国と相手国の双方が利益を得る win-win の関係を構築しうるものである。その理由の1つは，よく知られているように，リカードの比較優位説に基づくものである。つまり，各国は自国での生産コストが比較的低い財の生産に特化して，それを輸出し，逆に自国では生産コストが比較的高い財を輸入することで，すべての国が利益を得ることができる。しかし，貿易による利益の本質は，実は比較優位によるものではなく，むしろ，貿易によって双方の国がお互いの知恵を学び合うことでイノベーションが活発となり，経済成長が加速されることなのである。さらに，このような成長効果は貿易だけではなく，海外直接投資や海外への生産委託（アウトソーシング）を含めた経済のグローバル化全般に見られる。

　本章では，TPP によって国境を越えた貿易や投資が拡大することで，日本の経済成長が促進されることを，データを統計学的に分析した最近の実証研究の成果を基にして述べたい。

第1節　経済成長の源泉

　現在の日本にとって，高い経済成長（1人当たりGDP成長）を達成することは絶対に必要である。1990年から2011年までの1人当たりGDP成長率（年率）は，日本ではわずか0.76％であり，OECD（経済協力開発機構）加盟国34カ国中の32位であった（World Bank, 2012）。その結果，日本の1人当たりGDP（gross domestic product, 国内総生産）の実質値は，1990年にはOECD加盟国中で第7位だったものが，2011年には17位に転落している。OECDの「より良い暮らし指標」という幸福度指標によると，幸福度と所得レベルには強い相関関係があり（OECD, 2012），このような経済の停滞が日本人の幸福度を下げてしまっていることは疑いない。実際，日本の幸福度はOECD加盟国34カ国中19位であり，生活に満足している人の割合では26位と，所得レベル同様に幸福度も高くない。

　経済成長の究極的な源泉は技術進歩である。ただし，ここで言う技術進歩とは広義にとらえられるべきで，単に研究開発による工学的な技術の進歩だけではなく，経営やマーケティング手法の改良，生産工程の改善なども含めた上での技術進歩を指す。むしろ，知恵の創造と言った方がよいかもしれない。知恵を創造することで，新しい製品が生まれ，生産効率（生産性）が上がって，より価値の高いものをより多く生産して所得を向上させることができる。

　知恵を創出し，高い生産性成長を達成する1つのカギは，人のつながりである。人間がお互いに学び合い，刺激し合うことでよりよい知恵を創出することは，「3人寄れば文殊の知恵」という言葉に端的に表されている。しかも，最近の社会ネットワーク論の実証研究によると，ある集団の中で密接に強くつながっていると同時に，毛色の違う集団とも多様なつながりを持っているような人が最もイノベーティブであるという（Rost, 2011; Tiwana, 2008）。

　したがって，日本が高い経済成長を達成する1つの方法は，地域で強く結びついて産業集積を構築しながら，グローバル化によって海外との多様なつながりをも構築することで，様々な知恵から学び合いながら新しい知恵を創造して

第 10-1 図　つながりが知恵の創造をよびおこす

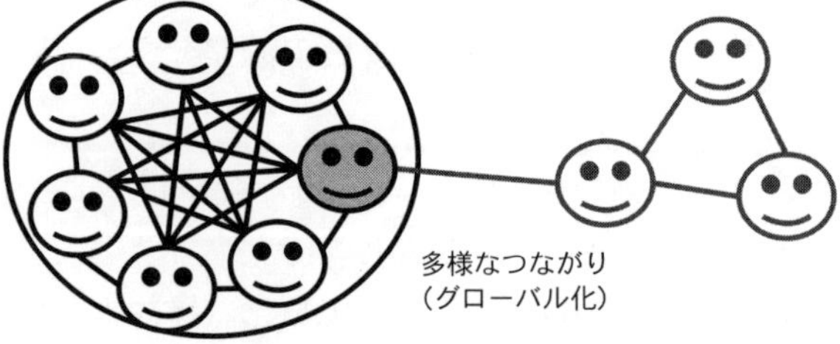

多様なつながり
（グローバル化）

強いつながり
（地域内の産業集積）

いくことである（第10-1図）。しかも，グローバル化の効果は「3人寄れば文殊の知恵」だけにとどまらない。生産量が増えることで，規模の経済によって生産コストが下がるし，海外へ労働集約的な生産工程を委託することで，国内では知識集約的な工程に特化して生産性を向上させることもできる。

第 2 節　グローバル化は経済成長を促進する

　実際，輸出や海外直接投資といった企業のグローバル化によって企業の生産性が上昇することは，先進国を含む多くの国で企業単位のミクロデータを利用して見出されている（詳細は石瀬（2012）を参照）。日本も例外ではない。例えば，輸出を始めることで企業の生産性は平均的に2％上昇することが日本の企業レベルのデータによって確かめられている（Kimura and Kiyota, 2006）。第10-2図には，2000年に輸出を開始した企業が，輸出をすることで非輸出企業に比べてより労働生産性を増加させていることが示されている。さらに，海外直接投資，海外での研究開発投資，海外生産委託によって，生産性は平均的にそれぞれ2％，3％，0.6％上昇する（Hijzen et al., 2007; Todo and Shimizutani, 2008; Hijzen et al., 2010）。全ての生産者の生産性が1％増えれば，日本全体のGDPも1％増えるので，これらの効果は決して小さなものとは言えない。

　日本からの海外進出だけではなく，対日直接投資も日本経済の利益となる。

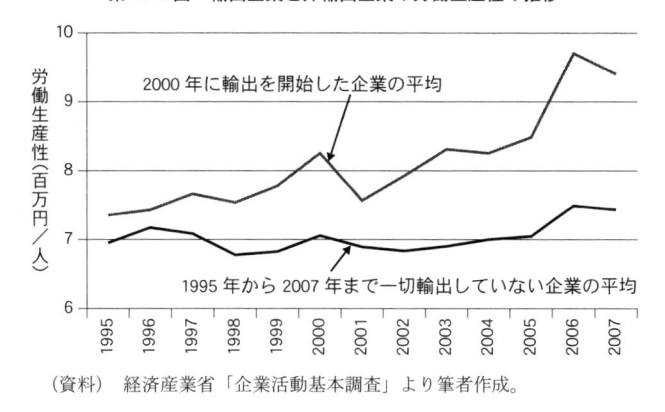

第10-2図　輸出企業と非輸出企業の労働生産性の推移

グラフ：縦軸 労働生産性（百万円／人）、横軸 1995〜2007年
- 2000年に輸出を開始した企業の平均
- 1995年から2007年まで一切輸出していない企業の平均

（資料）　経済産業省「企業活動基本調査」より筆者作成。

　国際的な競争を勝ち抜いた外資企業の多くは高い技術を持っており，その技術が波及することで地場企業が生産性を上げるという効果は，開発途上国のみならず，アメリカやイギリスなどの技術先進国においても見られる（Haskel et al., 2007; Keller and Yeaple, 2009）。日本においても同様の効果がみられるが，日本の場合には特に外資企業が日本で研究開発活動を行っているときにこの効果が顕著であり，Todo（2006）によれば，平均的な産業では外資企業からの技術伝播によって日本企業の生産性成長率が4％程度引き上げられている。

　企業単位のミクロデータだけではなく，国単位のマクロデータを利用した研究の多くも，貿易や海外直接投資などのグローバル化によって国の経済成長率は増加するという結果を示している。例えばLee et al.（2004）によれば，貿易額（輸出額と輸入額の和）の対GDP比率が1％上昇すれば，1人当たりGDP成長率が約0.03％上昇するという。また，Wacziarg and Welch（2008）は，第二次世界大戦後から現在までで，貿易に対して開放的に政策転換することで，1人当たりGDP成長率は平均的に1.4％増加したことを見出した。日本も，幕末に開国することで，1人当たりGDP成長率は1850〜1870年には年率平均0.4％だったのが1870〜1890年には1.6％と急激に上昇したが（Maddison, 2010），この経験は数値的にもWacziarg and Welch（2008）の結果にかなり近い。

また，Connolly（2003）はハイテク財の輸入額の対 GDP 比率が高い国ほど，特許申請数で測った技術進歩の度合いも高いことを見出した。これは，ハイテク財に内在された知識が財とともに輸入されるためと考えられる。対内直接投資についても，教育や金融制度が十分に整っている場合には経済成長率を引き上げることが示されている（Borensztein et al., 1999; Alfaro et al., 2004）。これらのことは，日本企業が海外進出するだけではなく，外国企業が日本に輸出，投資することでも日本国内での生産性が向上することを示している。グローバル化は，お互いの知恵を学び合うことを促すことで，まさに win-win の効果をもたらすのである。

　しかも，海外直接投資や海外への生産委託は中長期的には必ずしも国内雇用を減らさず，空洞化を引き起こさないことも，日本の企業レベル，産業レベルのデータを利用した多くの研究によって示されている（樋口・松浦，2003; Hijzen et al., 2007; Yamashita and Fukao, 2008; Agnese, 2009; Todo, 2012）。これは，短期的には国内生産拠点の閉鎖などによって国内雇用は減少するかもしれないが，グローバル化によってその企業の生産性が向上するために競争力が増し，中長期的には国内雇用が回復するためである。海外進出に伴って，海外の生産拠点の管理業務や海外に対する技術指導が増加し，国内の雇用が守られるという事例もある。輸出にはむろん国内雇用を増やす働きがあり，Tanaka（2012）によると，輸出企業は非輸出企業にくらべて雇用の成長率が 6％程度高い。

　なお，グローバル化によって技術進歩が進み，生産性が上昇するのは製造業だけではない。サービス業においてもそうだし，むろん農林水産業においてもそうだ。農林水産省は，TPP によって日本の農産物市場が自由化されれば，現在関税で保護されている作物のほとんどが外国産に置き換わると予測するが（農林水産省，2010），これまでの自由化の経験ではそのようなことは起きていない。例えばサクランボは，1977 年にアメリカ産の輸入が解禁されたため輸入量は増加して，2011 年には約 1 万トンが輸入された。しかし，自由化前の 1976 年には 1.6 万トンだった国内出荷量は 2011 年には 1.8 万トンとむしろ増加している。これは，輸入解禁を受けて，国内生産者が品質向上に努め，それに成功したことで，廉価な輸入品と高級な国産品との棲み分けがなされた

からである（農林水産省，2007）。実際，2011年の卸売価格の平均値は国産品で1278円／kgであり，1001円／kgであった輸入品より2割以上高かった。同様に，1990年に行われた牛肉の輸入数量割当制度撤廃とそれ以降の関税引き下げによって，国内の牛肉生産は必ずしも大きくは減少せず，関税化前の1989年には牛の枝肉生産量（成牛と子牛の合計）は54.7万トンだったのが，2010年には51.5万トンとほぼ変化はなかった（この段落内の統計データは全て農林水産省（2011）より得た）。その間，肉牛生産農家の規模拡大は進み，1991年には1戸平均飼育頭数が12.7頭であったのが，2005年には32.2頭まで増加した（農林水産省，2007）。自由化された分野では，農業においてもグローバル化による生産性向上や経営革新は確実に進んでいるのである。

第3節　日本のグローバル化は遅れている

　しかし，現状では日本の国際化の度合いは著しく低い。2006～11年の輸出額，対内直接投資額，対外直接投資額のGDP比の平均値で言えば，日本はOECD加盟国34カ国中それぞれ33位，34位，25位であった（World Bank, 2012）。少なくともアジアでは日本企業は活発に活動していると思いきや，ASEANへの直接投資額のうち日本からの投資は10％にすぎず，2009年には国・地域別に見ればEU，ASEAN域内，アメリカ，中国に次いで第5位であった（ASEAN, 2012）。最近投資ブームに沸くミャンマーに対しても，日本は1988～2011年の累計でわずか2億1200万ドルの投資額であり，国別では第12位である（日本アセアンセンター，2012）。つまり，お膝元ともいえる東・東南アジアにおいてさえ，日本の直接投資は諸外国に比べてかなり見劣りがするのである。

　逆に言えば，日本はまだまだグローバル化の伸びしろがあると言える。しかも，通常企業が輸出や直接投資などによってグローバル化するには，高い生産性に裏打ちされた，海外市場で戦っていける競争力を持っている必要があるが，日本には生産性が高いにもかかわらずグローバル化していない企業が多く存在していることがわかっている（Todo, 2011; Todo and Sato, 2011）。第

第10-3図　グローバル企業と非グローバル企業の生産性分布

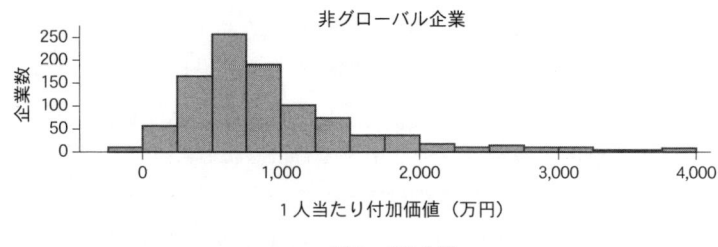

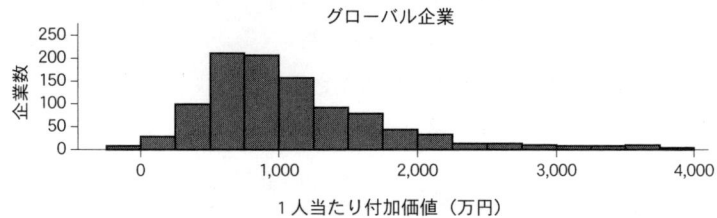

(資料) 三菱UFJリサーチ&コンサルティング『国際化と企業活動に関するアンケート調査』(2009年12月実施，製造・非製造業中小企業3513社) のデータを利用して筆者作成。詳細については，Todo and Sato (2011) を参照。

10-3図は，特に中小企業に焦点を当ててそれを表したものである。グローバル化している企業の多くよりも生産性（ここでは1人当たり付加価値額で測っている）が高いにもかかわらず，国内にとどまっている企業がかなり多いことがはっきりと表されている。これはより大規模な企業についてもあてはまるし (Todo, 2011)，このような企業はどの地方にもどの産業にも広く存在していることもわかっている。このような，潜在力があるにもかかわらずその力を発揮していない企業を「臥龍企業」とよぶが，これらの臥龍企業に象徴されるように，まだまだ日本には潜在力を十分に生かせていない企業や人材がたくさんいる。しかも，臥龍は製造業だけではなく，サービス業や農林水産業にも多くいる。これらの臥龍がグローバル化することで，「3人寄れば文殊の知恵」の効果でさらにイノベーションをおこして競争力を伸ばしていくことが，日本経済の起爆剤となりうるのである。

第4節　TPPのGDPに対する効果の推計

　グローバル化のために有効な政策の1つがTPPへの参加である。一般的に，経済連携協定（EPA）には貿易を増加させる効果が見出されており，例えばBaier and Bergstrand（2009）の推計によれば，1960〜2000年までに世界で実施されたEPA（経済連携協定）は平均的に貿易量を2倍にする効果があった。

　とは言え，日本とTPPの参加予定国との間の関税率はすでに低いために，TPPの効果は限定的であるという議論がある。確かに主要な参加国であるアメリカと日本の関税はほとんどの工業製品については0に近いし，その他の参加予定国のいくつか（例えば，マレーシア，ベトナム，メキシコ，チリ，ペルーなど）ともすでに経済連携協定を締結している。しかし，日本が締結したEPAにおける貿易の自由化率（関税撤廃品目の比率）は総じて低い（経済産業省，2012）上，投資の自由化度も低いものが多く，例えば米豪，NAFTA（北米自由貿易協定）など7つのEPAの投資の自由化度を比較したUrata and Sasuya（2007）は，7つのうち日本とメキシコのEPAが最も自由化度が低いとしている。したがって，高い自由化度を目指すTPPに参加することで，これまでのEPAを凌駕する効果が貿易や投資に対して期待できる。さらに，TPPのように多数の国を含むEPAでは，企業が域内で最適な生産ネットワークを構築するための自由度が高まるため，2カ国間のEPAが多数あるよりも貿易や投資を拡大する効果が高い。いずれにせよ，TPPによって域内で貿易や投資が相当程度活発化することは間違いない。

　では，TPPは貿易や投資の拡大を通じてGDPに対して数量的にどの程度の影響を与えるのであろうか？そのような推計としては，川崎研一・野村証券首席研究員がGTAP（Global Trade Analysis Project, 国際貿易分析プロジェクト）というマクロ経済モデルを利用してシミュレーションを行った結果がよく知られている。これによると，TPPに参加すれば実質GDPは2.4〜3.2兆円，対GDP比にして0.48〜0.65％程度増える（国家戦略室，2011）。GTAPは長

期的な均衡における GDP を測っているものであり,「GDP が 3 兆円増える」というのは,第 10-4 図の曲線 A で示されるように,TPP に参加すれば日本の GDP は徐々に増加し,ある程度の時期(例えば,川崎(2011)によれば 10 年)が過ぎれば,TPP に参加しなかったときにくらべて GDP は約 3 兆円程度増え,その後はその増えた状態が維持される」という意味である。したがって,累積的な GDP の増加額は,最初の 10 年では 15 兆円,次の 10 年では 30 兆円となる。

しかし,川崎推計は TPP の効果を過小評価している。なぜなら,川崎推計は TPP によって単純に関税が低くなることで輸出が増えるという側面に焦点を当てているが,これまで述べてきたように TPP の効果の本質は,関税率の引き下げによる輸出増にあるのではない。輸出だけではなく,輸入,対外投資,対内投資など経済のグローバル化によってイノベーションや技術革新が活発化されることで,経済成長率が引き上げることにあるのだ。第 10-4 図を使って説明しよう。川崎推計では,TPP は長期的には GDP の絶対額を引き上げるが,GDP の成長はやがて止まり,一定の GDP で推移する(曲線 A)。しかし,TPP が技術進歩を活発化すれば,経済成長率が上昇し,GDP は恒久的に増え続ける(曲線 B)。当然,成長率に対する効果がある場合の方が累積的な効果は大きい。

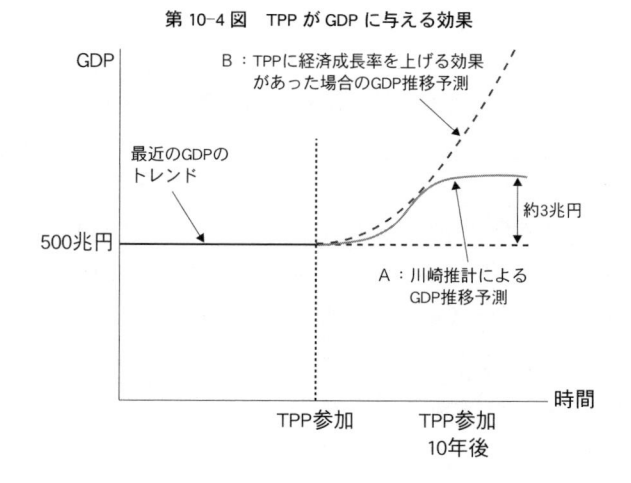

第 10-4 図　TPP が GDP に与える効果

残念ながら，TPP が貿易や投資の拡大を通じた技術進歩によってどの程度の成長率を上げるのかを数字で示すことは難しい。TPP によって実際に貿易や投資量がどの程度伸びるかの予測も簡単ではないからだ。しかし，強い仮定を置いた上で，いくつかの数量的予測を大胆に試みよう。

まず，貿易を通じた成長効果に焦点を当てて，上述の Baier and Bergstrand (2009) の推計結果を利用して，TPP が域内の貿易量を 2 倍にすると仮定する。2011 年には，TPP 参加予定 11 カ国と日本との貿易額（輸出額と輸入額の和）は，日本の総貿易額の約 26％であった（JETRO, 2012）ので，TPP によって日本の総貿易額は 26％増加する。日本の貿易額の対 GDP 比は 29％であった（World Bank, 2012）ので，それに伴って貿易額の対 GDP 比は 29 × 0.26 ＝ 7.5％増加する。Lee et al. (2004) による推計によると，貿易額の対 GDP 比が 1％増加すると，1 人当たり GDP 成長率は約 0.03％増加するので，TPP は貿易の拡大効果を通じて日本の経済成長率を 0.03 × 7.5 ＝約 0.2％引き上げると予測できる。

次に，対日投資の拡大を通じた効果を考えてみる。日本の対内直接投資額の対 GDP 比率は 0.17％で OECD 加盟国 34 カ国中最下位であることから，直接投資の拡大の余地は大きいはずだ。もし TPP によって対日投資が 2 倍になる（それでも OECD の中で下から 2 番目である）とすれば，Alfaro et al. (2004) の推計結果を利用すると，それによって 1 人当たり GDP 成長率は約 0.4％上昇する[1]。

対外投資による効果を無視して，これらの貿易と対内投資を通じた効果を合わせるだけで，TPP は経済成長率を 0.6％引き上げることになる。もし，これらが 5 倍過大評価しているとしても，0.1％の効果だ。さらに，輸出や直接投資を行うことで企業の生産性成長率は 2 ～ 4％上昇する（第 2 節）ことがわかっているので，例えば現在は国内にとどまる生産者の 5％（生産額にして）が TPP によってグローバル化すれば，経済成長率は 0.1 ～ 0.2％上昇することになる。

これらのことから，かなり低く見積もっても TPP によって経済成長率が恒久的に 0.1％程度は上昇することは間違いない。さらに，日本には潜在力があるにもかかわらず海外に出ていない「臥龍企業」が多いことを鑑みれば，TPP

の効果は他国よりも大きいと予想され，TPP によって経済成長率が 0.5％程度上昇すると考えても，必ずしも非現実的とは言えまい。もし TPP が GDP 成長率を 0.1％引き上げることができれば，10 年間の累積効果は 30 兆円弱，0.5％引き上げることができれば 140 兆円となり，500 兆円程度の GDP 総額と比べてもかなり大きなものとなる。

おわりに

　本章は，TPP の細かな制度面にはあまりこだわらず，グローバル化が経済成長に与える影響という大きな視点から分析を試みた。明らかなのは，グローバル化には経済成長を促進させる効果があるが，日本には十分に海外で競争できる力がありながら国内にとどまっている企業が多いということである。例えば，日本の自動車産業における下請けの中小企業は，すべて海外の企業にも部品を提供する潜在力を持っているはずだ。TPP をきっかけとしてこのような企業が海外に進出することが，日本に経済成長をもたらし，国民の所得を増やすための有効な手段なのである。

（戸堂　康之）

注

1) Alfaro et al. (2004) の Table 4 の (3) の推計式を使い，日本の 2011 年の "liquid liabilities as % of GDP" を 219％（World Bank, 2012）として計算すると，$0.169 \times 0.0017 \times 2.19 = 0.0044$ となる。

参考文献

石瀬寛和（2012）「国際貿易論の近年の進展：異質的企業の貿易行動と集計的含意に関する理論と実証」日本銀行金融研究所ディスカッションペーパー，No. 2012-J-10。[http://www.imes.boj.or.jp/research/papers/japanese/12-J-10.pdf]

川崎研一（2011）「TPP の虚実：『国を開く』経済の活性化」経済産業研究所コラム。[http://www.rieti.go.jp/jp/columns/a01_0301.html]

経済産業省（2012）『通商白書 2012』。[http://www.meti.go.jp/report/tsuhaku2012/2012honbun/html/i4110000.html]

国家戦略室（2010）「資料 2：EPA に関する各種試算（内閣官房）」『包括的経済連携に関する資料（平成 22 年 10 月 27 日）』。[http://www.npu.go.jp/policy/policy08/archive02.html]

日本アセアンセンター（2012）『投資データ』（IV-5-6 ミャンマーへの外国直接投資）。[http://www.asean.or.jp/ja/asean/know/statistics/5.html]
農林水産省（2011）『統計情報』。[http://www.maff.go.jp/j/tokei/index.html]
農林水産省（2010）「資料3：農林水産省試算（補足資料）」国家戦略室『包括的経済連携に関する資料（平成22年10月27日）』。[http://www.npu.go.jp/policy/policy08/archive02.html]
農林水産省（2007）「過去に行われた輸入自由化等の影響評価」。[http://www.maff.go.jp/kanto/syo_an/seikatsu/iken/pdf/shiryo1-3.pdf]
樋口美雄・松浦寿幸（2003）「企業パネルデータによる雇用分析―事業組織の変更と海外直接投資がその後の雇用に与える影響」『経済産業研究所ディスカッションペーパー』No. 03-J-019。
Agnese, Pablo (2009), "Japan and Her Dealings with Offshoring: An Empirical Analysis with Aggregate Data," MPRA Paper, No. 16505.
Alfaro, Laura, Areendam Chanda, Sebnem Kalemli-Ozcan, and Selin Sayek (2004), "Fdi and Economic Growth: The Role of Local Financial Markets," *Journal of International Economics* 64, no. 1, 89-112.
ASEAN (2012), "Table 26: ASEAN foreign direct investments net inflows from selected partner countries/regions," *Foreign Direct Investment Statistics*. [http://www.aseansec.org/19230.htm.]
Baier, Scott L., and Jeffrey H. Bergstrand (2009), "Estimating the Effects of Free Trade Agreements on International Trade Flows Using Matching Econometrics," *Journal of International Economics*, 77, 63-76.
Borensztein, Eduardo, Jose De Gregorio, and Jong-Wha Lee (1998), "How Does Foreign Direct Investment Affect Economic Growth?" *Journal of International Economics*, 45 (1), 115-35.
Connolly, Michelle (2003), "The Dual Nature of Trade: Measuring Its Impact on Imitation and Growth," *Journal of Development Economics*, 72, 31-55.
Frankel, Jeffrey A. and David Romer (1999), "Does Trade Cause Growth?" *American Economic Review*, 89 (3), pp. 379-399.
Haskel, Jonathan E., Sonia C. Pereira, and Matthew J. Slaughter (2007), "Does Inward Foreign Direct Investment Boost the Productivity of Domestic Firms?" *Review of Economics and Statistics*, 89 (3), 482-96.
Hijzen, Alexander, Tomohiko Inui, and Yasuyuki Todo (2007), "The Effects of Multinational Production on Domestic Performance: Evidence from Japanese Firms," RIETI Discussion Paper, No. 07-E-006.
Hijzen, Alexander, Tomohiko Inui, and Yasuyuki Todo (2010), "Does Offshoring Pay? Firm-Level Evidence from Japan," *Economic Inquiry*, 48 (4), pp. 880-895.
Keller, Wolfgang, and Stephen Yeaple (2009), "Multinational Enterprises, International Trade, and Productivity Growth: Firm-Level Evidence from the United States," *Review of Economics and Statistics*, 91 (4), 821-31.
Kimura, Fukunari and Kozo Kiyota (2006), "Exports, FDI, and Productivity: Dynamic Evidence from Japanese Firms," *Review of World Economics*, 142 (4), 615-719.
Lee, Yan Lee, Luca Antonio Ricci, and Roberto Rigobon (2004), "Once Again, Is Openness Good for Growth?" *Journal of Development Economics*, 75 (2), 451-72.
Maddison, Angus (2010), Statistics on World Population, GDP and Per Capita GDP, 1-2008 AD. [http://www.ggdc.net/maddison/]
OECD (2012), *OECD Better Life Index*. [http://www.oecdbetterlifeindex.org/]
Tanaka, Ayumu (2012), "The Causal Effects of Exporting on Japanese Workers: A Firm-Level

Analysis," RIETI Discussion Paper, No. 12-E-017.
Todo, Yasuyuki (2006), "Knowledge Spillovers from Foreign Direct Investment in R&D: Evidence from Japanese Firm-Level Data," *Journal of Asian Economics*, 17 (6), 996-1013.
Todo, Yasuyuki (2011), "Quantitative Evaluation of Determinants of Export and FDI: Firm-Level Evidence from Japan," *The World Economy*, 34 (3), 355-81.
Todo, Yasuyuki (2012), "Offshoring of Japanese Small and Medium Enterprises," in Burdhan, Ashok, Dwight Jaffee, and Cynthia Kroll eds., *The Oxford Handbook of Offshoring and Global Employment*, Oxford University Press, forthcoming.
Todo, Yasuyuki and Hitoshi Sato (2011), "Effects of CEO's Characteristics on Internationalization of Small and Medium Enterprises in Japan," RIETI Discussion Paper, No. 11-E-026.
Todo, Yasuyuki and Satoshi Shimizutani (2008), "Overseas R&D Activities and Home Productivity Growth: Evidence from Japanese Firm-Level Data," *Journal of Industrial Economics*, 56 (4), pp. 752-777.
Urata, Shujiro, and John Sasuya (2007), "An Analysis of the Restrictions on Foreign Direct Investment in Free Trade Agreements," RIETI Discussion Paper, No. 07-E-018.
Wacziarg, Romain and Karen H. Welch (2008), Trade Liberalization and Economic Growth: New Evidence," *World Bank Economic Review*, 22, 187-231.
World Bank (2012), World Development Indicators. [http://data.worldbank.org/]
Yamashita, Nobuaki and Kyoji Fukao (2008), "The Effects of Overseas Operations on Home Employment of Japanese Multinational Enterprises," Hi-Stat Discussion Paper, No. 251.

第11章
TPP亡国論の検証

はじめに

　TPP（環太平洋経済連携協定）は関税撤廃の例外を極力なくそうとする協定である。関税がなくなり価格が低下しても，直接支払いが行われれば農家は困らない。しかし，価格に応じて販売手数料収入が決まるJA（農協）は影響を受ける。このため，JAは医師会など他の既得権益団体を巻き込み，一大反対運動を展開した。

　しかし，これだけでは，TPP反対運動は盛り上がらなかったに違いない。JAに呼応して，国際経済法や経済学の専門家とは思えない大学教授や評論家たちが，TPPで国の形が変わるなどという主張を行った。これは，グローバル化や新自由主義が所得格差の拡大や非正規雇用の増加などを生んだとする国民の一部に流れる感情にうまく訴えた。

　また，日米二国間協議でアメリカから一方的に攻められているという多くの日本人の被害者意識にもマッチした。しかし，TPPは国際経済法の土俵の上で交渉されることを彼らは理解していない。公的医療保険など日米二国間協議で取り上げられたものでも，その土俵に乗らないものは，交渉の対象ではない。

　これまで，経済学や国際経済法の研究者は彼らの主張にまともに反論してこなかった。しかし，正しい知識を持っている専門家が適切な反論を行わなければ，日本と言う国を誤った方向に誘導しかねない。以下，適宜反論を加えることとしたい。

第1節　通商交渉についての基礎知識の欠如

1. 情報不足なので交渉に参加すべきではない？

　TPPがどのようなものかわからないので交渉に参加できないという反対論である。しかし，これほどおかしな議論はない。これは今の時点で交渉終結時のTPPの内容がわからないと参加しないと言っているのと同じである。そんなことがだれにもわかるはずがない。

　TPP交渉当事者のアメリカも同じである。国内の対立によって，一部分野については，アメリカ自体の提案の細部をまとめることができなかったし，提案した後他の参加国から反対を受けて，提案を再検討しているものもある。今の時点で，交渉結果の中身は，アメリカにもわからない。交渉に参加すると離脱できなくなるとか，アメリカが自国の制度を他の国に一方的に押し付けると主張する論者は，アメリカの思うままにTPP交渉が決まると主張しているのである。そのようなことはアメリカにもできない。アメリカ自身，TPP交渉でアメリカにとって優先順位の高い，国有企業に対する規律や薬価等のイッシューでは，他の国から反発を受け，孤立している感じさえある。交渉に参加すれば，状況が把握できるばかりか，我が国にとって不利な協定内容であれば，交渉で変更させることができる。

　そもそも，いかなる分野においても被害を受けることはないなどと考えて交渉する国はない。TPP交渉でも，例外なき関税撤廃は，高い関税を抱えているベトナムにとっては極めて困難な課題である。マレーシアはマレー人優遇のブミプトラ政策との関連で政府調達に問題を抱える。サービス分野の自由化や知的財産権に困難を抱えている国も多い。

　「全ての分野で影響がないと確認しない限り交渉に参加しない」という国を，私は今までの通商交渉で見たことがない。発展の遅れているベトナムさえ，リスクを負いながら交渉に参加し，繊維の原産地規則などアメリカの理不尽な要求は毅然として拒絶している。TPP交渉に参加するかどうかで，こんなに大騒ぎをしている国は，日本以外にない。反対論者がNAFTA（北米自

由貿易協定）でアメリカにさんざんやられていると主張するカナダ，メキシコが，日本の参加検討の表明後，ただちに参加を表明し，日本よりも先に参加した。タイも 2012 年 11 月参加を表明した。

　アジア太平洋地域全体の自由貿易協定を目指す TPP に，いずれ韓国，台湾，さらには中国まで加入したときに，我が国に参加しないという選択肢があるのだろうか。それは，この地域のサプライチェーンから自らを排除しようとするものである。それこそ「日本の国の形」を変えてしまう。カナダ，メキシコが唐突に TPP に参加表明したのは，日本が入る規模の大きな自由貿易地域から排除されるのではないかという不安からだった。大企業なら TPP 地域に進出できるかもしれないが，中小企業には海外進出が困難な企業が多い。中小企業が広大なアジア・太平洋地域の自由貿易圏から排除されると，大きな雇用不安が生じる。

2. アメリカ陰謀説

　TPP 参加国に日本を加えると，これら諸国の GDP（国内総生産）合計に占める日本とアメリカのシェアは 96％にも達する。アメリカは輸出によって雇用を拡大しようとしているが，現に TPP に参加している国は GDP が小さい国ばかりであり，これだけではアメリカ産品の市場としては不十分なので，日本を TPP に加入させ，日本市場を奪おうとしているというのである。

　この説は，日米の GDP の大きさとオバマ政権が輸出を倍増して GDP を増やそうとしていることだけを根拠に作られている。アメリカ政治の実情に疎い議論である。アメリカ民主党最大の支持グループは労働組合である。労働組合は自由貿易協定によって海外から工業製品がアメリカに輸出されることを恐れる。TPP にオバマが踏み込んだのは，現在交渉中の国に工業分野で競争力のある国がなく，労働組合が容認したためである。日本のような国が参加することを想定しなかったのである。実際，2011 年 11 月日本が参加表明したら，直ちにアメリカの自動車業界や労働組合は日本の参加に反対を表明した。

　TPP 反対論者は，アメリカが一方的に日本を攻め立てると想像しているが，TPP などの国際協定は双方が義務を負うものである。日本の関税もなくなるが，アメリカの関税もなくなる。これは，アメリカにとって日本からの工業製

品の輸入増大につながる可能性がある。

　事実関係は，TPP反対論の主張とは逆である。日本がTPPに参加したいと言いだしただけで，アメリカが積極的に日本に参加を求めてきたわけではない。実体的にも，アメリカの輸出産業にとって日本の地位は低下してきている。アメリカの全輸出に占める日本の割合は5%程度にすぎない。これをどんなに増やしても，アメリカ全体の輸出が倍増するものではない。農産物の輸出は増えるかもしれないが，アメリカが得意なトウモロコシや大豆はすでに関税ゼロで日本に輸出している。また，アメリカの対日輸出に占める農産物の割合は18%，全輸出額のうち1%程度にすぎない，これが倍増したとしても，アメリカの全輸出額が目に見えて増えるものではない。

　日本もアメリカも貿易のGDPに対する比率は低い。GDPの大きさと貿易とは全く関係ない。GDPでは日本より小さくても，TPP参加8カ国に対するアメリカの輸出の方が，対日輸出よりも大きい。将来に向けて大きな市場拡大が期待されるのは，高い経済成長を続けているアジア太平洋の国々であり，アメリカはTPPが将来APEC全体に広がっていくことを見越してTPPに多大な労力を割いているのである。

3. 関税自主権がなくなる不平等条約だ？

　TPPに入ると関税自主権がなくなるという主張がなされている。このような歴史上の言葉が今日語られることに，大変驚かされる。一部農産物については高い関税が残っているが，日本の関税は数パーセントかゼロとなっている。しかも，農産物についての高い関税も含めて，WTO（世界貿易機関）にこれ以上あげることはしませんと約束している。花や自動車については関税ゼロで約束しているから，関税をもはや課することはできない。日本だけでなく，アメリカ，EU，中国もWTOに参加している国なら皆同じである。今や，自由に関税を決められる「関税自主権」など，WTO未加盟国を除き世界のどこにもない。反対論者には，このようなWTOの基礎知識さえない。

　また，WTOやTPPなどの多国間の協定は，参加国が共通の義務を負うことが基本なので，日本だけが「高いレベルの自由化約束」を行うのではない。日本がTPPに入ることを「関税自主権の放棄」と言うならば，アメリカもべ

トナムも関税自主権を放棄しようとしている。これらの協定の締結によって，我が国も国内法の見直しが必要になるかもしれないが，これは参加国すべてが同様な義務を負うものであって，不平等条約ではない。

4. 二国間交渉と多国間交渉の違い

TPP 反対論者は，二国間交渉と多国間交渉との区別，単一のイッシューの交渉と多数のイッシューが交渉される場合の区別を理解していない。

2002 年，アメリカは APEC（アジア太平洋経済協力会議）加盟国の貿易大臣の連名で，EU の厳しい遺伝子組換食品の表示規制を止めさせる文書を出そうと提案してきた。これについては，表示を要求しないアメリカ，DNA が残る食品について表示を要求する日本（豪州，ニュージーランド），すべての食品に表示を義務付ける EU の表示規制が対立している。交渉責任者だった私は日本の規制に影響を与えかねないと判断して，同様な制度を持っていた豪州，ニュージーランドを抱き込み，アメリカを孤立させ，提案を断念させた。

TPP 交渉で心配される，公的医療保険や地方の公共事業の開放などの問題は，そもそも提起されないか，されても容易に撃退できるものばかりだ。日本の唯一最大の弱点は，農業である。アメリカ，豪州等が農産物の関税撤廃を求めてくる。これまでのように，高い価格，高い関税で農業を保護するという政策を採る以上，日本政府は孤立せざるをえない。しかし，直接支払いに保護の方法を転換すれば，孤立することはない。また，薬価，食の安全規制については，豪州，ニュージーランドと協調して，同じような対応が可能である。逆に，アメリカと連携して，途上国に，投資についての厳しい規制の撤廃，CD などの海賊版の取り締まり強化，日本企業の公共事業への参入，工業製品の関税撤廃を要求できる。こういうときは，アメリカは強い味方である。

日米の協議では，米国の力に押されることはあっても，TPP のような多国間の協議では，他の国と連携できる。また，たくさんのイッシューがあるときには，イッシューごとに交渉参加国の利害関係が変わるので，連携を組みかえることができる。関税にこだわれば日本は農業で孤立するが，それ以外の分野で孤立することは想定できない。

第2節　国際法についての基礎知識の欠如

1. TPPは法的な仕組みである

　TPP反対論者の根本的な間違いは、これまで二国間協議でアメリカから一方的に要求されてきたことが、TPPでも必ず要求されると結論付けることである。

　TPPは協定という法的なものだ。公的医療保険制度の見直しをアメリカは二国間協議で要求したかもしれないが、公的医療保険のような政府によるサービスは、WTOサービス交渉の定義から外れており、これまでの自由貿易協定交渉でも対象になったことはない。自由貿易協定の一種であるTPPの法的な枠組みに載ってこないものは、いくら二国間協議で要求されたとしても、TPP交渉で対象となりようがない。カトラー米国通商代表補が、2012年3月の講演で、混合診療や営利企業の医療参入を含め、TPPで公的医療保険は取り上げないと述べたのは当たり前のことなのである。

　もちろん、TPPの法的な枠組みに載るような事項であれば、TPP交渉の対象となる。政府出資の残る簡保（共済）は、政府の関与によって競争条件に差異が生じていないか、イコール・フッティングが実現していないかという、"競争"の枠組み（国有企業に対する規律）で、TPP交渉の対象となりうる。

　また、TPPのみならず多国間の協定では参加国全てが共通の義務を負うので、アメリカが日本に要求したことは、アメリカ自身にも跳ね返ってくる。日米の二国間協議でアメリカが一方的に日本に要求するという場合とは、状況が異なる。

2. 投資

(1) 海外企業による日本への投資が規制できなくなるのか？

　日本国内への海外企業の投資に関して特定の措置を要求することができなくなるという主張がある。しかし、ローカルコンテンツ要求（たとえば投資先で製品を生産する際、投資先国企業から部品調達を一定割合義務づける）な

どは WTO・TRIM（貿易関連投資措置）協定で既に禁止されている事項である。また，これまでの自由貿易協定で，日本は他の国に TRIM 協定で例示している以上のものを認めさせている。そもそも，投資のホスト国（投資先）というよりホーム国（投資元）である日本にとっては，「特定措置の履行要求の禁止」は義務の加重ではなく，権利の拡充である。日本企業が海外で投資をする際に，条件として現地合弁企業への技術移転や投資収益の日本への送金制限を課されないようにする国際ルールなどは，まさに日本自身が積極的に求めていくべき事項である。貿易収支の赤字化，経常収支の黒字減少が懸念される中で，海外投資収益の日本への還元による所得収支の改善にもつながる。日本の海外直接投資残高の 40.6％が TPP 参加 9 カ国に存在するので，それらの投資が保護される利益は大きいし，将来的に TPP が拡大することを考えれば，一層意義深い。

(2) 海外企業によって国が訴えられ，巨額の賠償を要求されるのか？

投資の中でも TPP 反対論者が特に問題だとしているのが，投資家が投資先の国家政策によって被害を受けた場合に，協定に基づいて直接，投資先の国家を訴えることができる ISDS（投資家対国の紛争解決）条項である。外国に投資をした事業者が突然国有化などで投資した事業が行えなくなった場合などに，母国に紛争処理を頼んでも，外交上の配慮から国に取り上げてもらえなかったり，投資先の途上国の裁判所が信頼できない場合もあることから，このような投資家保護の規定が置かれるようになった。

NAFTA の前身の米加自由貿易協定は先進国間の協定だったから，ISDS 条項はない。しかし，途上国のメキシコが入ってきた NAFTA には ISDS 条項はある。ISDS 条項で勝っているのはアメリカの企業だけではなく，ヨーロッパの企業もたくさん勝っている。これに対して，途上国はよく負けている。これは途上国の政策が外国企業を差別的に扱う場合がよく見受けられるからである。これに対して，先進国の規制制度には，そのような規制は少ない。

TPP 反対論者は，国有化に見られるような投資家の財産権の没収などの直接収用の場合だけではなく，規制の導入や変更によって被害を受ける間接収用（権原の移転や財産権の没収である直接収用に対し，権原移転等は伴わないが直接収用に等しい効果を持つもの）の場合や投資家の期待した利益が損なわれ

るような場合についても，訴訟の対象とされるので，日本政府が外国企業から訴えられるケースが多くなるという批判を展開している。

しかし，単に投資家が損害を被ったというだけで，訴えることができるというものではない。規制の変更などによって国有化に匹敵するような「相当な略奪行為」があるような場合や，国内の企業に比べて外国の企業を不当に差別するような場合でなければ，ISDS条項の対象とはならない。日本に外国企業の財産を補償もなく一方的に没収したり，外国企業だけを差別するような規制があるのだろうか。

ISDS条項への批判は，NAFTAのISDS条項を使って，カナダやメキシコの環境規制がアメリカの企業に訴えられたことから，環境団体が問題だと主張するようになり，それが日本に伝わり，騒がれるようになったものである。

TPP反対論者が例示として挙げる，メキシコがごみ収集を手がけていたアメリカ企業に訴えられて敗訴したメタルクラッド事件は，メキシコの連邦政府が企業立地を許可し，地方政府の許可は必要ないと，この企業に保証しながら，権限のない地方政府が一方的に立地を否定して，設備投資が全く無駄になったというケースである。

カナダがガソリン添加物の規制を導入することによってアメリカの燃料メーカーが操業停止に追い込まれたため，訴えられたエチル事件では，ガソリン添加物の使用や国内生産は禁止しないで，（連邦政府の権限が及ぶと考えられた）州をまたいだ流通や外国からの輸入については規制するといったものであり，外国企業に一方的，差別的な負担を課すものだった。その上，国内の手続き違反との理由で連邦政府が州政府に国内で訴えられて敗訴し，規制がNAFTA違反かどうかの実体的な審理がされる前に和解が成立した。これらの事件では，訴えられた国の政策が明らかにおかしいものだった。

アメリカ企業は訴訟が好きで，しかも仲裁裁判所の1つICSID（国際投資紛争解決センター）はアメリカ人が総裁をしている世界銀行の下に設けられているので，アメリカに有利な判断が下されるという主張がある。しかし，世界銀行は仲裁判断には一切関与しないし，世界銀行以外にも国連機関の定めた仲裁手続きがある。さらに，NAFTA成立後約20年間でアメリカ企業がカナダ政府を訴えたのは，たった16件である。その16の事件で，アメリカ企業が勝っ

たのは2件で，5件で負けている。

　企業に対する措置が恣意的で，不公正なものであり，外国企業だけを不利に扱うような場合を除いて，国家の正当な政策が問題とされないことは，仲裁の判断として国際的に定着している。しかも，仲裁裁判所では金銭による賠償を命じるだけで，規制の変更が命じられることはない。

　既に日本がタイや中国などと結んだ24の協定にISDS条項は存在する。日本企業がタイを訴えるのは良くて，アメリカ企業に日本が訴えられるのはおかしいというのは奇妙な論理・倫理である。今でも，アメリカ企業がタイに子会社を作って，それを通じて日本に投資をするという形をとれば，日本とタイとのISDS条項を使って，日本政府を訴えることは可能である。現に，このシステムを使って，オランダに子会社を作ってチェコに投資した日本企業がオランダ・チェコ間の投資協定を利用してチェコ政府を訴え，賠償金を得たという例がある。しかし，日本政府が訴えられたことはない。日本の規制が外国企業だけを差別的に扱うような規制でない限り，訴えられることはない。

　米韓自由貿易協定に対する韓国内の反対意見を援用して，公的医療保険制度がアメリカ企業に訴えられるという主張を行っている医療団体もある。しかし，米韓自由貿易協定を読めば，公的医療保険制度がISDS条項の対象から除外されていることがわかる。

　最近アメリカが締結した協定や，2012年4月に発表したモデル投資協定では，国家が正当な規制権限を行使した場合に，仲裁裁判で負けないように内容を変更している。例えば，安全保障や信用秩序の維持のための規制については明確に対象外と規定したり，環境保護や公衆衛生などの場合，国内企業，外国企業を差別することなく実施される措置は収用には原則的に当たらないとする規定を入れている。TPPでISDS条項が適用されるとすれば，こうした修正が行なわれたものがベースとなる。

　このように，どの協定にも同じISDS条項があるのではなく，各協定によって規定ぶりが異なる。日本が懸念を持つ事項があれば，TPPの条文交渉の中で懸念を解消することが可能である。TPP反対論は，日本が訴えられる点を一方的に強調するが，日本の投資家が海外で不利な扱いを受けないようにするためには，ISDSは実は必要な規定なのである。

なお、豪州はTPPにISDS条項が導入されることに強く反対しており、交渉結果は予断できない。

3. 政府調達

日本だけ政府調達の開放が義務づけられ、アメリカはバイアメリカンで義務付けられないという、一方措置が要求されるという主張がある。

公共事業にはWTOの政府調達協定（GPA）が適用される。GPAは、WTOの他の協定と異なり、WTO加盟国全てが受け入れているものではなく、参加・受諾するかどうかは、それぞれのWTO加盟国の自由な意思に任されており、また、協定が適用される調達は付属書に明示的に書かれたものに限定されている。

TPP参加国のうち、GPAを受け入れている国はアメリカ、シンガポールしかない。TPPの政府調達交渉の焦点は、WTOルールが適用されていない7カ国の市場開放である。TPPによってGPA未参加国の政府調達市場が開放されれば、TPPに参加することで日本にはメリットが生じる。

我が国がGPAの約束対象としている地方政府機関の範囲はアメリカより広い。GPAで日本は、中央政府機関、政府関係機関に加え、地方政府機関では、都道府県と政令指定都市をすでに開放している。アメリカは、50州のうち、WTOで約束した州は37州、米豪自由貿易協定では31州、米韓自由貿易協定では地方政府機関をすべて約束の対象から除外している。TPPでもアメリカは地方政府機関について大きな譲歩を行なう可能性はない。連邦政府の権限は、州をまたがる通商行為には及ぶが、州内部の行為には及ばないからである。アメリカが日本にさらなる開放を要求してくるのであれば、ジョージア州を開放しろと言えば、アメリカは立ち往生する。

4. TPPで食の安全が脅かされるのか？

TPPに反対する主張に、日本の食品安全規制が低いアメリカの基準に従うよう要求されるというものがある。

国家は自国民の生命・身体の安全や健康を守る主権的権利を持っている。食品・動植物の輸入を通じた病気や病害虫の侵入を防ぐため導入されるSPS

措置（衛生植物検疫措置）は国民の生命・身体の安全や健康についての正当な保護の手段である。グローバル化の進展の中で十分なSPS措置が確保できなくなれば，食の安全が脅かされるという消費者からの強い批判がある。他方，貿易によって世界中から豊かな食品を輸入し消費しているという利益がある。このため，食の安全という利益と食品の貿易・消費の利益の調和が必要になる。

WTO・SPS協定は，この問題の解決を「科学」に求めた。ある生命・健康へのリスク（危険性）が存在すること，そして当該SPS措置によってそのリスクが軽減されることについて，科学的根拠が示されないのであれば，その措置は国内産業を保護するためではないかと判断したのである。そのうえで，貿易を一層推進するため，各国のSPS措置を国際基準と調和（ハーモナイゼイション）することを目指している。

しかし，国際的な調和を求めることは国民の生命・健康の保護にかかわる各国の主権的権利と衝突しやすい。特に，国内の基準がより低い国際基準に引き下げられることは，消費者団体から「下方へのハーモナイゼイション」と批判される。SPS協定では，各国が国際基準より高い保護の水準を設けることができ，科学的証拠（リスクアセスメント）に基づき厳しいSPS措置を設定できることを，明記している。国際基準が存在する場合においても，それよりも厳しい措置を維持することは可能である。

この基本的枠組みをアメリカは変更するつもりはない。TPP反対論者がアメリカがTPPのモデルとなると主張しているという米韓自由貿易協定でも，SPS協定の権利義務は維持するとしているし，SPS措置は米韓自由貿易協定の紛争処理手続きの対象外であると規定している。これは，米韓で争いが起きればWTOのSPS協定が適用され，WTOの紛争処理手続きで解決されるということに他ならない。TPPでSPS協定の枠組みが変更されれば，日本の規制変更が要求されるかもしれない。しかし，そうでない限り，TPP参加後も我が国の食品安全規制を巡る国際的な権利義務関係になんら変更は生じない。

TPPが浮上して以来，農業団体関係者が，国立医薬品食品衛生研究所に，残留農薬の基準値が日本の方がアメリカよりも厳しい食品だけを探そうと照会

してきたそうである。どちらの国の安全基準が高いかどうかを判定しようとするなら、比較すべき値は、残留農薬のADI（1日摂取許容量）であって、個々の食品の値ではない。ADIは各国の消費の実態を踏まえて、食品ごとに配分されるからである。米についての残留農薬基準が消費量の多い日本でアメリカより低くなるのは当然である。ある農業経済学者が問題視するクロルピリホスについて、日本の米の基準値はアメリカより低いが、ADIはアメリカの方がはるかに低い（厳しい）。

とにかく、TPPに入ると、安全性の基準が緩やかなアメリカの基準に引き下げられるという方向に議論を誘導したい、そのために、消費者が怯えるような材料を入手したいという意図が透けて見える。しかも、調和が求められるのは、国際基準であってアメリカの基準ではない。これはSPS協定に関する基礎的な知識の欠如を示している。

第3節　経済学についての基礎知識の欠如

1. デフレ論

経済学的見地からは、マクロ経済的な需要不足による物価下落と、安い輸入品が入ってくることによる物価下落がある。後者は、適切な産業調整がなされるのであれば、経済全体での効率化が実現されていることから、望ましいと考えられるタイプの価格下落である。

TPP反対論者は、農産物については高い関税が撤廃されると、価格が低下してデフレが悪化すると主張する。買い控えによって需要が減少するので、不況となり失業が増えると言うのだろう。

しかし、関税を撤廃して物価水準がある時だけ低下して、そのまま横ばいで変化しないものは、厳密にはデフレ（毎年継続的に物価水準が下がること）ではない。仮に農産物について「持続的な物価下落」があったとしても、自動車や家電などの耐久消費財については、デフレになると買い控えが生じて総需要の減少が起きるが、毎日消費しなければならない食料品について、買い控えは起きない。食料価格が低下すれば、同じ所得で多くのものを消費することがで

きることとなるので，実質所得が向上し，経済厚生水準は上昇する。これは，特に富裕層と比べて消費に占める食料品の割合が高い低所得者層にとって恩恵となる。これは，需要の減少をもたらすものではなく，望ましいと考えられるタイプの価格下落である。

貿易とは他国に比べ安い財を輸出して高い財を輸入するものである。デフレ論は輸入のみを考えているが，輸出品は価格の低い我が国から価格の高い他の国に向けて輸出される。他国の需要も含め，輸出品に対する需要は増加するので，その価格は上昇する。輸出品の価格上昇を考慮すると，全体の物価水準が下がるかどうかはわからない。つまり，貿易とは双方向であることを失念しているのである。

TPPだけではなく，二国間の自由貿易協定も，東アジア共同体も，WTOも，自由貿易の推進はすべてデフレになるので，好ましくないことになる。しかし，TPP反対論者の中で，自由貿易を全て否定している者は多くなく，代わりに二国間の自由貿易協定や東アジア共同体，WTOを推進すべきだと主張している者がほとんどである。

2. 2.7兆円の政府試算の誤解

GDPが2.7兆円増えるという政府の試算について，TPP反対論者は口をそろえてこれは10年間の累積合計であり，年間2700億円増えるだけで大きなものではない，10年後も元の年に比べ2700億円増にすぎないと主張する。これは，経済学の比較静学という考えを理解していないことを示している。

この試算で用いられた一般均衡の経済学モデルは，その経済の外の要因が変化（例えば，石油価格上昇）したときに，経済（GDP）がどれだけ変化するかを検討するものである。これは，その結果が出るのにどれだけの時間がかかるかを示すものではない。モデルの世界では，すべての調整が一瞬のうちに終了する。しかし，試算に当たった川﨑研一氏は，そのような調整のあり方は現実的ではないので，すべての調整が10年くらいかけて終わるだろうとマスコミにわかりやすく説明しただけなのだ。10年でも1年でも7年でもよいのである。すべての調整が終わったときに2.7兆円増えているということなのだ。

10年間で毎年同額直線的にGDPが増えるという場合も，毎年2700億円ず

つ増えて，2年目は5400億円，10年目にはTPP参加前に比べて2.7兆円増えているということなのだ。11年目は，10年目に比べれば増えていないが，0年目に比べればやはり2.7兆円増えていることになる。

毎年同じ額ずつ直線的に増えるというのも，説明するうえでの便宜的なものだ。最初の年4千億円，追加的に次の年2千億円，3年目に1兆円，4年目の9千億円，5年目に2千億円という場合もありうる。

3. 貿易転換効果

鈴木宣弘東大農学部教授は，貿易転換効果があるので，農産物の高関税を引き下げるような自由貿易協定は好ましくないと主張する。これまでは輸出国には一律に同じ関税が課されていたために，世界で最も安く供給できる国から輸入してきたのに，自由貿易協定が結ばれることにより，関税が課されなくなった協定締結国からの輸入に転換する。国際経済学で自由貿易協定の問題点として指摘される貿易転換効果とは，輸入国からすれば，結果的に高い価格の輸入品を購入せざるを得なくなって，経済の厚生水準は低下するというものである。

貿易転換効果には，①既に関税を払った輸入が行われていること，②自由貿易協定を結ぶことにより輸出先が「世界で最も安く供給できる国」から自由貿易協定締約国へ転換する，という大前提が存在する。しかし，米，小麦，乳製品などの品目については，低い税率の関税割当量以外で，輸入禁止的な通常関税を払って輸入されているものはないので，貿易転換効果はない。さらに，牛肉，小麦，乳製品については，TPP参加国であるアメリカ，カナダ，豪州，ニュージーランドは世界で最も安く農産物を供給できる国である。貿易創出効果はあるが，貿易転換効果は生じない。日本とメキシコやマレーシアなどの国との自由貿易協定とTPPは異なるのである。

しかも，貿易転換効果があるから，TPPは望ましくないと主張する論者自身，貿易転換効果の意味を理解していないようである。貿易転換効果とは，TPPに参加した国自身が不利益を受けるというものである。しかし，論者は他の国がGDP減少という不利益を受けるから日本が参加することは適当でないと主張している。そうであれば，自由貿易協定にはこのような効果が必ずあるので，TPPのみならず，全ての自由貿易協定を廃止すべきだと主張しない

限り，論理は一貫しない。

　また，逆に，政府による各国との自由貿易協定の経済効果では，日米や日EUよりも日中間の自由貿易協定の方が大きいので，TPPよりも日中間の自由貿易協定を推進すべきだと主張する。しかし，これは中国が工業製品等について他の国に対しては高い関税を維持しながら，日中間の自由貿易協定によって日本に対してのみ関税をゼロにすることから生じる，生産サイドから見た"貿易転換効果"によるところが大きい。このような協定が締結されれば，それは日本企業をアメリカやEU（欧州連合）の企業より有利に扱うからに他ならない。しかし，不利益を受けるアメリカやEUが中国との自由貿易協定を締結すれば，日本企業が得た貿易転換効果は失われていく。また，この試算には日本が中国に対して農産物関税を撤廃するという前提があるが，論者自身このような日中自由貿易協定を想定していないという問題がある。

　（注）　以上のほか，農業などの論点については，参考文献を参照されたい。

（山下　一仁）

参考文献

山下一仁（2010）『農業ビッグバンの経済学』日本経済新聞社。
山下一仁（2012）『TPPおばけ騒動と黒幕』オークラNEXT新書。

第12章
TPP参加と日本の農業再生

はじめに

　日本農業が曲がり角にあると言われて久しい。かつては聖域と思われていたコメの市場開放を全米精米業者協会が米通商代表部に訴えたのは1986年だが，同年の農産物12品目問題や，91年の牛肉・オレンジの自由化，さらにはガット・ウルグアイ・ラウンド合意など，国際情勢はとどまるところなく日本に農産物市場開放を求めてきた。

　この背景には農業貿易が拡大し，それまではとは異なる規律が求められるようになったことがある。ガットの例外規定や輸入制限品目の扱いなどを見直す必要が出てきたのである。その結果が非関税障壁の「関税化」であった。しかし，ウルグアイ・ラウンド合意では皮袋を新しくすることは出来たが，中身の酒までは新しく出来なかった。新しい酒は，2000年からのWTO（世界貿易機関）農業交渉に委ねられたのである。

　本格的な関税引き下げ交渉となるWTO農業交渉開始までに，世界の各国は関税削減に耐えうる国内農業をめざし改革にとりかかった。一方，日本ではウルグアイ・ラウンド対策費として6兆100億もの事業費を使ったが，国内農業の体質強化には繋がらなかった。旧食糧管理法から食糧法への移行や，新基本法（食料・農業・農村基本法）の制定などもあったが，国際化に耐えうる構造対策は何もなく今日に至っている。

　こうした農政の対応の遅れが，これまでの日本のFTA（自由貿易協定）戦略の足かせとなり，本格的に農業を含む質の高いFTAの締結を阻んできた。また，従来と変らぬ保護政策の下で日本農業は衰退の姿をあらわにしてきた。農業生産額は1994に11兆3千億円あったものが2011年には8兆1千億円ま

で低下した。

　そこでTPP（環太平洋経済連携協定）である。これまで農産物を例外扱いにしてお茶を濁してきた日本が，真にFTAのメリットを追求するためには農業問題は避けて通れない。一方，TPPの参加の有無にかかわらず日本農業は衰退の道を進んでおり，これを立て直すためにはTPPは大きな契機となる。TPP参加へのハードルが高いほど，本格的な農業改革に取り組むことが必要となるからである。

　本章では，日本農業にとってのTPPの意義を解説し，日本の農業がTPP参加の条件をクリアするために，どのような改革が必要かを論じる。

第1節　TPP参加の意義

　日本はもともとWTOで多国間での自由化を推進してきた。しかし，EU（欧州連合）の拡大やNAFTA（北米自由貿易協定）に見られるように，いまや世界の流れはFTAによる貿易の拡大となっている。アジアでも日中韓のFTA，ASEAN（東南アジア諸国連合）+3（日中韓），ASEAN+6（日中韓印豪ニュージーランド）など様々なFTA構想が展開されているが，その過程でWTOの多国間主義よりも，FTAによる地域自由貿易協定の方がメリットのあることが分かってきた[1]。

　それは地域主義という形で閉じた世界を作るのではなく，むしろWTO的グローバル化へのワンステップになるということである。その意味では，TPPを進める一方で同時にASEAN+3もASEAN+6も同時に手掛けて行くべきである。TPP参加を見送ったとしても，グローバル化の波がなくなるわけでは決してない。問題はFTAのネットワークから外れるデメリットである。日本のFTAでは関税の引き下げが議論になっているが，すでに製造業や非農産物の関税は低くなっており，関税撤廃の影響は少ない。

　様々な試算を見てもTPPはGDP（国内総生産）をゼロ・コンマ数％押し上げる程度である[2]。それよりも重要なのが経済的競争の基盤の共通化である。グローバル化は国境措置の撤廃の段階を超えて，統合できるところからの経済

基盤の統一化の方向へと進んでいる。国境措置が大きな問題となるのは農業分野だけであり，農業が早く他の分野にキャッチアップするためには，関税撤廃の要求は必然といえよう。

特に，TPPでは日米間の関税削減効果はさほど大きくはなく，競争基盤を共通化することのメリットの方が大きい。加盟国全体の生産性を上げるためにはどのような制度が望ましいか，締結交渉の中で議論することが，特に日米のような大国を含むFTAにとっては重要な課題となる。

ネットワークから外れるデメリットを意識せざるを得なかった例としては，日本がシンガポールの次にメキシコとFTAを結んだことが挙げられる。当時は韓国ともFTAの話をしていたが，メキシコとのFTAを優先させた背景には，メキシコが当時FTAを結んでいた32カ国の経済圏が世界のGDPの6割を占めているとともに，FTAを結んでいない国の企業はメキシコの政府調達入札にも参加できないことがあった。日本製品が高い関税を課せられている中で，米欧の製品が関税なしで自由にメキシコに輸出されていた。日本にとってメキシコのFTAネットワーク外にいるデメリットが大きく，FTAを結ばざるを得なかった。

同様のことが今回のTPPについても言える。今はTPP交渉に参加しているのは9カ国であり，参加を表明しているカナダとメキシコを加えても11カ国であるが，場合によってはAPEC（アジア太平洋経済協力会議）21カ国・地域がこぞって参加するというドミノ現象が起こらないとも限らない。韓国は米韓FTAがあるので，当面は参加メリットをあまり感じていないと思われるが，いまのところTPP参加には消極的な中国は，相当に細かくTPPを研究しており，参加の条件が整えば参加は十分あり得る。中国がTPPに入れば，他のアジア諸国が雪崩を打って入ってくる可能性がある。そうなると日本は完全に取り残されてしまう[3]。

日本は独自の価値観で，特に東日本大震災やそれに伴う福島原発事故以後，経済成長路線が様々な弊害をもたらしてきたとして，経済的繁栄を追及するTPPなどには参加しなくて良いとする反対論が生じている。つきつめていけば，日本は独自の文化と価値観を守るため，海外との連携を抑制することになる。これは日本がガラパゴス化するかどうかという問題をはらんでいる。すな

わち日本の制度やシステムが日本国内でしか通用せず，世界標準から取り残されてしまうというリスクである。TPPへの不参加はそのリスクを拡大する要素を含んでいることを認識する必要があろう。

もちろん，ここで日本がTPPを拒否しても，各国が交渉で合意した条件を満たせば後からでも参加できるが，その時には条件交渉はできず，ハードルは相当高くなっている。そのときに世論を説得して政策転換が果たしてできるのか。日本のガラパゴス化の危険は相当高くなると見てよい。

一方，経済競争の基盤や制度・インフラを共通化することと，日本のアイデンティティを保つことを区別して議論しなければならない。日本的な文化が保てない，伝統的日本のシステムが壊されるといった情緒的議論に押し流されて，海外との経済連携の道を閉ざしてしまうことは大きなリスクを伴う。

反TPP論者は，「TPPに反対なのであって，アジアとの連携は進めるべき」というかもしれない。そのココロは対アジアであれば農業など互いに弱い分野には立ち入らないだろうとの判断である。しかし，ガラパゴス化の程度が変るだけで，議論の本質は変らない。また，アジア圏のFTAで多くの例外が容認されるかといえばそうではあるまい。非農産物の関税がほぼゼロの日本市場に求めるものは農業の開放しかないのが実態であろう。

TPP参加の決断はマクロ的長期的視点から下すべきである。反TPP論者は，また，「TPPに入る覚悟がまだ我々にはできていない，国内の合意も出来ていない」と論じるが，同じ事を裏返しで言うことが出来る。日本はTPPを拒否する場合にも，他国とは異なる航路を選ぶという覚悟が問われるのである。

第2節　TPP参加と農業への影響

TPP反対派の陣営は，TPPは「例外なき即時関税撤廃」であることを強調する。しかし，実際はそうではない。TPPの土台となっているP4（環太平洋戦略的経済連携協定）では，90％の関税は即時撤廃したが，チリの乳製品（34品目）は12年以内，小麦（2品目），砂糖（17品目），油脂（29品目）は10

年以内の撤廃であり，ニュージーランドの革製衣類付属品（12品目），繊維類（228品目），衣類・履物（60～64類）は発効後10年での撤廃となっている。質の高いFTAと言われているP4でも，このように全製品の関税が即時完全撤廃になっているわけではない。

TPP交渉に参加している米豪の二国間FTAでも，①砂糖と乳製品（枠外税率）は関税撤廃の対象外で，牛肉は18年かけて撤廃，②ネギ，セロリ，ほうれんそう，葉たばこ，アボガドは10年かけて撤廃，③米国の牛肉や園芸作物輸入に対しては一定の価格下落や輸入数量増加がある場合に関税を引き上げるセーフガード規定などの例外措置がある。これらがTPPでどうなるのか見守る必要があるが，維持されるのであれば，当然，日本も例外措置を要求できる。米国内でも分野によっては相当強い抵抗があり，完全即時撤廃とはならないというのが，常識的な判断であろう。

日本のTPP論議で問題とされるのが，日本農業が壊滅するという見方の根拠となっている農水省試算である。それによると関税撤廃の結果，農業は全国で4兆1000億円の生産減になるとしているが，これはTPP参加予定国だけでなく，あらゆる国からのあらゆる農産物の関税を撤廃したときを前提にした試算である[4]。しかし，なぜかTPP反対の論拠として使われている。

農水省は農業生産額が4兆1000億円減少するとしているが，総農業生産額が8兆1000億円程度なので，逆に言えば完全に市場開放しても，4兆円の農業は残ることになる。つまり関税などで保護されていない，すでにグローバル化対応が出来ている農業が半分を占めていることになる。これらの部門は，オランダ型農業と言っているが，果樹，野菜，花卉，一部の畜産などである。問題はコメであるが，コメ以外では，1000haで1000頭規模のメガファーム，ギガファームと称する酪農家や，100ha規模の畑作農家—など，経営的に成功している農家が続々と出てきている。

コメについては，関税が撤廃されれば国内産のコメは，農水省の試算では新潟産コシヒカリなど1割しか残らず，9割のコメが壊滅するとしている。コメが自由化されれば，国内消費量800万トン超の内，700万トン超が国内米価格の4分の1以下の価格の輸入米で占められると試算している。

そのうち米国から400万トンのコメが輸入されると想定しているが，それ

はほとんど不可能な数字である。米国のコメ生産量は約1000万トンで，そのうち400万トンが輸出されている。その全てを日本に輸出することになるが，400万トンの輸出の大半は長粒種で，日本人が食べるジャポニカ米は，30万トン程度に過ぎない。日本市場向けに増産をと言っても，ジャポニカ米が作れるのは，カリフォルニア州の一部に限られており，増やせても70万トンから100万トン程度であろう。日本に400万トンのコメを輸出することは極めて困難である。

さらに，たとえ700万トンのコメを日本が輸入できたとしても，世界のコメ貿易市場の規模は3000万トン程度であるから，700万トンの需要が出てくれば価格は急騰する。これらの現実を全く無視して，700万トンのコメを輸入するとした農水省の試算は，国内コメ生産が崩壊するという結論を導くための想定，それも間違った想定にすぎない[5]。

このように，TPP反対派の農水省や農協が主張する日本農業の壊滅は根拠のないものである。生産減少額は，よく解釈しても，ある日突然関税が全て撤廃されたその日に売れ残る国産品の在庫の評価額に過ぎない。日本の農業生産者は翌日から対策を講じるであろう。コストダウンで低価格に挑戦するか，品質改善で差別化を図るか，加工サービスで付加価値を図るか，または農業から撤退するか。売れ残った額がそのまま生産減となるわけではない。市場経済が機能する限り，調整が行われるのである。

第3節　TPP対応を阻むもの

市場が機能すれば，日本農業はTPPによる関税削減・撤廃に対応していく。しかし，種々の制度や規制がその対応を阻み，市場調整を遅らせ日本農業を衰退に追いやる。特にコメに対する政策にその傾向が著しい。コメの減反政策への固執，自由な参入を阻む農地制度，そして小規模兼業農家を維持する農協の仕組みがそれである。これら3つの問題を有機的に関連付けて検討してみよう[6]。

コメの減反政策については，民主党政権になって選択制に切り替えた。しか

し，実態はあまり変わっていない。農地問題が手付かずであり，規模拡大の期待ができない以上生産調整から離脱するリスクをとる農家は少ない。当初はコメの過剰に対処するためにパイロット的に導入された減反政策が40年以上も続いている。恒常的な政策になっており，高米価維持のための政策として減反からの脱却は非常に難しい。

コメの供給を絞ることで米価を維持するのが限界に来ていることから，需要の拡大を図る政策が導入された。米粉，飼料米，WCS（Whole Crop Silage，発酵粗飼料）としてのコメの需要拡大のため，これらの用途に向けたコメ生産には多額の補助金が支払われることになった。このような需要の拡大策には多額の財政負担が伴い，長期的に維持することはできない。多様なコメ用途が定着し，コメの生産が増えてコストダウンが実現しなければ，米粉，飼料米，WCSへの補助金が要らなくなるというところまではなかなかいかない。

需要拡大を国内に求めることには限界がある。市場は世界にある。コメは，今や日本農業で構造改革が後れただめな部門となってしまったが，国際的に見た場合，市場規模と日本の技術に照らして，一番成長可能性のある分野である。コメ輸出産業化の戦略を遂行するためには農地を集積して大規模化する必要がある。そのために解決すべきは農地問題である。

今は農地法を制度の基本としてそのままにして農地集積事業を行っている。これをもっと本格的に進めるにはかなり大きな制度改革を必要とする。農地法は2009年に改正され，株式会社等が農地をリースすることはほぼ自由になった。それ自体は大きな前進として評価されるが，しかし基本体制，基本的理念として農地法は，農業者の内部で売ったり買ったり，あるいは貸したり借りたりすることを想定している。それをは「耕作者主義」に他ならないが，その理念に基づき農外からの参入に対してはある程度の障壁を設けている。

今，残された参入障壁として大きいのは株式会社に農地取得を認めないことである。株式会社の農業への参入自体は可能であり，農業生産法人等に出資することもできれば，農地をリースして耕作を行うこともできる。実際，多くの株式会社が様々な形で農業に参入している。しかし，長期的な投資を考えた場合には農地の取得，所有まで含めた開放というのが望ましい。

これまでの減反・高米価維持，そして農地は農家の手の中に，といった政策

で利を得るのは誰か。個々の農家は政策が変わればそれなりに対応する。大きな制度変化に抵抗するのは大きな組織，つまり農協である。高米価維持政策で米価が高いほど農協の手数料は維持される。米価が下がることは農協にとって経営問題に直結する。農協は正組合員数が現在472万，准組合員が497万であり，22万人の職員と2万人の役員を抱える巨大組織である。日本の農家数は自給的農家を含めても253万戸程度であることを考えれば，いかに肥大化した組織であるかがわかる。きわめて小さい農家および既に農家でなくなった家計をとりこんで農協は組織を維持しているのである。

　農協改革の根幹は末端の単位農協が自立して独自性を発揮できるように再編していくことである。全国系統組織が中心で全国一律の運動方針を唱えている限りは農協に競争力は生まれない。TPP対応でも，北海道から沖縄まであらゆる作物を系統がカバーしているゆえに，どれかを取ってどれかを捨てるという方針は出せない。特定の地域の特産物であっても農協としては重要品目の位置付けにならざるを得ない。砂糖は北海道と沖縄でしか生産していないが，米は守るけれども，砂糖は守らないという言い方はできない。そういう論理で，組織上全品目をカバーし，全品目を守らなければいけないということになってしまう。これでは条件闘争もできない。

　また，農協事業は信用事業・共済事業で利益を上げ，赤字の経済事業を補填するという構造になっている。従って，経済事業の維持のためにJA（農協）バンクやJA共済の事業拡大を求めることになるが，それは准組合員の増加を意味する。どの農協も組合員以外の利用に制限がありそれを使い切ってしまっているからである。

　このように農協の信用事業なり共済事業なりが拡大していけばいくほど，農協は農業離れを起こす。都市部の農協は明らかに変質が進んでいる。いずれJAバンクの預金者が，本来信用事業の利益は預金者に還元すべきところを経済事業に注ぎこんでいる事実を問題とするようになるであろう。求められるのは各事業の独立採算制と透明性の高い第三者監査の導入である。

第4節　制度改革の方向

1. 直接支払いと構造改革

　民主党政権下の農業政策は戸別所得補償政策に尽きるが，これは直接支払いとして導入された。直接支払い自体は否定されるべきものではないが，それは，「現状維持でもよし」とされるまで構造改革が果たされたのちに導入すべき政策である。すなわち，構造改革のプロセスで幾つかのハードルを設け，それをクリアし残った経営者にのみ直接支払いをし，彼らが直面する様々な変動やリスクをある程度回避させてあげることが望ましい。ヨーロッパEU型の直接支払いも，1990年代の共通農業政策改革を通じ，構造改革を行った後に導入された。

　日本の構造政策も放置されているわけではない。食と農林漁業の再生のための基本方針が2011年10月の末に明らかにされた。これはTPP対策として位置付けられてはいないが，TPPを念頭に置いた方針であることは間違いない。それによれば規模拡大を図るために，平地で20～30ha，中山間地で10～20haの経営が大宗を占めるようにする。大宗というのは，80％と解釈されている。

　土地利用型の農地が現在360万～370haあり，それの8割で約300万ha。その300万haの農地を1人10ha担うと考えると，最終的には30万人の担い手農業者が必要となる。それに野菜・果樹，これは多くの農家が主農家として関わっていて，これが60万人。合わせて90万人の担い手をこれから育成していく方針である。そのために，現在年間1万人程度の新規参入者を，青年就農者を中心に2万人に増やしたいとしている。青年新規就農者に対しては，詳しくは後述するが，研修期間の2年を含め最大7年間に年間150万円の就農助成金が支払われる。

　問題はこれが優秀な青年の就農インセンティブを高めるのに有効かどうかである。金額としての150万円をどう評価するか，この餌でどれだけの新規就農が見込めるのかという，見通しに対する疑問もあるが，それ以上に根本的な問

題は短期に飴を与えても，政府が農業の将来像を描かない限り，期間が終了すれば元の木阿弥となる恐れがあるということである。就農資金に魅せられてとりあえず農業に就く若者がいたとしても定着はするまい。

もう1つの問題は，「青年就農者」という言葉を使っているが，担い手として想定されているのは自然人であり，あくまで家族経営を念頭においた構造改革案となっていることである。新規参入の形態としては，農外からの法人に新規参入を促し，そこで新規雇用として青年を雇うということもある。

新規就農の経営リスクを考えれば会社員としてスタートすることの方が望ましい場合もあろう。そうした法人に青年雇用の助成をする施策としては「農の雇用事業」が用意されているが，これをより充実させるべきであろう[7]。そのために株式会社の農業参入を促す規制緩和などを進める必要がある。新規就農の青年がいきなり単独で10haや20haの経営をするには無理がある。むしろ会社の社員として経験を積んで，やがて自立していくという道筋を確立した方がリスクも小さい。

2.「人・農地プラン」による農政の展開[8]

上記した食と農林漁業のための基本方針に基づき，農水省は具体な施策を打ち出した。その1つが「人・農地プラン（地域食と農林漁業の再生のための基本方針農業マスタープラン）」の策定であり，これは地域で「今後の中心となる経営体（個人，法人，集落営農）はどこか」，「中心となる経営体にどうやって農地を集めるか」，「中心となる経営体とそれ以外の農業者を含めた地域農業のあり方」を集落・地域で話し合って決め，市町村がプランの原案を作成し，農業関係機関や農業者の代表による検討会を開催。検討会の審査で妥当とされたものが正式決定される。検討会のメンバーは概ね3割が女性であることが要件となる。

人・農地プランに位置づけられると，先に述べた青年就農給付金（経営開始型）が受けられ[9]，中心となる経営体に農地を提供する者には農地集積協力金が給付され，また，認定農業者にはスーパーL資金[10]の当初5年は無利子となるなどのメリット措置がある。人・農地プランは，新規就農者が新たに出てきたり，集落営農・法人を立ち上げて中心の経営体になったり，引退により農

地集積協力金を受けたいと思うときなど，随時見直すことができる。

　青年就農給付金は，原則45歳未満で独立・自営就農する者で，就農する市町村の「人・農地プラン」に位置づけられていること（見込みも可），就農後の給付金以外の所得が250万円未満であることを条件とし，年間150万円が最長5年間支給される。農家の子弟であっても，親とは別の経営をする場合や，親の経営から部門を独立させる場合，および親元に就農して5年以内に親から経営を継承する場合は給付対象となる[11]。

　農地集積への取り組みとしては，農地の出し手への支援である「農地集積協力金」と，受け手に対する支援の「規模拡大加算」が用意された。農地集積協力金は2種類あり，「経営転換協力金」と「分散錯圃解消協力金」である。

　経営転換協力金は，農業からリタイアする農家や土地利用型農業から施設園芸などに経営転換する農家が，「人・農地プラン」に位置づけられる中心経営体に農地を出す（利用権設定又は農作業委託）場合，リタイアする農業者，経営転換する農業者，および農地の相続人に対し，面積に応じて1戸当たり30万円（0.5ha以下），50万円（0.5ha～2ha），70万円（2ha超）が支給される。

　分散錯圃解消協力金は，「人・農地プラン」に位置づけられた中心経営体の農地の連担化に協力する，中心経営体の経営耕地に隣接する農地の所有者および隣接する農地を借りていた農業者を対象に，10a当たり5000円を支給する制度である。

　これらの農地集積協力金はいずれも市町村へ交付され，市町村はその一部を農地集積に必要な事業に用いることができる。したがって，先に述べた1戸あたり給付金は上限である。また，農地集積協力金の交付対象者は，農業者戸別所得補償制度の加入者である必要があり，さらに，農地利用集積円滑化団体又は農地保有合理化法人へ10年以上の白紙委任をする必要がある。

　一方，農地の受け手に対する支援である規模拡大加算は，農地利用集積円滑化事業により面的集積をして規模拡大する農家を対象に，10a当たり2万円を交付するものである。農地利用集積円滑化事業とは，農地の集積を促進するため，市町村の承認を受けた者（農協，市町村公社等）が，農地の所有者から委任を受けて，その者を代理して農地の貸付け等を行うこと等を内容とする事業である[12]。

こうした「人・農地プラン」による農業改革の展開はどのように評価されるであろうか。「人・農地プラン」のキーワードは「中心となる経営体」である。これを集落・地域で話し合って決めろと言う。さらには経営主だけでなく奥さんや息子さんの積極的参加を勧めている。一見ボトムアップの政策を標榜しているが、これまでのトップダウンかつ一律農政の延長でしかない。話し合いを義務付け市町村が原案を作成するというのは、あまりに全体主義的政策手法である。

　青年就農給付金は予算措置された人数をはるかに上回る申し込みがあったようであるが、不況期にあって年間150万円の給付は魅力的である。問題はこの制度を通じてどれだけ新規就農者を定着させられるかであるが、それは新規就農者の努力とともに、彼らが日本農業の将来にどれだけ期待するかにかかっている。農業の魅力だけでは定着しない。これから10年、20年の日本の農業のあるべき姿を描き、そこに向かってどのような政策と戦略を立てていくのかが明らかにされなければ、一時の新規就農ブームに終わってしまうであろう。

3. TPPに耐えうるために

　日本はTPPに加盟しても耐えうる農業にするためにはどのような制度改革を必要としているのであろうか。東日本大震災からの復興も同じであるが、生産者の意見・アイデアを活かし、地域の取組みをサポートするシステムが必要である。言い換えれば、これまでのような全国一律の「霞ヶ関平均値農政」から脱却し、農政においても地方分権を進めるべきである。

　その手段の1つが大型特区を活用し、自由な農業の展開を認めることであろう。これは農業と農業外の異業種企業とのコラボレーションの機会を増やすことにもなる。特に、農地を農地として利用する限りにおいて、企業の農地取得を認める特区があってもいい。

　こうした取組みによって、国内各地で比較優位の追求が始まり、地元の資源を活かした農業とその関連産業の構築が可能となる。そのためには農業と地域活性化のコアとなるリーダーの育成が必要であろう。リーダーの育成には若手農業者を異業種企業に派遣したり、海外で商社活動を学習させたりすることも有効と思われる。これらの活動を通じて、日本の農産物は世界市場をターゲッ

トにした戦略が組みやすくなり，コメをはじめ多くの農産物が輸出産業化する道が拓かれていく。

　中央政府の農業政策は農地の総量規制や食料安全保障といったマクロ経済的政策を中心に行えばいい。いつまでも平均値に合わせて一律農政を押し付けるのではなく，地方の活力を引き出す農政でなければならない。一方，重要な国益にかかわる農政の決定において，一部の勢力によって拒否権が発動されるような意思決定の仕組みを改めなければならない。

　農協は北海道から沖縄まで全てを束ねているゆえに，組織として護送船団方式にならざるを得ない面もあるが，それが大規模農家をはじめ有能な農家の農協離れを引き起こしている。JAバンクやJA共済の利用者は農家以外の准組合員が多くなっており，農協自体が変質してしまっている。農協も全国組織が全体を統括するシステムではなく，個々の地域農協が自立性を高め，地域のニーズに合った経営展開をすべきであろう。

　TPP参加に向けて本格的な規模拡大とコストダウンに向けた道筋を考える必要がある。今，コメの平均生産費は1俵（60kg）1万4000円ぐらいであるが，これが小規模農家では1俵2万2000円とか2万4000円もかけてコメを作っている。その理由は転用期待，趣味の効用，生きがい，その他様々であり，決して農家が不合理な行動をとっているわけではない。

　一方，その生産費は規模が大きくなって15haを超しても1万円程度までしか低下しない。その大きな要因の1つは分散錯圃であり，農地がばらばらに散らばっているためである。これを1カ所にまとめれば生産費は下がる。分散錯圃を解消すれば，効率的な農家では50ha規模で1俵（60kg）5000円程度のところまで低下するとの推計もある[13]。

　この方向に向けていかに水田を再編し集約していくか。様々な規模の経営があってもいいが，農外企業の農業参入を促し，また他の農業者との共同事業の展開を推進すべきであろう。農地取得規制の緩和，撤廃という方向，あるいは農地法の抜本的見直しなど，新たな農地制度を早急に議論することが求められる。

おわりに

　TPPへの参加の有無で日本経済は岐路に立たされている。日本農業はTPPの有無にかかわらず危機にある。しかし，TPPを契機に構造改革へのはずみをつけることができる。また，農業を他産業以上に保護するような政策に批判的な人たちを，一定期間に区切っての支援がTPP対応になるなら，説得することが出来る。特定の消費者団体のように国民は皆農業に同情的なわけではない。バブル後の長い経済不況にあって，食料は少しでも安い方がいいと思っている国民は多い。

　TPPのために農業を犠牲にするということではない。ほとんどの国民は日本の農業に自立して欲しいと思っている。これまでも消費者として，納税者として多くの支援をしてきた。しかし結果が出せなかった。TPPは最後のチャンスである。日本農業にもう一度だけ改革の機会を与えて欲しい。そのためにこれまでより少し大きい支援が必要かもしれない。「それは期間を区切って集中して改革するための支援であり，日本農業は必ず結果を出します。」そのようなメッセージが必要であろう。

　農業就業者の平均年齢が66歳であることを考えれば，今後10年で多くの農業者のリタイアが進むと思われる。それゆえに，何もしなくても構造改革は進むという人もいるが，そうではあるまい。今のままでは，リタイアした農業者の農地は放置され，耕作放棄地が増え，土地利用型の農業経営は規模拡大することなく衰退するであろう。確かに，野菜，果樹，花卉など土地利用型でない農業はこれからも発展する。日本農業はオランダ型農業に傾斜し，それなりの活路を見出すはずである。

　しかし，土地利用型農業の衰退を放置していいのか。これまでの日本農業は言うまでもなく水田稲作を中心に展開し，また土地改良や技術開発，そして農政の展開そのものに多くの公費を投じてきた。日本が土地利用農業に投下してきた投資は莫大な額にのぼる。また，水田をはじめとする資本ストックをこのまま眠らせていいはずがない。さらには，田園風景や様々な農村の社会資本も

また土地利用型農業の基盤の上に存在する。土地利用型農業の健全化こそ，農業の多面的機能を維持する最善の方策であると強調しておきたい。多面的機能はあくまで農業生産の副産物でしかない。主産物生産の持続的発展なくして副産物の提供はありえない。

日本農業が目指すべき方向は国際市場での活路である。日本の食料自給率は39％であり，このことをもって「日本の農産物市場は十分世界に開かれている」と言えるのであろうか。確かに，日本の農産物の輸入額は多く，我々は世界中の食材を入手することができる。しかし，門戸は開放されているのに，日本の農産物は一向にその門戸から出て行こうとしない。家に閉じこもり，ドアから差し出される食料で生活している引きこもりのようなものである。これでは健全な門戸開放とは言えない。自らも外にでて活動してこそ真の門戸開放である。

TPPはそうした引きこもり日本農業を国際化し，世界に羽ばたく農業に成長させる絶好のチャンスである。そのためにまず必要なことは発想の転換である。農産物の消費は減退し，農業も縮小を余儀なくされるのは国内市場である。マーケットを世界に求めれば大きな可能性が見えてくる。品質には十分に自信をもっていい。あとはコストである。果樹・野菜では十分な競争力が証明されている。大きな可能性はコメである。これもフロンティアでは既に輸出可能性を示している。どれだけ多くの農家がそこに近づくことができるのか，農地の集約が鍵である。TPPで日本農業は壊滅しない。むしろTPPを一筋の明るい光としてみる農業者が日本農業の新たな地平を切り開く。

（本間　正義）

注

1) 日本の多国間主義化から自由貿易協定への変遷については，本間（2011b）およびそこで紹介されている参考文献を参照。また，FTAの意義と問題点については，浦田・日経センター編（2002），日本の農政の対外政策については，本間（2011a）に詳しい。
2) 例えば，ある推計によれば，日中韓，ASEAN+3，ASEAN+6およびAPECでの関税撤廃とサービス貿易障壁の50％削減で，日本のGDPはそれぞれ，0.43％，0.48％，0.53％および0.81％増加するだけである。浦田・日本経済研究センター（2009）第5章を参照。
3) TPPの本質と日本にとっての重要性については，木村（2011）を参照。なお，同論文掲載の『経済セミナー』では特集で「TPPと日本の農業」を扱っており，他の論稿も参照されたい。

4) 農水省は 2012 年 8 月に，TPP 参加予定国に対する関税のみ撤廃した場合は生産額の減少が 3 兆 4 千億円になるとの試算を示したが，公式見解にはなっていない。
5) 農水省の試算については，山下一仁（2011）でも批判されている。また，本書第 11 章の山下論文も参照されたい。反 TPP に対する包括的反論については，渡邊（2011）を参照。
6) 日本の農業政策の展開については，本間（1994），伊藤・本間（2009）および本間（2010）に詳しい。
7) 「農の雇用事業」は，新規就農者の雇用就農促進のため，農業法人等が就農希望者を雇用し，農業技術や経営ノウハウの習得を図る実践研修（OJT 研修）への補助であり，新規就農実践研修に月額 9.7 万円，指導者研修に年 3.6 万円が助成される。
8) 本項は本間（2012）に多くを拠っている。
9) 準備型（研修中）は，人・農地プランと関係なく給付される。
10) スーパー L 資金とは，農業経営基盤強化資金の略称であり，日本政策金融公庫が認定農業者を対象に，農地取得，施設整備等に必要な長期間（25 年まで）低利で融資する制度資金。
11) 就農前の農業技術の研修中に給付金がもらえる青年就農給付金（準備型）は，就農予定時に 45 歳未満で，都道府県が認める研修機関等で 1 年以上研修を行い，研修終了後 1 年以内に就農し，自ら農業経営又は農業法人に雇用されて就農することを条件に，年間 150 万円を最長 2 年間支給する制度であるが，こちらは「人・農地プラン」に位置付けられている必要はない。
12) 農地利用集積円滑化事業には，農地等の所有者から委任を受けて，その者を代理し，農地等について売渡しや貸付け等を行う農地所有者代理事業，農地等の所有者から農地等の買入れや借入を行い，その農地等の売渡しや貸付けを行う農地売買等事業，および農地売買等事業により一時的に保有する農地等を活用して，新規就農希望者に対して農業の技術，経営の方法等に関する実地研修を行う研修等事業の 3 事業がある。事業の実施主体となる農地利用集積円滑化団体は，農地所有者代理事業の場合，① 市町村，農協，農業公社，営利を目的としない法人か，② 一定の条件を満たす法人格を有しない非営利団体，がなることができる。他の 2 つの事業の実施主体になれるのは，市町村，農協，農業公社である。
13) 齋藤（2012）を参照。

参考文献

伊藤隆敏・本間正義（2009）「農政改革―成長か衰退か，岐路に立つ農業」伊藤隆敏・八代尚宏編『日本経済の活性化』日本経済新聞出版社．
浦田秀次郎・日本経済研究センター編著（2002）『日本の FTA 戦略』日本経済新聞社．
浦田秀次郎・日本経済研究センター編著（2009）『アジア太平洋巨大市場戦略』日本経済新聞社．
木村福成（2011）「環太平洋連携協定（TPP）とは何か」『経済セミナー』2011 年 6・7 月号．
齋藤勝宏（2012）「稲作の生産効率化の可能性」21 世紀政策研究所『農業再生のグランドデザイン―2020 年の土地利用型農業―』第 2 章．
本間正義（1994）『農業問題の政治経済学』日本経済新聞社．
本間正義（2010）『現代日本農業の政策過程』慶應義塾大学出版会．
本間正義（2011a）「WTO・FTA の展開と日本の農政改革」馬田啓一・浦田秀次郎・木村福成編著『日本の通商政策論―自由貿易体制と日本の通商課題―』文眞堂．
本間正義（2011b）「日本の対外農業政策のベースライン」『農業経済研究』第 83 巻第 3 号．
本間正義（2012）「日本農業 2020 年に向けた制度改革の方向」21 世紀政策研究所『農業再生のグランドデザイン―2020 年の土地利用型農業―』第 7 章．
山下一仁（2011）「自由貿易が日本農業を救う―「TPP で農業は壊滅」しない」『農業と経済　臨時増刊号　急浮上する TPP で日本農業はどうなる？』．

渡邊頼純（2011）『TPP参加という決断』ウエッジ。

第13章
TPPと日本の進むべき道

はじめに

　筆者はTPPについて，これまでもさまざまな機会に発言し，論文・雑文も数多く発表してきた[1]。そこでは，国際経済政策および経済外交戦略の一環として日本のTPP交渉参加は不可欠であること，TPPは新しい国際分業を支える新たな国際政策規律を確立するために東アジア経済統合と並行して進めるべきであること，経済外交に十分な自由度と交渉力を確保するために農業の国境措置撤廃の道筋を示さねばならないことを，一貫して主張してきた。

　各種の世論調査の結果を見ると，日本国民全体は筆者とバランス感覚を共有しており，TPP交渉参加は必須と考える人たちが常に優勢であることがわかる。しかし，日本の政治家は相変わらず動きが遅く，一切の改革を望まないごく少数の人たちに言質をとられて，何も決められない状況にある。矮小化された国内政治問題に足を引っ張られて全体戦略を見失う，これこそは衰退する国に典型的に見られる特徴である。日本がもたもたしている間に，世界は大きく動いている。TPP交渉参加という最初のボタンをかけることによって，経済統合をめぐる一連の動きが日本の外交戦略の中で明確に位置付けられることになる。しかし，その最初の大事なボタンがかからないまま，事態はどんどん進んできてしまっている。

　日中韓FTAおよび東アジア大FTA（RCEP）の交渉がまもなく始まる。日本は，アメリカが加わっているTPP交渉へは参加せず，中国とは交渉を始めるつもりなのか。日本のTPP交渉参加の可能性が，中国および東アジアに経済統合加速のインセンティブを与えており，日本にとって千載一遇の好機が訪れている。それをどうして理解しようとしないのか。現行の農業の国境措置を

残したままでは東アジアの経済統合も戦略的に展開できない。その現実をどうして見て見ぬふりをするのか。日EU交渉も始まりそうである。これも日本のTPP交渉参加を見越した動きであることを，どうして認識しないのか。日本のTPP交渉参加の遅れは，日本自身にとって極めて大きなコストをもたらすものとなりつつある。

　本章では，これまでの筆者の主張との重複を恐れず，もう一度現状を踏まえながら，なぜ日本はTPP交渉に参加しなければならないのかを明らかにしていきたい。

第1節　なぜ国境措置撤廃が必要なのか

1. 地域主義と国境措置

　なぜ今，日本の農業保護がTPPをはじめとする地域主義の文脈での経済外交の展開に対する障害となるのか。そのことを理解するには，まず，FTAsと世界貿易機関（WTO）農業交渉の違いを理解しなければならない。

　WTOの農業交渉では，関税等の国境措置のみならず，各種補助金など，直接・間接に市場アクセスを阻害し貿易歪曲をもたらす政策が，広範に交渉対象となる。それに対しFTAsでは，もっぱら国境措置のみが問題となり，国内補助金等は通常，交渉対象とはならない。

　地域経済統合については，もともと関税および貿易に関する一般協定（GATT）第24条において，自由貿易地域および関税同盟についての政策規律が規定されている。そこでは，「実質上のすべての貿易」について一定期間内に関税等を撤廃することとしている。そのことからも，まずは関税撤廃をどれだけの範囲の輸入品目について約束できるかが，FTAsの質を評価する上での1つの基準となっている。

　もちろん，現代のFTAsは関税撤廃のみをその内容とするのではなく，非関税措置の撤廃，貿易円滑化，サービス・投資の自由化，政府調達，知財保護，競争政策など，広範な政策モードをカバーしている。ハイレベルFTAsという言葉が使われる際には，どれだけの政策モードを含んでいるかも，1つ

の重要な判断基準となる。しかし，そこに至る前提として，まずは例外品目の少ない関税撤廃を実現することが，FTAs を評価する上での最初の関門となる。クリーンな関税撤廃ができるかどうかで，FTAs 交渉における交渉力も大きく変わってくる。

　日本の農業保護は，保護水準が OECD 平均の約 2 倍と高いことに加え，その 8 割以上が関税等の国境措置である点が，FTAs 締結戦略が重要な課題となった現代の経済外交において，大きな障害となってしまっている。欧米諸国は，25 年前のウルグアイ・ラウンド交渉までに，農業保護における国境措置から各種国内補助金への転換をほぼ終了した。しかし日本は，その転換が大幅に遅れた。四半世紀も持ち越してきた宿題が，地域主義の時代となった今，重くのしかかってきている。

2. 日本の締結済み FTAs の自由化度

　近年のアジア太平洋地域における FTAs の自由化度は，極めて高いものとなってきている。ここではかりに，FTAs の自由化度を，FTAs 完成時に関税ゼロとなる貿易品目の割合と定義する。TPP でも，ある程度の自由化例外は認められるであろうが，最終的に 98％程度の自由化度が求められるだろう。東アジア大の経済統合を目指す RCEP も，自由化度 95％が交渉の出発点となる可能性が高い。

　日本の締結済み FTAs における日本側の自由化度は顕著に低いと言わざるを得ない。日本がこれまで締結してきた FTAs における日本側の自由化度は，もっとも細かい関税分類である HS9 桁を用いると，85％前後でしかない（木村（2012f）参照）。国際的に共通な分類である HS6 桁を用いると，92％程度となる。しかしそれでも，95％，98％にするにはかなりの努力が要る。

　残存している関税の多くは農産品・食料品に関するものである。しかも，品目分類で約 5％の品目については，これまでの FTAs 交渉において常に自由化例外品目とされてきたものである。それらの品目まで踏み込んでいく覚悟がないと，そもそも TPP 交渉には参加できないし，RCEP 等の東アジアにおける FTAs についても交渉力を発揮できなくなる。

3. 保護政策の転換

TPP 反対論者は，日本の TPP 交渉参加によって日本の農業は壊滅状態に陥ると主張している。しかし，この主張は，3つの意味で誤っている。

第1に，一口に農業と言っても，農産品・食料品の全てに高関税等の国境措置が残っているわけではない。国際競争にさらされてもたくましく事業を展開している農業・食料品分野もたくさんある。また，TPP によって直接的な影響を受ける農産品も限られている。それにつけても，農水省の影響試算は，勉強不足のマスコミを含め人々を惑わせ，建設的な方向の議論を寸断したという点で，その罪は重い。

第2に，少なくともコメについては，内外価格差が縮小してきていること，減反政策を行っていること，現行の関税が極めて高いことから，段階的な関税撤廃ということであれば，国内生産はほとんど縮小しない[2]。国内生産が縮小しないのであれば，食料安全保障に関する懸念もないはずである。

第3に，当面必要なのは，農業保護を全てはずすかどうかではなく，農業に関する国境措置を撤廃しなければならないということである。政治的にどうしても必要ということであれば，国境措置を国内の各種補助金に切り替えるということでもかまわない。WTO 上，国内補助金の種類と金額には一定の枠がはめられているが，その範囲内でも十分な手当てが可能である。

「TPP によって農業がつぶれる」という主張は，詰まるところ，論点をずらして議論を膠着させる戦略に他ならない。彼らとしては，議論が進まなければそれだけで改革を遅らせて，現状を維持できる。このような矮小化された国内政治の問題で自縄自縛となり，経済外交の全体戦略を崩壊しさせてしまうのは，極めて愚かなことである。

第2節 なぜ今が好機なのか

1. アメリカのアジア回帰と中国の反応

日本の経済外交には，願ってもない好機が訪れている。実は日本は今，TPP および東アジア経済統合において，重要な役割を果たせるポジションにいる。

中国は，経済のみならず政治・軍事上も強大な存在となりつつある。新興国への対応は，いつの時代にも重要な政策アジェンダである。中国の場合，その経済体制や地政学的発想がいかに異質であったとしても，もはや封じ込め政策が通用しない大きさに達している。経済的にも大きな便益をもたらす存在となっており，もはや我々自身が離れられない存在になっている。ではどうするか。

経済に関しては，できる限り国際ルールの中に入ってきてもらうことが肝要である。そして，政治・軍事上のバランスについては，一定のハードな対応を手当てしつつ，経済や文化面での交流チャンネルを密なものとして，対立構造を相対化していくことが求められる。

アメリカのアジア回帰は，日本を含む中国の周辺国にとっては大切なパートナーの関与を意味する。アメリカは，政治・軍事面もさることながら，TPPを旗印に，経済面でもアジア太平洋にコミットしてきている。このことは，アジア太平洋経済の一層の活性化ということでも重要で，またそれは，不要な政治・軍事上の摩擦を軽減していくためにも役立ちうる。

中国外交部の反応が興味深い。TPPは中国がすぐに交渉参加するにはレベルが高すぎると認識し，それは中国外しの枠組みであると公言し，善隣外交を維持するために東アジアにおけるFTAs構想の加速を試みるようになった。

中国の強力な働きかけにより，中韓FTAは，2012年5月に交渉開始した。日中韓FTAは，2012年5月の首脳会議で2012年末までの交渉開始に合意し，その後の日中，日韓の政治対立にもかかわらず，交渉準備は継続されている。そして，ASEAN+6を当面のメンバーとするRCEPも，2012年11月の東アジアサミットの折りに，首脳会合により2013年初頭の交渉入りが決まった。

これまで，東アジアを束ねる経済統合に関しては，ASEAN10カ国に日中韓を加えたASEAN+3を母体とするEAFTA構想と，さらにオーストラリア，ニュージーランド，インドを加えたASEAN+6を対象とするCEPEA構想が，並行して進められてきた。中国と韓国はEAFTAを先行させるべきと主張し，CEPEAも同時に進めたいとする日本その他と対立してきた。しかし，ASEANがRCEP構想を打ち出してそれに各国が呼応することにより，事実上ASEAN+6の交渉が始まることとなった。結果的に中国は，東アジア経済

統合のモメンタムを失われないよう，路線変更して妥協したことになる。

　東アジア経済統合に対する中国の積極姿勢は，周辺国にとっても望ましい。中国が内にこもらず，自ら国際ルールの中に入ってこようとしてくれるのであれば，それに越したことはない。TPP交渉が前に進んでいけば，中国も外に向けて門戸を開いていく。東アジアの経済統合は加速され，内容も充実していく。

　中国の外交部は，中国の国内政治全体の中では決して強い部局ではない。長年にわたってASEANその他との善隣外交を進めてきた外交部にしてみれば，尖閣問題や南シナ海の領土問題などで国際関係が大きく後退したことは，大変残念なことであっただろう。TPP交渉が進んでいることは，外交部が善隣外交を復活させるための絶好の口実を提供する。TPP交渉が前に進むことは，中国外交部や中国国内の改革派の後押しをすることにもなる。

2. アジア太平洋と東アジアの適切なバランス

　中国，改革開放以来ごく最近まで，経済成長を優先させ，政経分離の原則をかなりの程度守ってきた。日本をはじめとする東アジアのいくつかの国は，政治・安全保障面ではアメリカと同盟関係で結ばれながらも，中国とは経済優先で関係を拡大・深化させていくことができた。

　しかし，中国が大きく強くなってきたことで，政治・安全保障も経済も，従来のバランスをそのまま維持するのが難しくなってきた。日本をはじめとする周辺国は，尖閣問題や南シナ海の領土問題がレアアースやバナナに象徴されるような経済問題に直結しうることを，明確に認識させられた。中国が余裕を持った真の大国となるまでの間，我々はいかにして政経分離の原則を崩されてしまうような状況に陥らないかに頭を絞らなければならなくなった。

　民主党政権下における外交政策のぶれのコストも大きかった。鳩山元首相の東アジア共同体構想は，日本の地政学上の位置を大きく変更しようとするものと受け取られても仕方がないものであった。沖縄の基地問題やオスプレイ配備問題も，国内政治の調整能力に大きな疑念を抱かせるものであった。それらの政策の失敗により，それまで盤石と考えられてきた日米関係にも，目に見える形の手当てが必要となった。

日本としては，経済的な国際競争力を維持・強化するため，中国を含む東アジアとの連携は不可欠である。しかし同時に，アメリカの東アジアへの関与も継続してもらわなくてはならない。そのためにはまず，日米同盟の再確認が必要である。しかし，それだけではもはや十分でない。第二期にはいるオバマ政権が国際通商政策の目玉として推進するTPP交渉に日本が参加しないという選択肢は存在しない。日本は，日中韓FTA交渉，RCEP交渉という形で，中国ともFTA交渉を始めることとなる。その時に，アメリカが参加するTPP交渉に参加しないとすれば，極めて誤った政治的なメッセージを発することとなる。

3. FTAs 締結・交渉の現状

第13-1表は，東アジアおよびアジア太平洋を中心とするFTAs締結状況と交渉の現状を示したものである。左上の部分が広域東アジアである。すでにASEANをハブに，日本，韓国，中国，インド，オーストラリア，ニュージーランドがいわゆるASEAN+1 FTAsを結んだ形になっている。これら全体を束ねる地域大のFTAをめざすのがRCEPである。一方，TPP交渉には現在，南北アメリカからはアメリカ，カナダ，メキシコ，ペルー，チリ，広域東アジアからはブルネイ，マレーシア，シンガポール，ベトナム，オーストラリア，ニュージーランドの計11カ国が参加している。

日本がTPP交渉に参加すれば，TPPが新しい国際ルール作りの重要なフォーラムとなる可能性が高まり，その他の東アジア諸国も交渉参加を検討するようになるだろう。またそれは，東アジアにおける経済統合を加速し，内容的にもより高いレベルを目指すものとするだろう。さらに，EUをはじめとする域外国も，日本および東アジア・アジア太平洋への関与を強めることにもなる。

218　第Ⅲ部　TPPと日本の選択

第13-1表　日本、東アジア、アジア太平洋におけるFTAs締結状況

(2012年12月現在)

	日本	韓国	中国	ASEAN	インド	オーストラリア	ニュージーランド	モンゴル	アメリカ合衆国	カナダ	メキシコ	コロンビア	ペルー	チリ	EU	トルコ	EFTA	スイス
日本		○	○	◎:2008-	◎:2011	○	○	◎:2008-			◎:2005	○	◎:2012	◎:2007	○	△		△
韓国	○		○	◎:2007-	◎:2010	○	○				◎:2005		◎:2011	◎:2004	◎:2011		◎:2006	◎:2009
中国	○	○		◎:2005-	○	○	◎:2008	◎:2008					◎:2010	◎:2006				
ASEAN	◎:2008-	◎:2007-	◎:2005-		◎:1993-	◎:2010-	◎:2010-		(◎:2004Sg)				(◎:2009Sg)	(◎:2006B+Sg 2012Ma)	(◎:2012Ma)		(◎:2003Sg)	
インド	◎:2011	◎:2010	○	◎:2010-		○	○		(○)	(○)			○	◎:2007	○		△	△
オーストラリア	○	○	○	◎:2010-	○		◎:1983		◎:2005					◎:2009				
ニュージーランド	○	○	◎:2008	◎:2010-	○	◎:1983								◎:2006				
モンゴル																		△
アメリカ合衆国				(◎:2004Sg)	○	◎:2005	○			◎:1989	◎:1994		◎:2009	◎:2004				
カナダ				(○)	(○)	○	○		◎:1989		◎:1994	◎:2011	◎:2009	◎:1997		△	◎:2009	
メキシコ	◎:2005				○	○	○		◎:1994	◎:1994		◎:1995		◎:1999	◎:2000	○	◎:2001	◎:2011
コロンビア	○								◎:2009	◎:2011	◎:1995		◎:1969	◎:2009				
ペルー	◎:2012	◎:2011	◎:2010	(◎:2009Sg)	○	○	○		◎:2009	◎:2009		◎:1969		◎:2009	○	△	◎:2011	(1992)
チリ	◎:2007	◎:2004	◎:2006	(◎:2006B+Sg 2012Ma)	◎:2007	◎:2009	◎:2006		◎:2004	◎:1997	◎:1999	◎:2009	◎:2009		◎:2003	◎:2011	◎:2004	
EU	○	◎:2011	○		○						◎:2000	○	○	◎:2003		◎:1996	◎:1994	◎:1973
トルコ	△	◎	○		○	△					◎:2001		△	◎:2011	◎:1996		◎:1992	(1992)
EFTA	△	◎:2006		(◎:2003Sg)	△								◎:2011	◎:2004	◎:1994	◎:1992		(1960)
スイス	◎:2009													(1992)	◎:1973	(1992)	(1960)	

(注) ◎:署名済みまたは発効済み、○:交渉中あるいは交渉開始に合意、△:共同研究中または準備会合開催。表中の年は当該FTAが発効した年を表す。いくつかのFTAsはモノの貿易に関する協定のみを含むものであり、サービスや投資に関しては交渉が進行中のものもある。EUとEU–トルコは関税同盟である。
国名にシェードがかかっている国は、TPP交渉に参加している国である。ASEANについては、ブルネイ、マレーシア、シンガポール、ベトナムのみが交渉に参加している。

(出所) 各国の通商当局のホームページ。

第3節　TPPにより何が実現できるのか

1. 東アジアの新しい国際分業とその含意

　国境措置の撤廃はほんの入口に過ぎない。TPPおよび経済外交全体が本当に経済的に意味のあるものとできるかどうかは，その先のさまざまな政策モードをFTAsに盛り込めるかにかかっている。

　東アジアは，こと製造業，とりわけ機械産業に関しては，「第2のアンバンドリング」，産業単位でなく生産工程・タスク単位の国際分業が，世界で最も進んでいる地域である（Baldwin (2011)）。そこでは，単なる生産のフラグメンテーション（Jones and Kierzkowski (1990)）にとどまらず，地理的近接性を好む企業間分業による産業集積の形成（Kimura and Ando (2005)）も並行して進行している。

　東アジアは新たな開発モデルを提示している（ERIA (2010)）。発展途上国側としては，国際的生産ネットワークに参加することによって，産業単位で立ち上げなければならなかった時代よりもはるかに早く容易に，工業化を開始することが可能となった。それは，経済発展が先行している国・地域から遅れている国・地域へと生産活動が移動することを意味する。それにより，より深い経済統合とともに地理的な意味での開発格差の縮小（geographical inclusiveness）が実現できる。

　さらに，生産ブロックが集まってくると，そこから企業間のフラグメンテーションが始まり，産業集積が形成されていく。そこでは，多国籍企業に対し価格競争力を持った地場系企業が生産ネットワークに食い込んでいくことが可能となり，技術移転・漏出の機会も増え，イノベーションも高質化していく。これにより，産業における開発格差の縮小（industrial inclusiveness）がもたらされる。

　日本をはじめ先進国としても，産業単位の国際分業が行われている場合のような激烈な空洞化を避け，生産工程・タスク単位の有効な国際分業体制を構築することによって，製造業・製造部門の縮小を遅らせることができる[3]。

また，生産ネットワークはしばしば，人災，天災によるマクロ・ショックに弱いと指摘される。確かに，長いヴァリュー・チェーンを展開しているという意味では，ショックの伝達経路となってしまう場合もある。しかし，注目すべきなのは，生産ネットワーク内の貿易は，その他一般の貿易に比べ，ショックがやってきても途切れにくく，また一旦停止しても復活しやすいという性質があることである[4]。その意味では，生産ネットワークは各国経済にショック耐性を賦与するものと考えることもできる。

2. 新しい国際分業に必要な国際経済秩序

産業単位の国際分業（第1のアンバンドリング）では，貿易されるのは一次産品・原材料か完成品である。その場合には，中間在庫もそれほどのコストとはならず，問題となるのは基本的に金銭的な意味での貿易費用および関税であった。それに対し第2のアンバンドリングでは，もっと広範な政策モードを含めた国際政策協調が必要となる。まず，どのような生産工程・タスクを移転できるかは，新興国・発展途上国におけるビジネス環境が決定的に効いてくる。ロジスティックス・リンクも，単に金銭的な貿易費用が低いだけでなく，時間コストやリンクの信頼性が重要となる。これらの条件を整えるには，新たな国際経済秩序の構築が必要となる。

新たな国際経済政策体系を2次元のフラグメンテーション理論（Kimura and Ando (2005)）に沿って整理すると，第13-2表のようになる。生産のフラグメンテーションを，地理的距離の次元のフラグメンテーションと企業内・企業間（ディスインテグレーション）の次元のフラグメンテーションの2次元で考える。前者は特に国際間の生産のフラグメンテーションに関わるものであり，一方後者は距離を嫌う企業間フラグメンテーションを通じて産業集積形成に結びついていく。それら2次元のフラグメンテーションを可能にするコスト軽減を (i) ネットワーク・セットアップ・コストの軽減，(ii) サービス・リンク・コストの軽減，(iii) 生産コストそのものの軽減の3種に分けて整理する。ここでは関連する政策モードを2×3のマトリックスに分類している。

第1の地理的距離の次元のフラグメンテーションに関しては，TPPやRCEPなどのFTAsによって手当てできる部分が大きい。離れた生産ブロッ

第13章　TPPと日本の進むべき道　221

第13-2表　第2のアンバンドリングのための国際経済政策体系

	ネットワーク・セットアップ・コストの軽減	サービス・リンク・コストの軽減	生産コストそのものの軽減
国際間の生産のフラグメンテーション［地理的距離の次元］	・<u>投資円滑化・投資促進</u>	・<u>制度的な連結性（関税撤廃，貿易円滑化など）</u> ・物理的な連結性（ハード・ソフトのロジスティクス／ICTインフラ開発など）	・<u>生産サポートサービスの自由化</u>，競争力強化 ・<u>投資自由化</u> ・<u>知財保護</u> ・電力供給，工業団地等のインフラサービスの向上
企業間のフラグメンテーションと産業集積の形成［ディスインテグレーションの次元］	・多国籍企業と地場系企業のビジネスマッチング	・経済活動に関わる取引費用の軽減	・中小企業振興や都市圏インフラ整備による正の集積効果創出 ・イノベーションの強化

クを結ぶサービス・リンクのコスト軽減のためには，関税撤廃も引き続き重要だが，貿易円滑化など時間コストやロジスティックス・リンクの信頼性を高める政策も大事になってくる。また，ネットワーク・セットアップ・コスト軽減のためには，投資円滑化も効果を発揮する。生産コストそのものの軽減については，金融，電気通信，流通，輸送，専門的サービスなどの生産を支えるサービスの自由化が重要である。また，知財保護や投資の自由化も効いてくる。

　TPPでは特に，クリーンな関税撤廃，サービスや投資の自由化，知財保護などの分野については，アメリカの強い交渉力を背景に，新興国・発展途上国における大きな事業環境の改善が期待できる。

　一方，FTAsで直接対象となる国際通商政策だけでは，第2のアンバンドリングを支える政策体系は完結しない。第13-2表中，FTAsでカバーされるのは下線を施した部分のみである。さらに国内政策に踏み込んだ新興国・発展途上国における開発アジェンダを並行して進めていく必要がある。国際間の生産フラグメンテーションを支えるためには，ロジスティクス／ICTインフラ開発による物理的な連結性の向上，電力供給や工業団地などのインフラ・サービスの向上が必要である。また，もう少し発展段階が上がってくると，第2のディスインテグレーションの次元のフラグメンテーションに基づく産業集積形成も，重要度を増してくる。この部分も，さまざまな手当てが求められる。都市圏インフラの整備を含め，いかに効率的な産業集積を形成していくか，そ

こでいかにして地場系企業，特に中小企業を生産ネットワークに参加させていくか，技術移転・漏出を促進させてイノベーションを強化させていくか，こういった課題に答えていかなくてはならない。

RCEP を含め東アジアの経済統合は，自由化度という意味では TPP に後塵を拝すかも知れないが，生産ネットワークの本質を踏まえて開発アジェンダを同時に進めていくという点では，強みを発揮しうる。

むすび

国内の矮小化された政治問題に足を取られて全体戦略をないがしろにしてはならない。もはや日本にそのような余裕は残されていない。

（木村　福成）

注

1）　たとえば木村（2010, 2011a, 2011b, 2011c, 2012a, 2012b, 2012c, 2012d, 2012e, 2012f）参照。
2）　木村（2011a）の補論に示したコメの貿易自由化の経済効果推計を参照してほしい。
3）　Ando and Kimura（2012b）参照。
4）　Ando and Kimura（2012a）参照。

参考文献

Ando, M. and Kimura, F. (2012a), "How Did the Japanese Exports Respond to Two Crises in the International Production Networks? The Global Financial Crisis and the East Japan Earthquake," *Asian Economic Journal*, 26, No. 3: 261-287.

Ando, M. and Kimura, F. (2012b), "International Production Networks and Domestic Operations by Japanese Manufacturing Firms: Normal Periods and the Global Financial Crisis," July, RIETI Discussion Paper Series 12-E-047. [http://www.rieti.go.jp/jp/publications/act_dp.html]

Baldwin, R. (2011), "21st Century Regionalism: Filling the Gap between 21st Century Trade and 20th Century Trade Rules," Centre for Economic Policy Research Policy Insight No. 56 (May) [http://www.cepr.org]

Economic Research Institute for ASEAN and East Asia (ERIA) (2010), *Comprehensive Asia Development Plan*, Jakarta: ERIA. [http://www.eria.org]

Jones, R. W. and Kierzkowski, H. (1990), "The Role of Services in Production and International Trade: A Theoretical Framework," In Ronald W. Jones and Anne O. Krueger, eds., *The Political Economy of International Trade: Essays in Honor of Robert E. Baldwin*, Oxford: Basil Blackwell: 31-48.

Kimura, F. and Ando, M. (2005), "Two-dimensional Fragmentation in East Asia: Conceptual Framework and Empirics," *International Review of Economics and Finance* (*special issue on "Outsourcing and Fragmentation: Blessing or Threat*," edited by Henryk Kierzkowski), 14, Issue 3: 317-348.

木村福成 (2010)「経済教室　TPPと日本＞＞上　新国際ルール形成の場に　経済外交の自由確保　ASEAN分断は回避を」『日本経済新聞』12月1日。

木村福成 (2011a)「東アジアの成長と日本のグローバル戦略」馬田啓一・浦田秀次郎・木村福成編著『日本通商政策論：自由貿易体制と日本の通商戦略』文眞堂，249-267ページ。

木村福成 (2011b)「地域主義が生み出す二一世紀型国際分業のダイナミズム」『外交』Vol. 9, Sep., 113-121ページ。

木村福成 (2011c)「経済教室　TPP参加の意義　㊤　国際的責務の視点不可欠　東アジア統合を左右　農業改革先送り許されず」『日本経済新聞』10月12日。

木村福成 (2012a)「21世紀型地域主義の萌芽」『国民経済雑誌』第205巻，第1号，1月，1-15ページ。

木村福成 (2012b)「TPPと21世紀型地域主義」馬田啓一・浦田秀次郎・木村福成編著『日本のTPP戦略：課題と展望』文眞堂，5月，3-17ページ。

木村福成 (2012c)「第二のアンバンドリングと二一世紀型国際通商戦略」『世界経済評論』Vol. 56, No. 3, 5・6月号，30-34ページ。

木村福成 (2012d)「新たな国際分業と広域FTAs」馬田啓一・木村福成編著『国際経済の論点』文眞堂，10月，37-52ページ。

木村福成 (2012e)「経済教室　東アジアFTA実現急げ　TPP交渉と並行で　農業保護関税，道筋明確に」『日本経済新聞』11月16日。

木村福成 (2012f)「日本の対東アジア通商戦略」浦田秀次郎・21世紀政策研究所編著『日本経済の復活と成長へのロードマップ：21世紀日本の通商戦略』文眞堂。

索引

【0-9, A-Z】

21世紀の貿易協定　13
AANZFTA　30
ACFTA　25, 28
AEC　27, 47
AECブループリント　47
AIFTA　29
AJCEP　27
AKFTA　29
APEC（アジア太平洋経済協力会議）　11, 36, 46, 85, 183, 196
APECのFTA化　11
ASEAN協和宣言　46
ASEAN経済共同体→AEC
ASEAN憲章　47
ASEAN産業協力（AICO）　46
ASEAN自由貿易地域（AFTA）　25, 46
ASEANの中心性　55
ASEANプラス　17, 158
ASEAN+1FTA　7, 27, 31
ASEAN+3　11, 32, 84, 160
ASEAN+3首脳会議　18
ASEAN+6　11, 32, 84, 160
ASEAN連結性マスタープラン　48, 54
BIT（二国間投資協定）　109
CEPEA　9, 32, 52, 158, 215
CIF/FOB比率　71
CLMV　27, 39, 159
DDA交渉　141
EAFTA　9, 32, 52, 158, 215
EPA（経済連携協定）　9, 109, 150
FTAAP（アジア太平洋自由貿易圏）　9, 36, 52, 84, 95, 138, 158
FTA競争　26

FTA特恵関税率　134
FTAネットワーク　7, 25
FTAの自由化率　7
GATT第1条　7
GATT第24条　7, 133, 141, 212
HSコード　65
ICSID（国際投資紛争解決センター）　117, 186
ILO宣言　106
ISDS（投資家対国の紛争解決）条項　14, 86, 185
ISDS手続き　116
MFN税率　65
NAFTA（北米自由貿易協定）　87, 117, 118, 137, 195
P4　12, 40, 84, 197
RCEP（東アジア地域包括的経済連携）　10, 37, 38, 52, 91, 93, 160, 215
SPS（衛生植物検疫）　35, 85, 101, 105
SPS措置　189
TBT（貿易の技術的障害）　35, 85, 101, 105
TPA（貿易促進権限）　89
TPP（環太平洋経済連携協定）　9, 32, 34, 197
TPP協定の基本15原則　13
TPP交渉　84
TRIM（貿易関連投資措置）協定　185
TRIPS協定（知的所有権の貿易関連の側面に関する協定）　35, 105
TRIPSプラス　105
USTR（米国通商代表部）　13, 88, 91
WTO　4
WTO閣僚会議　4
WTO交渉　4
WTO譲許税率　153
WTOプラス　13
WTOプラス規定　140

索　引　225

【ア行】

アジア回帰　215
アジア経済危機　47
アジア太平洋経済協力会議→APEC
アジア太平洋国家　11
アジア太平洋自由貿易圏→FTAAP
アーリーハーベスト　29
アンチダンピング措置　140
域内貿易　8
イノベーション　35
インキュベーター　20, 39
ヴァリュー・チェーン　220
牛海綿状脳症（BSE）　119
ウルグアイ・ラウンド　163
大阪行動計画　157
大まかな輪郭　85

【カ行】

海外直接投資　156, 168
海洋権益　34
加工工程基準　135
ガラパゴス化　196
臥龍企業　172
環境基準　35
雁行形態発展論　155
関税自主権　182
関税番号変更基準　30, 135
間接収用　123
完全生産基準　135
環太平洋経済圏構想　156
管理貿易　155
企業内取引　76
規制改革　103, 109, 112
規制緩和　118
規制の国際的調和　104
規制の整合性　107
規制の相互承認　106
キャパシティ・ビルディング　85, 159
供給管理政策　97
供給管理制度　87
強制規格　107
競争政策　13, 101
共通効果特恵関税協定（CEPT）　46
共通通貨　28
共通農業政策改革　202
近隣窮乏化政策　162
空洞化　170, 219
クリティカル・マス　150
グリーン・テクノロジー　35
グローバル・ヴァリュー・チェーン　74
グローバル化　40, 148, 168, 195
経済ブロック　6
経済連携協定→EPA
原産地規則　8, 26, 95, 101, 104, 132, 134
現状維持義務留保表　120
賢人会議　157
減反政策　199
広域FTA　9, 34, 37, 163
耕作者主義　200
拘束ベース　11
工程間分業　64, 74, 76, 132
公的医療保険制度　184
幸福度指標　167
国際政策協調　220
国際仲裁機関　116
国際的生産ネットワーク　219
国際投機資本　128
国際投資紛争解決センター→ICSID
国有企業　15, 105, 184
護送船団方式　206
国家資本主義　15
国家輸出戦略　13
国境措置　34, 212
戸別所得補償政策　202
混合診療　184

【サ行】

最恵国待遇　120
最恵国待遇原則　154
差額関税制度　153
サービス非設立権　127
サプライチェーン　9, 13, 35, 132, 139, 181
産業集積　167, 219
三すくみ　5
事実上の統合　151
市場アクセス　212
市場開放　118

市場原理　15
事前協議　86
実質的に全ての貿易　154
重層的通商政策　4, 25
自由貿易協定（FTA）148
純原価方式　138
食の安全　189
食品安全規制　188
食料安全保障　206
所得補償　21
新 IAP（個別行動計画）　40
シングルウィンドウ　27
シングルウィンドウ化　75
新興工業経済地域（NIES）46, 156
新興国　4
親告罪　123
新分野　163
スイス・フォーミュラ方式　5
スコアカード　48
スコーピング作業　37
スパゲティボウル　104
スパゲティボウル現象　8, 137
スペシャル301条　87
政経分離の原則　216
生産ネットワーク　151, 162
政府調達　13, 85, 101, 180
政府調達協定（GPA）　188
世界金融危機　50
世界知的所有権機関（WIPO）　87
セーフガード措置　142
センシティブ・トラック品目　28
センシティブ品目　67, 154
戦略的互恵関係　19
相殺関税措置　140

【タ行】

第2のアンバンドリング　219
「第2世代」EPA　152
多国間 FTA　136
多国間交渉　183
ダブル・スタンダード　96
タリフライン　27, 36
ダンピング調査　141
ダンピングマージン　141

ダンピング率　140
地域主義　212
地域主義の多国間化　162
地域包括的経済連携→RCEP
チェンマイ・イニシアチブ（CMI）　49
知的財産　101
知的財産権　5, 13, 35
中間財貿易　132
中国包囲網　16
直接支払い　202
直接収用　123
著作権侵害　123
通商代表部→USTR
デフレ論　191
投資家対国の紛争解決規定→ISDS
毒素条項　114, 126
特恵関税率　104
ドーハ・ラウンド　4, 162

【ナ行】

内外価格差　214
内国民待遇　120
二国間 FTA　136
二国間交渉　183
日米同盟　217
日中韓 FTA　91, 92
日中共同提案　10
日本シンガポール経済連携協定（JSEPA）　25
ネオ・リベラリズム　50
ネガティブリスト　126
ネガティブリスト方式　35
農業改革　19
農業保護　21
農産品特別セーフガード（SSM）　5
農地集積　204
農地法　200
ノーマル・トラック品目　28

【ハ行】

パスファインダー・アプローチ　11
ハブアンドスポークシステム　26
パフォーマンス要求　106
ピア・プレッシャー　108
非違反提訴　121

索　引

比較劣位産業　64
東アジアFTA→EAFTA
東アジア共同体構想　216
東アジアサミット　18, 38, 93, 160
東アジア地域包括的経済連携→RCEP
東アジア包括的経済連携協定→CEPEA
非課税品目シェア　65
非関税障壁　19, 69
非拘束原則　20
非拘束ベース　39
非親告罪　124
人・農地プラン　203
非農産品市場アクセス（NAMA）　5
表示規制　183
開かれた地域主義　157
付加価値基準　30, 135
物品市場アクセス　101, 139
不平等条約　183
部分合意　6
ブミプトラ政策　180
フラグメンテーション　219
プラザ合意　46, 151
プロダクト・サイクル理論　156
紛争解決パネル　121
分野横断的事項　13, 85, 101, 107
米韓FTA　114, 116
平均関税率　63
米豪FTA　35
米国TPPビジネス連合　13
米州自由貿易圏（FTAA）　162
ベストプラクティス　106
貿易インフラ　76

貿易円滑化　5, 35, 69, 85, 101, 104, 221
貿易救済　101, 105
貿易救済措置　140
貿易コスト　64, 72
貿易創出効果　26
貿易転換効果　26, 192
貿易の多国間主義　162
貿易立国　164
保護主義　163
ボゴール宣言　157
ポジティブリスト方式　28
ポスト・ボゴール　12

【マ行】

未来最恵国待遇条項　126
モダリティ　5

【ヤ・ユ・ヨ】

ヤーン・フォワード　57, 96
輸出産業化　206
輸出入均衡要求　102
輸入代替　155
緩やかな協議体　11
横浜ビジョン　12, 19

【ラ行】

ラチェット条項　118
利害関係者　104
リーマン・ショック　162
累積原産地規則　30, 95
労働基準　35
ローカルコンテンツ要求　102, 184

執筆者紹介

編著者（五十音順）

石川　幸一	亜細亜大学アジア研究所教授		第2章
馬田　啓一	杏林大学総合政策学部・大学院国際協力研究科教授		第1章
木村　福成	慶應義塾大学経済学部教授		第13章
渡邊　頼純	慶應義塾大学総合政策学部教授		第9章

著者（執筆順）

清水　一史	九州大学大学院経済学研究院教授		第3章
前野　高章	日本大学経済学部助手		第4章
高橋　俊樹	国際貿易投資研究所研究主幹		第5章
中川　淳司	東京大学社会科学研究所教授		第6章
高安　雄一	大東文化大学経済学部准教授		第7章
梅島　修	ホワイト＆ケース法律事務所外国法事務弁護士		第8章
戸堂　康之	東京大学大学院新領域創成科学研究科教授		第10章
山下　一仁	キヤノングローバル戦略研究所研究主幹		第11章
本間　正義	東京大学大学院農学生命科学研究科教授		第12章

TPP と日本の決断
――「決められない政治」からの脱却――

2013年2月10日　第1版第1刷発行			検印省略

編著者　石　川　幸　一
　　　　馬　田　啓　一
　　　　木　村　福　成
　　　　渡　邊　頼　純

発行者　前　野　　　弘

発行所　株式会社 文　眞　堂
　　　　東京都新宿区早稲田鶴巻町533
　　　　電　話　03(3202)8480
　　　　FAX　03(3203)2638
　　　　http://www.bunshin-do.co.jp/
　　　　〒162-0041　振替00120-2-96437

印刷・モリモト印刷　製本・イマヰ製本
© 2013
定価はカバー裏に表示してあります
ISBN978-4-8309-4779-7 C3033